Sigel • Schuld ist die Sonne

Felix Sigel

Schuld ist die Sonne

Mit 49 Bildern

Verlag Harri Deutsch Thun • Frankfurt/M

Titel der Originalausgabe:
Феликс Зигель
„Виновато солнце“
Издательство „Детская литература“, Москва, 1972 г.

In die deutsche Sprache übersetzt von
Dr. rer. nat. Wolfgang Dreier, Berlin, und
Dietmar Lerche, Berlin

Wissenschaftliche Redaktion der
deutschsprachigen Ausgabe:
Prof. Dr. sc. nat. Horst Göring, Direktor der Sektion
Biologie der Humboldt-Universität zu Berlin

Gemeinschaftsausgabe des Verlages MIR Moskau
und des VEB Fachbuchverlag Leipzig
in Verbindung mit dem Verlag Harri Deutsch,
Thun

Lizenzausgabe für den Verlag Harri Deutsch,
Thun
Einband: Gerhard Raschpichler, Leipzig
Satz und Druck: UdSSR
SIBN 3 87144 225 9

Vorwort zur deutschsprachigen Ausgabe

Was wissen wir über die Sonne? Welche Vorgänge auf diesem Himmelskörper beeinflussen direkt oder indirekt die Lebensprozesse auf der Erde? Es ist ein großes Verdienst des sowjetischen Gelehrten *A. L. Tschishewski*, diese Fragen vorausschauend in das Blickfeld der wissenschaftlichen Forschung gerückt zu haben. Ihm verdanken wir letztlich die Entwicklung eines neuen Forschungsgebietes — der Heliobiologie. *Tschishewski* beschäftigte sich mit Problemen, die im Grenzbereich mehrerer Wissenschaftsgebiete stehen, und er mußte versuchen, mit den noch unvollkommenen Methoden und Kenntnissen seiner Zeit wenigstens die dringendsten Fragen zu beantworten.

Mögen wir auch über manches aus dem Frühstadium dieser Arbeit, deren Beginn mehr als sechs Jahrzehnte zurückliegt, lächeln: Bei der Lektüre des vorliegenden Buches sollten wir nicht außer acht lassen, daß der bekannte sowjetische Publizist *F. Sigel* die Entwicklung einer Forschungsrichtung und zugleich den Weg eines Wissenschaftlers beschreibt, der seiner Zeit weit voraus war. So beschränkte sich *Tschishewski* z. B. nicht darauf, kleine Steinchen für das Mosaik eines Wissensbildes zu sammeln, sondern er brachte Unruhe in scheinbar geordnete Vorstellungen. Er suchte nach bislang unverstandenen Ereignissen in Vergangenheit und Gegenwart und warf dabei Fragen auf, die weit in die Zukunft reichten. Ein Menschenleben war dafür freilich zu kurz. Auch müssen manche der Fragen und Antworten noch der Prüfung der Zeit standhalten.

Heute wenden sich immer mehr Wissenschaftler den von *Tschishewski* aufgeworfenen Problemen zu. Greifen wir aus jüngsten Berichten einige Beispiele heraus: Mit Überwachungsfernrohren und einem Vektormagnetographen, der von sowjetischen Wissenschaftlern in Irkutsk entwickelt und in Potsdam aufgestellt wurde, erforschen Astronomen in der DDR Veränderungen der Sonnenflecken und solare Magnetfelder. Die wissenschaftliche Zeitschrift „Nature" berichtete unlängst über Arbeitsergebnisse New-Yorker Geologen, die den Einfluß der Sonnenaktivität auf die Magnetfelder der Erde und damit zusammenhängende Temperaturveränderungen in verschiedenen Gebieten der Erde untersuchten. Leningrader Botaniker präzisierten die bekannten Resultate aus dem Einfluß der Sonnenaktivität auf die Breite der Jahresringe der Bäume, indem sie Untersuchungen in Gebirgsgegenden mit sehr reiner Luft durchführten.

Es liegen auch neue Ergebnisse sowjetischer Wissenschaftler über den Einfluß der Sonnenaktivität auf die Stärke von Fischschwärmen vor. In verschiedenen Ländern wird der Einfluß des Ionisationsgrades der Luft auf die Lebensvorgänge von Pflanzen und Tieren untersucht, ein Problem, das mit dem zunehmenden Verschmutzungsgrad der Luft immer größere Aktualität erlangt. Nur wenn uns alle Auswirkungen der Sonne auf die irdischen Lebensvorgänge bekannt sind, werden wir die einen nutzen und uns vor den anderen schützen können.

F. Sigel führt den Leser durch unwegsames wissenschaftliches Neuland. Erste Markierungspunkte sind hier zwar gesetzt, aber viele Überraschungen warten noch. Ganz gleich, wie diese aussehen werden — es gilt, den Schleier der Geheimnisse zu lüften und die Gesetzmäßigkeiten der Natur ganz zu erkennen. Erst dann können wir sie auch beherrschen.

Prof. Dr. sc. nat. Horst Göring
Direktor der Sektion Biologie
der Humboldt-Universität zu Berlin

Inhaltsverzeichnis

Einleitung

Beim Durchstöbern der Bücherregale der Bibliothek des Moskauer Planetariums stieß ich Mitte der 30er Jahre zufällig auf ein Buch, das mich in erster Linie durch seinen Titel aufmerksam werden ließ. Auf dem hellgrauen Pappeinband stand „Epidemische Katastrophen und die periodische Tätigkeit der Sonne“. Der Name des Autors — Prof. *Alexander Leonidowitsch Tschishewski* — sagte mir nichts. Das war verständlich, da ich damals ja erst Schüler der 7. Klasse war, und obwohl ich mich seit dem 7. Lebensjahr für Astronomie interessierte, meine Lieblingswissenschaftler auf diesem Wissenschaftsgebiet *Flammarion* und *Perelman* waren. Epidemische Katastrophen bewegten mich wenig — über meine Gesundheit brauchte ich mich bisher noch niemals zu beklagen. Trotzdem erwachte in mir der Wunsch zu erfahren, wie und warum die Grippe, Cholera, der Typhus und alle möglichen anderen, noch weit unangenehmeren Krankheiten mit den Sonnenflecken in Zusammenhang stehen. Ich erinnere mich, daß ich das Buch *Tschishewskis* förmlich verschlang. Es war eine umfangreiche wissenschaftliche Monographie — die Arbeit langjähriger Untersuchungen des Gelehrten. Natürlich habe ich damals nicht alles verstanden, die grundlegende Idee jedoch hatte sich fest in meinem Bewußtsein verankert. Der Rhythmus der Sonnenprozesse spiegelt sich im Verlauf vieler Erscheinungen auf der Erde wider, speziell in Krankheiten und sogar im Sterben von Menschen. Dies war die Schlußfolgerung aus vielen tausend Beobachtungen. Die Realität der auf den ersten Blick recht merkwürdig erscheinenden Zusammenhänge war unzweifelhaft. Ihre Ursachen, oder wie man auch sagt, der Mechanismus, blieben unklar.

Dies alles erschien mir sehr interessant. Als ich jedoch meinen Freunden, jungen Enthusiasten auf dem Gebiet der Astronomie gleich mir, über meine Begeisterung für die Ideen von *Tschishewski* berichtete, lachten sie mich aus: Sonnenflecken und Grippe? Was sei das für ein Unsinn! Welche Verbindung könnte zwischen ihnen existieren? Man sagt, daß *Tschishewski* die Anzahl der Flecken auf der Sonne mit der Zahl der Geisteskranken auf der Erde in Zusammenhang setzte. Ja, sei das etwa Wissenschaft? *Tschishewski* sei ein Lügengelehrter! Etwas später erfuhr ich, daß viele der niederschmetternden Argumente der jungen Astronomen von einigen wesentlich angeseheneren Fachleuten stammten. Für mich war aber trotzdem die Autorität eines Professors, mehr noch, eines Mitglieds der Akademie, wie *Tschishewski* es war, unantastbar.

Dreißig Jahre hörte ich nichts über ihn. Ich wußte nicht einmal, ob er lebte.

Anfang 1965 bekam ich den Sammelband „Die Erde im Weltall“, herausgegeben vom Verlag „Mysl“, in die Hände. Zu meinem großen Erstaunen und meiner Freude fand ich in der Aufzählung der Mitglieder des Redaktionskollegiums des Sammelbandes den Namen von Prof. *Tschishewski* und im Buch selbst sechs Artikel von ihm. Welche hervorragenden wissenschaftlichen Arbeiten! Während der drei Jahrzehnte entdeckte er eine Menge neuer Fakten, die seine Lehre von der Verbindung Erde—Sonne untermauerten. Und diesmal trat er nicht als einzelner auf, sondern in einem Kollektiv mit anderen sowjetischen Wissenschaftlern, welche erfolgreich die verschiedenen Aspekte dieses Problems herausarbeiteten. Der Reichtum an neuen Ideen, die genaue wissenschaftliche Argumentation und hauptsächlich Fakten, Tausende Fakten, die die Hypothese unterstützten, all dies hinterließ beim Leser einen tiefen Eindruck. Ich hatte den Wunsch, persönlich mit *Alexander Leonidowitsch Tschishewski* bekannt zu werden. Aber ich kam zu spät — Ende 1964 war er nach einer schweren Krankheit verstorben.

Die Witwe des Gelehrten, Nina Wadimowna Tschishewskaja, eine erstaunlich willensstarke und energische Frau, erzählte mir über das schwere Leben *Alexander Leonidowitsch Tschishewskis*, über seinen ungewöhnlich standhaften Kampf für die wissenschaftliche Wahrheit.

Leider bin ich kein Belletrist und bin daher nicht in der Lage, das aufopferungsvolle Leben dieses großen Gelehrten entsprechend darzustellen. Außerdem schreibt man schon solche Bücher, und einige von ihnen sind bereits erschienen [1].

Unser Buch handelt von der Heliobiologie — einem neuen Zweig der Naturwissenschaften, der durch die Erkenntnisse *Tschishewskis* und der nachfolgenden Wissenschaftler, deren Zahl mit jedem Jahr wächst, begründet wurde. Aber wie groß auch die Verdienste eines einzelnen Wissenschaftlers gewesen sein mögen, so ist jedes Gebiet der Naturwissenschaften doch schließlich nicht die Sache eines Einzelnen, sondern die von Kollektiven, ja sogar die der gesamten Menschheit. So war es früher und ist es um so mehr heute, wo die Technik die Menschen der verschiedensten Orte der Erdkugel verbindet und wo, nach einem treffenden Ausspruch *W. I. Wernadskis*, der wissenschaftliche Gedanke zur „planetaren Erscheinung" wird.

Nach den Worten des bekannten italienischen Wissenschaftlers *G. Piccardi* war *A. L. Tschishewski* „einer der hervorragendsten und größten Pioniere der Wissenschaft". In der UdSSR führt man regelmäßig wissenschaftliche Vortragsreihen zu Ehren *Tschishewskis* durch. Man veröffentlicht seine Arbeiten, führt diese fort, und es erscheinen Bücher über ihn. Die Heliobiologie steht fest auf ihren Füßen. Viele Wissenschaftlerkollektive befassen sich mit dem Studium der Wechselwirkung zwischen der Sonne und den Vorgängen auf der Erde. Zum Problem Erde—Sonne werden wissenschaftliche Konferenzen abgehalten.

Das sind die Fakten. Das Problem besteht jedoch darin, daß populärwissenschaftliche Bücher, die einfach und interessant über die Heliobiologie erzählen, zur Zeit sehr selten sind.

Lesen Sie dieses Buch! Ich führe Sie durch ein neues, Ihnen unbekanntes Land. Ich bin überzeugt, daß Sie vieles durch seine Außergewöhnlichkeit, durch seinen Widerspruch zum sogenannten gesunden Menschenverstand, das heißt zu den gewohnten Lebenserfahrungen, verwundern wird.

Zum Beispiel stand ja auch die Existenz der Antipoden, der Bewohner des entgegengesetzten Punktes der Erdkugel, in früheren Zeiten nicht in Übereinklang mit dem sogenannten gesunden Menschenverstand, ebenso die Aussendung des Lichtes in Quanten und der unterschiedliche Zeitverlauf in Systemen mit verschiedenen Bezugspunkten. Mehr aufzuzählen wäre jetzt nicht sinnvoll.

Die Natur ist äußerst kompliziert, unerschöpflich in allen Beziehungen. Sie versetzte oftmals den Menschen mit Ungewöhnlichem, mit noch nicht dagewesenen Dingen in Erstaunen und wird sicherlich auch in Zukunft für uns noch sehr viele Überraschungen bereithalten.

Das Buch behandelt ein junges Gebiet der modernen Wissenschaft. Erwarten Sie aus diesem Grunde keine fertigen, endgültigen Lösungen! Dort, wo soeben die Suche nach der Wahrheit, die Anhäufung von Fakten begonnen hat, gibt es sie noch nicht. Dafür erscheinen aber eine Vielzahl von Hypothesen. Ohne sie kann die Wissenschaft nicht auskommen. Es ist lange bekannt, daß sich jede Wissenschaft nur über Hypothesen vorwärts entwickelt.

Ich verheimliche nicht, daß es die größte Auszeichnung für den Autor wäre, wenn in einem Leser der Wunsch erwachte, sich mit der Heliobiologie zu beschäftigen und sogar seinen Teil zur Lösung der vielen noch offenen Fragen beizusteuern.

Aber jetzt auf den Weg! Vor uns liegt das weite Gebiet der Heliobiologie!

Der Anfang der Heliobiologie

Nicht selten verlieren sich die Anfänge der Wissenschaften in der Vergangenheit. Der Wissenschaftler, der meint, er sei der Erstentdecker, stößt plötzlich darauf, daß er Vorgänger hat. Sofort wird seine Rolle auf die Verallgemeinerung und genaue Formulierung der Idee reduziert, die schon lange, wie man sagt, in der Luft lag. Es erweckt den Eindruck, als ob fast alle großen wissenschaftlichen Entdeckungen kontinuierlich heranreiften. Eigentlich werden sie vom gesamten Ablauf der Geschichte des menschlichen Denkens vorbereitet.

Die Heliobiologie ist von dieser allgemeinen Regel nicht ausgeschlossen. So wie *Isaak Newton* Vorgänger hatte, die nahe an der Entdeckung des Gravitationsgesetzes waren, so baute auch *Alexander Tschishewki*, als er ein neues Kapitel in der Geschichte der Wissenschaft eröffnete, auf die Arbeiten jener auf, die den Boden für seine Entdeckungen vorbereiteten.

Von der Sonne erleuchtet

Sicher wissen Sie, was ein Exlibris ist. Im Lexikon steht folgendes: „Exlibris — dekoratives Etikett, gewöhnlich künstlerisch ausgeführt, aufgeklebt auf der Innenseite des Bucheinbandes oder dem Buchdeckel als Zeichen des Bucheigentümers."

Zu dieser formal richtigen, aber etwas trockenen Definition muß man noch ergänzen, daß nicht selten der Autor des Exlibris, der auch der Bucheigentümer ist, mit diesem Zeichen seine innere Welt widerspiegelt. Das heißt, er drückt das aus, was er in seinem Leben als das Wichtigste ansieht.

Auf Bild 1 können Sie das Exlibris von *Alexander Leoni-*

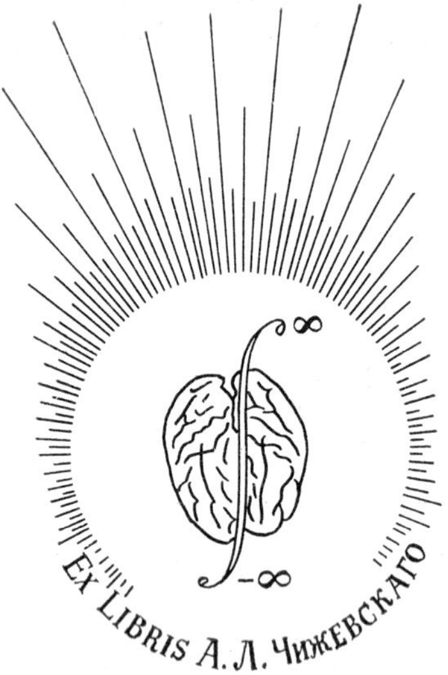

Bild 1. Exlibris von Prof. *A. L. Tschishewski*

dowitsch Tschishewski sehen. Vor dem Hintergrund einer strahlenden Sonne befindet sich das menschliche Hirn, überschrieben mit einem Integralzeichen. Wahrhaftig, es ist schwer, sich einen treffenderen Ausdruck für den Hauptinhalt der wissenschaftlichen Tätigkeit des Begründers der Heliobiologie auszudenken.

Die Sonne and das Hirn. Gerade *Tschishewski* brachte als erster in der Geschichte der Wissenschaft beide miteinander in Verbindung. Die Mathematik bezeichnet man entsprechend einer langen Tradition als „Königin der Wissenschaften". Das Vorhandensein des Integralzeichens, dieses mathematischen Symbols im Exlibris, bedeutet, daß die Wechselwirkung Sonne—Hirn ein wissenschaftlich durchaus begründeter Fakt ist. Und schließlich symbolisieren die Zeichen plus und minus Unendlich als obere und als untere Grenze des Integrals (mathematisch nennt man solch ein Integral ein uneigentliches) die unendliche Welt, in welcher der Mensch und sein Hirn einer Vielzahl von Einflüssen kosmischer Prozesse ausgesetzt sind.

Wer war der Autor dieses Exlibris? Wie verlief sein Leben? Die Heimat *Alexander Leonidowitsch Tschishewskis* war die kleine belorussische Siedlung Zechonowez im ehemaligen Gouvernement Grodno. Am 26. Januar 1897 wurde hier in der Familie von *Leonid Wassiljewitsch Tschishewski*, einem Berufsoffizier und späteren General der Artillerie, der zukünftige Begründer der Heliobiologie geboren. In seiner Kindheit war Alexander kränklich und schwächlich. In Südfrankreich, wohin ihn seine Eltern schickten, verbrachte er seine Kindheit. Dort begann er auch seine Schulzeit. Ab 1905 fuhr er jährlich nach Rußland, um die laufenden Examen am Gymnasium abzulegen.

Schon in den Kindesjahren zeigte sich die Vielseitigkeit *Alexander Tschishewskis*. So war er zum Beispiel ein ausgezeichneter Schüler des berühmten französischen Malers *Nodier* an der Pariser Schule für bildende Künste. Die Bilder Alexanders wurden mehrmals auf Ausstellungen gezeigt und waren stets sehr erfolgreich. Vor einigen Jahren konnte ich erstmals Bilder von ihm in seiner Moskauer Wohnung betrachten. Auffallend ist das besondere Gefühl für die Farben, welches den Landschaften eine ungewöhnliche Anmut verleiht. Die Natur erscheint äußerst lebendig. Auf jeden Fall, teilnahmslos kann man seine Bilder nicht betrachten.

Der junge Alexander beschäftigte sich auch erfolgreich mit der Musik, er spielte Geige und Klavier. Darüber hinaus war er ein guter lyrischer Dichter. Im Jahre 1915 wurde *Tschishewskis* erster Gedichtband veröffentlicht und vier Jahre später nochmals zwei Bücher mit Gedichten.

Alexander Tschishewskis Lieblingsdichter war *Tjuttschew*. Dessen Schaffen hatte einen großen Einfluß auf die Lyrik des zukünftigen Gelehrten. Viel später schrieb *Alexej Tolstoi* an *Tschishewski*: „Ihre Gedichte sind die Frucht einer großen Seele und eines großen künstlerischen Feingefühls und deshalb ist ihre Bedeutung für die russische Literatur überaus groß. Niemand von den heutigen Dichtern kann die feinsten Stimmungen, wie sie die Erscheinungen der Natur hervorrufen, besser wiedergeben als Sie." Eine ähnliche Meinung vertrat auch *Waleri Brjussow*.

Aber ungeachtet dessen war *Alexander Tschishewski* mehr Physiker als Dichter. Im Jahre 1913, als sein Vater zum Kommandeur der Artilleriedivision in Kaluga ernannt wurde, erwachte in ihm ein ernsthaftes Interesse für die Naturwissenschaften. Die ganze Familie *Tschishewski* siedelte nach Kaluga über, und der junge Alexander richtete sich im Haus in der Iwanowskaja-Straße ein Labor ein, in dem er die ersten Versuche auf dem Gebiet der Biologie und Elektrochemie durchführte.

Es ist unwahrscheinlich, daß der sechzehnjährige Junge voraussehen konnte, auf welch dornigen Weg er sich begeben hatte! Die Schöpfer des Neuen in der Wissenschaft — und einer von ihnen war *Tschishewski* — treffen immer auf den zornigen Widerstand der Zurückgebliebenen, der konservativ denkenden Menschen, die sich mit allen Mitteln — und nicht immer mit fairen — an die veralteten Vorstellungen und Systeme klammern. Die Neuerer in der Wissenschaft benötigen nicht nur die Begabung eines Erstentdekkers, nicht nur den Geist und die Intuition eines großen Gelehrten, sondern auch den eisernen Mut eines Feldherrn, um während ihres ganzen Lebens den Kampf für den Sieg der Wahrheit zu führen. *Tschishewski* besaß alle diese Eigenschaften. Und wenn Kühnheit und Härte im Kampf Eigenschaften sind, deren Anlagen auch vererbt werden, so ist es nicht schwierig, im Stammbaum *Alexander Tschishewskis* den Ursprung seiner ungewöhnlichen Tapferkeit zu finden, wie sie einem Kämpfer eigen ist.

Erinnern wir uns, der Vater des Wissenschaftlers, *Leonid Wassiljewitsch Tschishewski*, war Artilleriegeneral und ein hervorragender Spezialist in der Armee. Er stellte sich sofort nach der Oktoberrevolution gemeinsam mit anderen progressiven Generalen auf die Seite der Sowjetmacht. Den Aufbau der jungen Roten Armee unterstützte er gemeinsam mit dem berühmten General *A. A. Brussilow* sehr intensiv. Dafür erhielt er eine hohe Auszeichnung. Man verlieh ihm den Titel „Held der Arbeit des RKKA". Aber *Alexander Tschishewski* trug auch bestimmte Charaktereigenschaften entfernterer Vorfahren, des legendären Schwarzmeeradmirals *Pawel Stepanowitsch Nachimow*. Ob nicht *Alexander Leonidowitsch Tschishewski* in schweren Minuten und Jahren die ungewöhnliche Standhaftigkeit und beispiellose Kühnheit des berühmten Verteidigers Sewastopols inspiriert hat?

Hier noch eine kleine Episode aus der Biographie *Tschishewskis*. Nach Ausbruch des ersten Weltkrieges meldete sich *Alexander Tschishewski* im August 1916 als Freiwilliger an die Front, kehrte aber bald, verwundet und mit dem Georgskreuz ausgezeichnet, zurück. (Mit diesem im Jahre 1769 gestifteten Orden wurden in der russischen Zarenarmee

Armeeangehörige für außergewöhnliche Tapferkeit im Kampf geehrt.)

Das Jahr 1914 war sowohl das Jahr des Beginns des furchtbaren ersten Weltkrieges als auch ein wichtiges Jahr — ein Meilenstein im Leben von *Alexander Tschishewski*. In diesem Jahr lernte er den berühmten *Konstantin Eduardowitsch Ziolkowski* kennen.

Die enge Freundschaft zwischen diesen beiden Wissenschaftlern währte über 20 Jahre. In erster Linie verbanden diese beiden Menschen gemeinsame wissenschaftliche Interessen. *Ziolkowski* projektierte zukünftige kosmische Raumschiffe. *Tschishewski* suchte nach Möglichkeiten, die Besatzung dieser Raumschiffe vor den schädlichen kosmischen Strahlen zu schützen.

Auch die Parallelität ihrer Schicksale brachte sie einander näher. Sowohl *Ziolkowski* als auch *Tschishewski* hatten mit wahrhaft titanischen Anstrengungen die Routine des Provinzialismus, Konservatismus der diplomierten Wissenschaftler und die Trägheit des menschlichen Geistes zu überwinden.

„Keiner von uns verheimlichte die durchgeführten Untersuchungen“, erinnerte sich später *A. L. Tschishewski*, „im Gegenteil, jeder teilte alle Einzelheiten, seine Erfolge und Fehler mit. Ich wußte alles, was *Ziolkowski* bewegte, und er konnte den Stand meiner Experimente einschätzen. Wir erörterten tausendmal unsere Arbeiten, und hundertmal wurden diese oder jene Verbesserungen vorgenommen, wir gaben einander Ratschläge, schufen Möglichkeiten der Warnung und Verteidigung. Wir waren nicht nur einander wohlgesinnte Freunde, sondern auch treue und selbstlose Gefährten bei unserer wissenschaftlichen Arbeit.“

Über die fruchtbare Freundschaft *Tschishewskis* und *Ziolkowskis* wurde schon viel geschrieben [2].

Aber das Thema ist noch nicht erschöpft, und in den Archiven dieser Wissenschaftler lagert noch viel interessantes Material.

Im selben Jahr — 1914 — legte *Tschishewski* als Externer die Examen der Realschule ab und belegte am Moskauer Archäologischen Institut alle Vorlesungen als Gasthörer. Zusätzlich hörte er noch Vorlesungen am Moskauer Institut für Handelsangelegenheiten, an der Physikalisch-Mathematischen Fakultät der Moskauer Universität (von 1915 bis 1919) und schließlich auch an der Medizinischen Fakultät derselben Universität (von 1919 bis 1922). Seine Vielseitigkeit und sein Leistungsvermögen sind erstaunlich.

Es gibt sogenannte Alleswisser, die sich für alles interessieren, aber nicht über gründliche Kenntnisse verfügen. Dies sind Schwätzer, und sie sind kaum in der Lage, der Wissenschaft irgendwelchen Nutzen zu bringen.

Tschishewski war ein allseitig gebildeter Mensch, der sich begierig und schöpferisch die verschiedensten Kenntnisse aneignete, immer mit dem Ziel, allseitig den Einfluß des Kosmos auf die Erde, die Wechselwirkung zwischen Sonne und Erde zu beweisen. Im Jahre 1915 sprach er als Student zum ersten Mal den Gedanken aus, daß ein direkter energetischer Zusammenhang zwischen der Tätigkeit der Sonne, ihrer Aktivität, und dem Leben auf der Erde besteht. Doch dies war nicht etwa ein zufälliger Ausspruch, ein unreifer Gedanke. Nein, dies war das Ergebnis ernsthafter, nicht dem Alter entsprechender gründlicher wissenschaftlicher Studien, die dem Urteil der Fachleute in einem Vortrag „Der periodische Einfluß der Sonne auf die Biosphäre der Erde“ vorgestellt wurden.

Der Vortrag wurde vor dem Moskauer Archäologischen Institut im Oktober 1915 gehalten, von dem Auditorium als gut befunden und anschließend in einem Sammelband des Institutes veröffentlicht.

Es kam das Jahr 1917, das stürmische Jahr der Revolution, der Zusammenbruch der alten Ordnung in Rußland und der Beginn des neuen Lebens. *Alexander Tschishewski* beendete das Studium am Archäologischen Institut. Er beendete es nicht schlechthin, sondern erhielt für die Verteidigung der Dissertation zum Thema „Die russische Lyrik des 18. Jahrhunderts“ den akademischen Grad eines „Gelehrten-Archäologen“. (Nach der heutigen Bezeichnung wäre das ein Kandidat der Wissenschaften, der dem wissenschaftlichen Grad „Doktor eines Wissenschaftszweiges“ entspricht.)

Ein Jahr später verteidigte *Alexander Tschishewski* die Doktordissertation zum Thema „Über die Periodizität des weltweiten historischen Prozesses“. Die Verteidigung verlief erfolgreich. In dem kalten, ungeheizten Auditorium der Moskauer Universität beurteilten zwei korrespondierende Mitglieder der Akademie der Wissenschaften, *N. I. Kareew* und *S. F. Platonow*, die Arbeit des Dissertanten positiv, und *Alexander Tschishewski* wurde Doktor der allgemeinen

Geschichte (entspricht dem wissenschaftlichen Grad „Doktor der Wissenschaften").

Es kommt vor, daß die Verteidigung der Doktorarbeit, manchmal auch schon der Kandidatenarbeit, nicht den Anfang, sondern das Ende der wissenschaftlichen Tätigkeit eines Gelehrten bedeutet. Ein hoher akademischer Grad, wie paradox dies auch sein mag, vernichtet zuweilen nicht nur den Wunsch, die Wissenschaft vorwärts zu bringen, sondern auch die Bereitschaft, einfach weiter zu lernen. Anders aber der Doktor der Geschichte und Gelehrte-Archäologe *Alexander Tschishewski*, der noch vier Jahre nach der Verteidigung als Student an der Medizinischen Fakultät der Moskauer Universität immatrikuliert war. Dies ist ein seltener, ja vielleicht ein nie dagewesener Fall. Erst im Jahre 1922 gestattet er es sich, die schwierigen, aber angesehenen Stellungen als Professor des Moskauer Archäologischen Instituts und als wissenschaftlicher Konsultant des Instituts für Biophysik des NARKOMZDRAW (Volkskommissariat des Gesundheitswesens) der RSFSR anzunehmen. Nun begannen für ihn die schöpferischen Kontakte mit führenden Persönlichkeiten der Wissenschaft. Im Institut für Biophysik arbeitet *A. L. Tschishewski* gemeinsam mit dem Direktor, Akademiemitglied *P. P. Lasarew* und im Praxis-Laboratorium der Zoopsychologie des NARKOMSEM der UdSSR (Volkskommissariat für Landwirtschaft) mit Akademiemitglied *A. W. Leontowitsch*, Prof. *L. L. Wassiljew* sowie mit dem bekannten Dompteur und Wissenschaftler *W. L. Durow*.

In den Händen halte ich eine Fotografie aus jenen Jahren und sehe am Tisch sitzend, von ehrwürdigen Wissenschaftlern umgeben, den noch sehr jungen *Alexander Leonidowitsch Tschishewski*. Wie immer ist er tadellos gekleidet — in strengem schwarzem Gehrock und schneeweißem Hemd. Daneben sitzt *W. L. Durow*, der eine Zeitung in den Händen hält und den Versammelten irgend etwas darin zeigt. Im Hintergrund sind Vogelbauer und Fotografien an der Wand einer alten gemütlichen Moskauer Wohnung zu sehen.

Was hatte dies mit Zoopsychologie zu tun?

Welche Beziehung hatte *Tschishewski* zur Zoopsychologie und überhaupt zum Leben der Tiere?

Erinnern Sie sich an das einfache Labor in der Iwanowskaja-Str. in Kaluga? Schon damals zeichnete sich eine der Hauptrichtungen der wissenschaftlichen Tätigkeit *Tschi-*

shewskis ab. Er beschäftigte sich mit der Luftionisierung der Atmosphäre, das heißt der Sättigung der Luft mit den belebenden negativen Sauerstoffionen, die sowohl den Tieren als auch den Menschen eine ausgezeichnete Gesundheit verleihen. Eine solche belebende Luft wird auf der Erde in jedem geschlossenen Raum, in dem Leben existiert, benötigt. Aber besonders wichtig ist sie in den von Menschen erbauten kosmischen Raumfahrzeugen und in zukünftigen Stationen auf anderen Himmelskörpern.

Die Luftionisierung war die zweite Liebe *Tschishewskis*, wenn man die Untersuchungen über den Zusammenhang zwischen Sonnenaktivität und Erdbiosphäre als erste zählt. Sein Wirken dazu umfaßte Tierversuche, die Einführung der Luftionisation in der Landwirtschaft, die „Belebung" der Luft in Institutionen, in Wohnungen, Kulturpalästen, Theatern — kurz an allen Orten, wo der Mensch arbeitet oder sich erholt und von dem äußeren Milieu, der Atmosphäre, isoliert ist.

Tschishewski wurde von solchen Persönlichkeiten der Wissenschaft und Kultur unterstützt wie *A. W. Lunatscharski*, *A. M. Gorki*, dem Volkskommissar für Gesundheitswesen Professor *N. A. Semaschko*, den Akademiemitgliedern *D. K. Sabolotny*, *G. D. Danischewski*, *P. P. Lasarew*, *A. W. Leontowitsch*, und vor allem sollte bei der Aufzählung das Akademiemitglied *Wladimir Iwanowitsch Wernadski* nicht vergessen werden. *Wernadski* unterstützte *Tschishewski* auch in den Jahren, in denen ihm nur sehr wenige, nur die aufrichtigsten Freunde, beistanden.

1931 wurde ein Beschluß des Rates der Volkskommissare der UdSSR veröffentlicht, in dem die wissenschaftliche Arbeit *Tschishewskis* positiv eingeschätzt und die Schaffung eines Zentrallaboratoriums für die wissenschaftliche Untersuchung der Luftionisierung mit einem Netz von Filialen und Versuchsstationen festgelegt wurde. Zum Direktor dieses Laboratoriums ernannte man Prof. *A. L. Tschishewski*.

Über die wissenschaftlichen Untersuchungen aus diesem Zentrallaboratorium, das fünf Jahre bestand, erschienen zwei umfangreiche Bände unter seiner Redaktion.

Im Jahre 1936 wurde Prof. *Tschishewski* die Mitarbeit am Lehrstuhl für Hygiene des III. Medizinischen Instituts in Moskau angetragen.

Die wissenschaftlichen Entdeckungen und Arbeiten *Tschishewskis* wurden auch im Ausland stark beachtet. Er wurde zum Mitglied der Touloner Akademie der Wissenschaften (Frankreich), zum Ehrenmitglied der Medizinischen Gesellschaft in Antwerpen (Belgien) und zum Ehrenpräsidenten der Amerikanischen Gesellschaft für biologische Physik gewählt. Kurz gesagt, mehr als dreißig ausländische Akademien und wissenschaftliche Gesellschaften wählten *A. L. Tschishewski* zu ihrem Ehrenmitglied. 1939 leitete er als Ehrenpräsident den I. Internationalen Kongreß für Biophysik und kosmische Biologie. Nebenbei gesagt, der Ausdruck „kosmische Biologie" wurde von ihm erstmals in den wissenschaftlichen Sprachgebrauch eingeführt.

In den 50er Jahren veröffentlichte *Tschishewski* eine bedeutende Monographie über die Luftionisierung. In den schweren Kriegsjahren schrieb er eine umfangreiche Arbeit über die Theorie des Blutkreislaufes: „Strukturelle Analyse des sich bewegenden Blutes" (Verlag der Akademie der Wissenschaften der UdSSR, 1959). Diese Arbeit wurde nach dem Krieg teilweise veröffentlicht.

Alexander Leonidowitsch Tschishewski erzielte große wissenschaftliche Erfolge auf drei Wissensgebieten: der Heliobiologie, die von ihm begründet wurde, der Luftionisierung und der Theorie des Blutkreislaufes.

Im Jahre 1965 wurde in der Zeitschrift des ZK der KPdSU „Partijnaja shisn" (Nr. 6 1965,) ein Bericht einer speziell zur Untersuchung des wissenschaftlichen Erbes *A. L. Tschishewskis* eingesetzten Kommission veröffentlicht. Mitglieder dieser Kommission waren die Akademiemitglieder *B. M. Kedrow*, *W. W. Parin*, *A. L. Janschin*, der Arzt-Kosmonaut *B. B. Jegorow* und viele andere geachtete sowjetische Wissenschaftler. Im Bericht der Kommission heißt es unter anderem: „*A. L. Tschishewski* war ein hervorragender Wissenschaftler, einer der Begründer von zahlreichen wissenschaftlichen, heute weit bekannten und in der ganzen Welt anerkannten Richtungen, die unaufhörlich in Gebiete der praktischen Anwendung hinüberwachsen."

Seit den letzten zehn Jahren wird die Heliobiologie allgemein anerkannt. So werden seit dem Jahre 1968 von der Moskauer Gesellschaft der Naturforscher, der ältesten wissenschaftlichen Gesellschaft in der UdSSR, regelmäßig Lesungen zu Ehren von *Tschishewski* durchgeführt. (Sammelbände „Sonne, Elektrizität, Leben". Moskau 1969 und 1972.) Wissenschaftler aus verschiedenen Städten der Sowjetunion stellen in diesen Veranstaltungen ihre Untersuchungen auf dem Gebiet der Heliobiologie vor und führen mit ihren Berufskollegen einen intensiven Erfahrungsaustausch durch.

Das Präsidium der Akademie der Wissenschaften der UdSSR veranstaltete 1972 eine spezielle Beratung zu den Problemen der Heliobiologie. Hier wurde ein Beschluß über die weitere Entwicklung der Heliobiologie in der UdSSR sowie über die Ausbildung von Spezialisten dieses Fachgebietes, über wissenschaftliche Aspiranturen und Qualifizierungen von Ärzten gefaßt. Besondere Aufmerksamkeit fanden einzelne praktische Aufgaben wie die systematische Information der Gesundheitseinrichtungen des Landes mit Hinweisen zur Veränderung der Sonnenaktivität.

Der bekannte sowjetische Spezialist auf dem Gebiet der kosmischen Biologie, das korrespondierende Mitglied der Akademie der Wissenschaften der UdSSR *O. G. Gasenko* unterstrich unlängst, daß „die Untersuchungen *Tschishewskis* bei den Vertretern der verschiedensten Fachdisziplinen nicht nur in der UdSSR, sondern auch im Ausland lebhaftes Interesse gefunden haben. In Zeitungen und Zeitschriften wurden die verschiedensten Standpunkte geäußert, angefangen von völliger Übereinstimmung bis hin zu äußerst kritischen Meinungen. Übrigens trifft man solche sich einander widersprechende Reaktionen nicht selten dann an, wenn ein neues wissenschaftliches Problem erkannt bzw. eine neue Entdeckung gemacht wurde und diese in unmittelbarer Beziehung zu den Lebensinteressen der Menschen steht." (*Tschishewski, A. L.*: Das Echo der Erde auf Sonnenstürme. Moskau 1973, Vorwort, verfaßt von *O. Gasenko*.)

Die Probleme der Heliobiologie sind besonders wichtig für die Kosmonautik. Bei kosmischen Flügen außerhalb der Erdatmosphäre unterliegen die Raumschiffe und teilweise auch die Kosmonauten (bei Aufenthalt im freien Kosmos oder auf dem Mond) unmittelbar den Einflüssen der kosmischen Strahlung — sowohl der korpuskularen als auch der elektromagnetischen. Die Aufklärung der schädlichen Wirkung dieser Strahlung, die Suche nach effektiven Schutzmitteln gegen sie — dies sind einige der wichtigsten aktuellen Probleme der modernen Heliobiologie.

„Menschen, die sich mit Problemen des Kosmos beschäftigen, wie Wissenschaftler, Konstrukteure und wir, die Kosmonauten", schreibt der Fliegerkosmonaut der UdSSR, Held der Sowjetunion, *W. I. Sewastjanow*, „treffen während der Arbeiten oft auf Fragen, die von *Tschishewski* bereits ausgearbeitet und sogar schon beantwortet wurden. Wir zollen ihm für diese Leistung Achtung und Anerkennung." (*Tschishewski, A. L.*: Das gesamte Leben. Moskau 1974, Vorwort, verfaßt von *W. I. Sewastjanow*.)

Die Heliobiologie hat eine große Zukunft. Aber wie war ihr Anfang?

Womit alles begann

Als man *Isaak Newton* fragte, wie er das Gravitationsgesetz entdeckt hat, antwortete er: „Indem ich ständig darüber nachdachte."

Ja wirklich, die Zielstrebigkeit der Gedanken, die Gabe, alle Kräfte auf die interessierenden Probleme zu konzentrieren, ist eine charakteristische Eigenschaft eines jeden Forschers. Es kommt jedoch vor, daß die Lösung des Problems völlig unerwartet eintritt. Die Suche dauert vielfach lange Jahre, und die Klärung erfolgt dann oft ganz plötzlich. Als auslösender Schritt dazu kann sowohl eine direkte als auch eine indirekte Assoziation dienen.

Erinnern Sie sich an den bekannten *Newtonschen* Apfel? Es ist möglich, daß dies nur eine die Jahrhunderte überdauernde Anekdote ist. Aber selbst wenn es so wäre, würde diese Anekdote äußerst treffend einige Probleme der wissenschaftlichen Erkenntnisgewinnung charakterisieren.

Wie begann nun die Heliobiologie? Was veranlaßte *A. L. Tschishewski*, sich mit der Sonne und dem Menschen zu beschäftigen, sie miteinander in Zusammenhang zu bringen?

Im Herbst 1914, als er am Archäologischen Institut, studierte bemerkte der Siebzehnjährige eine erstaunliche Gleichzeitigkeit zwischen einigen Erscheinungen auf der Erde und auf der Sonne. In alten Chroniken war das Auftreten von großen Sonnenflecken vermerkt. Man hatte sie mit bloßem Auge durch dünne Wolken oder beim Sonnenuntergang, wenn man in die dunkelrote Sonne sehen konnte, ohne geblendet zu werden, erkennen können. Den damaligen Beobachtern erschienen die Flecken als schwarze „Nägel", die in die Sonne geschlagen zu sein schienen. In den gleichen Chroniken jedoch wurde auch von verschiedenen Naturkatastrophen, von Dürren und Überschwemmungen, Erdbeben und Unwettern, Hungersnöten und Epidemien berichtet. *Tschishewski* bemerkte, daß die Sonnen- und Erdereignisse zeitlich zusammenfielen, das heißt, um wissenschaftlich zu sprechen, sie verliefen synchron.

Jedesmal, wenn man Flecken auf der Sonne beobachten konnte, wurde die Erde von Katastrophen heimgesucht. Eine glänzende, nicht von schwarzen „Nägeln" gekennzeichnete Sonne war ein zuverlässiges Zeichen dafür, daß auch auf der Erde alles ruhig verlief.

Es wäre natürlich möglich, daß dies eine zufällige Übereinstimmung ist — gibt es doch viele unwahrscheinliche Zufälligkeiten im Leben der Menschen. Am Anfang dachte auch *Tschishewski* so, versuchte aber unabhängig davon, diese Problematik zu klären.

In Antiquariaten und kleinen Läden erstand *Tschishewski* alte russische Jahrbücher und alte ausländische Chroniken. Eifrig las er sie, und jedesmal überzeugte er sich, daß die von ihm bemerkte zeitliche Übereinstimmung nicht zufällig war. Man kann ja wohl tatsächlich nicht von einer zufälligen Übereinstimmung sprechen, wenn sie sich mehrmals, ja Hunderte Male wiederholt. Nein, hier lag irgendeine objektive Gesetzmäßigkeit der Natur vor, und dafür mußte es irgendwelche unbekannte, aber ohne Frage natürliche Gründe geben. Zwischen den Sonnenflecken und den sie begleitenden Erdkatastrophen war ein rhythmischer Zusammenhang spürbar. Im Sommer 1915 erwarb *Tschishewski* ein Sekretan-Teleskop einer französischen Firma, die erstklassige optische Instrumente herstellte. Alexander interessierte sich schon als Kind für die Astronomie, und es war außerdem ein glücklicher Umstand, daß der spätere Direktor des Moskauer Observatoriums — Dozent und Professor an der Moskauer Universität — *Sergej Nikolajewitsch Blashko*, ein guter Bekannter der *Tschishewskis* war.

Ich selbst hatte das Glück, später bei Sergej Nikolajewitsch zu studieren. Er hielt uns, den Studenten der Mechanisch-Mathematischen Fakultät der Moskauer Universität am Anfang Vorlesungen über allgemeine, später über praktische Astronomie. Er las leise, mit gleichmäßiger, etwas nasaler Stimme, so daß nur die Studenten in den ersten Reihen ihn deutlich verstanden. Trotzdem war er als Pädagoge ausgezeichnet, und seine Lehrbücher gelten bis heute als Musterbeispiele. Prof. *S. N. Blashko* wirkte rein äußerlich trotz seiner kindlichen, gutmütigen blauen Augen etwas pedantisch und akademisch streng, verstand es aber, die schwierigsten Dinge ganz einfach darzulegen. Er war ein ausgezeichneter Praktiker und Beobachter, und dieses seltene Können vermittelte er freimütig an seine Schüler weiter. *Blashko* unterwies *Tschishewski* in den Methoden der Sonnenbeobachtung und des Aufzeichnens von Sonnenflecken und ihrer Gruppen. Dabei stellte *Tschishewski* plötzlich fest, daß eine unvorhergesehene Übereinstimmung mit dem irdischen Leben bestand. In seinem Zimmer über dem Bett hing eine große Karte von Westrußland mit dem Gebiet Wolynien, Polen und den baltischen Ländern. Auf dieser Karte vermerkte *Tschishewski* mit weißen und schwarzen Fähnchen den Verlauf der Fronten des ersten Weltkrieges. Der Vater, der Onkel und andere Verwandte nahmen an den schweren Kämpfen, die mit wechselnden Erfolgen verliefen, teil. Der junge *Tschishewski* verfolgte mit innerer Beteiligung den Gang der Kriegshandlungen.

Es schien kaum glaubhaft, aber an den Tagen, an denen *Tschishewski* die Fähnchen auf der Karte oft umstecken mußte, genau an diesen Tagen (bzw. zwei Tage später) beobachtete er auch auf der Sonne besonders viele Flecken.

Tschishewski erzählte darüber seinen Bekannten, unter denen nicht wenige Wissenschaftler waren, die ihn auslachten. *Sergej Nikolajewitsch Blashko* war sogar verärgert und warf dem Jungen eine Verspottung der Wissenschaft vor. Ja, *Tschishewski* selbst konnte absolut nicht verstehen, in welcher Art und Weise der Kriegsverlauf von der Anzahl der Sonnenflecken abhängen sollte. Es war unmöglich, sich auch nur vorzustellen, welcher Naturmechanismus in der Lage sein sollte, solche, wie es schien, vollständig verschiedenen Ereignisse untereinander zu synchronisieren.

Nur wenige Wissenschaftler nahmen die Entdeckung *Tschishewskis* ernst. Unter ihnen war *Konstantin Eduardowitsch Ziolkowski*. „Sammeln Sie Material", riet er, „bis jetzt ist es nur interessant; um es jedoch wissenschaftlich vertreten zu können, müssen Sie es überzeugend beweisen."

Tschishewski befolgte diesen Rat. Vor allem begann er sich selbst zu beobachten, seine Emotionen und den Zustand seines Nervensystems. Dann bat er Bekannte, seinem Beispiel zu folgen. Er teilte dazu spezielle Fragebogen aus, ohne das Ziel dieser Aufzeichnungen anzugeben.

Es wurden 25 Fragebogen ausgegeben, und viele Monate währten die Beobachtungen. Als er dann diese Fragebogen bearbeitete, das heißt, sie und die eigenen Aufzeichnungen über die Sonnenflecken nach dem Datum ordnete, kam *Tschishewski* erneut zu der merkwürdigen Schlußfolgerung: Mit dem Anwachsen der Sonnenfleckenzahl machte sich bei den meisten Personen eine erhöhte nervliche Erregung, die sich in starken Emotionen ausdrückte, bemerkbar. Es konnte sogar ein gewisser vierwöchiger Zyklus, der der Sonnenrotationsdauer um ihre eigene Achse nahe kam, festgestellt werden. Später wandte sich *Tschishewski* mit der Bitte, entsprechende Beobachtungen an einer Gruppe geistesgestörter Kinder durchzuführen, an den Arzt Dr. *A. S. Solowjew*. Es stellte sich heraus, daß besonders in den Tagen, da die blendende Sonnenscheibe mit einer Vielzahl von Sonnenflecken bedeckt war, diese Kinder nervlich stark erregt waren, Schlägereien und Raufereien veranstalteten.

Ist das wirklich Unsinn? Steht das tatsächlich im Widerspruch mit dem gesunden Menschenverstand? Mit einer endgültigen Wertung der Entdeckung *Tschishewskis* wollen wir noch warten. Denken wir daran, wie ehrfurchtslos sich bisweilen die Wissenschaft zum „gesunden Menschenverstand“ verhielt! Am Ende des Buches kommen wir noch einmal auf die Beurteilung der ersten Entdeckungen *Tschishewskis* zurück.

Hier wollen wir nur erwähnen, daß er sich auf Grund persönlicher Erlebnisse mit Problemen beschäftigte, die zur Begründung der Heliobiologie führten. Diesen Umstand könnte man als sonderbares Zusammentreffen bezeichnen — im übrigen nicht sonderbarer als beim berühmten Apfel *Newtons*. Denn auch die Natur der Anziehungskraft ist bis heute noch nicht völlig geklärt.

Mit diesem sonderbaren Zusammentreffen begann die Heliobiologie, die heute schon zu erstaunlichen Ergebnissen geführt hat.

Forscher und Entdecker

Große Wissenschaftler sind Berggipfeln vergleichbar! Sie verkörpern die höchsten Errungenschaften des menschlichen Verstandes. Aber der Berggipfel hängt nicht in der Luft, er ruht auf einer soliden, breiten Grundlage. Und die Gebirgsketten bestehen nicht nur aus Gipfeln, sondern schließen auch Hügel, ja sogar Täler ein!

So spielt sich auch die Geschichte der Wissenschaft ab. Die Erkenntnisse werden nicht nur von Genies, das heißt ungewöhnlich schöpferischen Wissenschaftlern gewonnen, sondern auch von einer Vielzahl durchschnittlicher Mitarbeiter, jenen „Hügeln“, ohne die auch die Höhen der Wissenschaft undenkbar sind. Wer ist wichtiger? Eine unsinnige Frage! Sowohl dieser als auch jener ist wichtig. Alle, die schöpferisch auf den verschiedensten Wissenschaftsgebieten arbeiten, tragen zur Weiterentwicklung der Wissenschaft bei. Dabei ist interessant, daß fast alle großen Entdecker Vorgänger hatten.

Lange vor Kolumbus besuchten die Wikinger Amerika. Die Idee einer allgemeinen Anziehungskraft sprachen schon *Hooke*, *Borelli* und andere vor *Newton* aus. Ähnliche Beispiele gibt es genügend. Jede große Entdeckung erfolgt Schritt um Schritt. Der Entdeckungsprozeß erinnert an die Besteigung eines Berggipfels über Hügel und Hänge. Der Ruhm für die Entdeckung kommt jenem zu, der endgültig das Gesetz formuliert oder die rätselhafte Naturerscheinung erklärt, der die Entdeckung in das allgemeine Wissensgebäude einfügt, die Perspektiven und zukünftige Anwendung des neu Erkannten aufzeigt.

Auch *Tschishewski* hatte Vorgänger. Die Heliobiologie entwickelte sich keinesfalls aus dem Nichts. Jahrhundertelange Beobachtungen über den Zusammenhang zwischen dem Leben auf der Erde und den physikalischen Vorgängen in unserem Sonnensystem bildeten die Grundlage für die Heliobiologie. Umwelt und Organismus, das war schon ein Problem, welches die Gelehrten der Antike und des Mittelalters bewegte.

Führen wir einige Beispiele an. In der Monographie *Tschishewskis* „Epidemische Katastrophen und die periodische Tätigkeit der Sonne“ (Moskau, 1930) findet man solche ausdrucksvollen Zeilen: „Schon im frühen Altertum bemerkte man, daß es Epochen gibt, in denen das Leben friedlich dahinläuft. Dazu trägt auch die Natur bei. Hingegen gibt es auch Zeiten, in denen sowohl die Natur als auch die Welt der Menschen in Bewegung gerät, die von Erscheinungen gekennzeichnet sind wie: elementare Naturkatastrophen, Überschwemmungen, Dürren, Erdbeben oder Vulkanausbrüche, Massenauftreten von Schadinsekten, epidemische Krankheiten bei Menschen und Tieren, Kriege und Bürgerkriege, die ganze Länder erschütterten. In solchen

Zeiten ist für den wissensdurstigen Beobachter der Zusammenhang zwischen den lebenden Organismen und der Umwelt unbestreitbar. Der Gedanke vom Zusammenhang zwischen den lebenden Organismen und der sie umgebenden Materie zieht sich wie ein roter Faden durch die allgemeinen, vielfältigen historischen Erfahrungen der Menschheit."

So findet man in den Reisebeschreibungen des berühmten griechischen Historikers und Forschungsreisenden *Herodot* (485 bis 425 v. u. Z.) interessante Beispiele dafür, wie die natürlichen Bedingungen die physische und geistige Entwicklung der Menschen beeinflussen können.

Der große Arzt des Altertums und Begründer der Medizin, *Hippokrates* (460 bis 377 v. u. Z.) versicherte in einem seiner bedeutendsten Aufsätze: „Unter wechselhaftem Klima kann sowohl Geist als auch Körper große Arbeit leisten, und gerade sie erhöht den Mut, wogegen Faulheit und Müßiggang Feigheit hervorbringen." Diesen Gedanken über den Einfluß der Umwelt auf den Menschen, auf sein Äußeres und seine Psyche entwickelt *Hippokrates* noch weiter, wobei er allerdings manchmal die Rolle der Umwelt überbewertet. Auch eine Mitteilung des Historikers *Thukydides* (5. Jahrhundert v. u. Z.) ist äußerst interessant. Er war Augenzeuge der Pestepidemie, die Attika im Jahre 427 v. u. Z. erschütterte. Gleichzeitig berichtete er, daß diese Katastrophe von Vulkanausbrüchen auf den Liparischen Inseln, Hochwasser an vielen Stellen der Erde und von Erdbeben in Athen begleitet wurde.

Nach dem großen Vesuvausbruch (im Jahre 79 u. Z.) folgte nach Aussagen des Historikers *Sueton* eine der schwersten Pestseuchen.

In den Jahren von 251 bis 266 u. Z. grassierte die sogenannte zypriotische Pest. Die in Afrika ausgebrochene Seuche verbreitete sich über ganz Europa. In diesen schrecklichen Jahren erschütterten schwere Erdbeben viele Gebiete Afrikas, Asiens, und sie wurden sogar in Rom registriert. Zum gleichen Zeitpunkt wurden auch schwere Ausbrüche des Ätna beobachtet.

In den Jahren 512 bis 526 u. Z. wütete die Pest wiederum in Europa und Asien. Sie wurde von verheerenden Erdbeben begleitet. In Antiochia kamen während eines Bebens 250 000 Menschen ums Leben, und die Stadt wurde vollständig zerstört.

Im 14. Jahrhundert erlebte die Menschheit eine der schwersten Pestepidemien, die als Schwarzer Tod bekannt wurde und drei Jahre überall auftrat. Und wiederum berichten die alten Chroniken, daß sich in diesen schrecklichen Jahren noch nie dagewesene Dürreperioden mit Überschwemmungen abwechselten, Heuschreckenschwärme die Hungersnot noch vergrößerten und viele Menschen der Krankheit und den entfesselten Elementen zum Opfer fielen. Die Chronisten berichteten, daß zu gleicher Zeit schwerste Erdbeben viele Städte in Europa zerstörten. Die Menschen erhoben ihre Blicke zum Himmel, um dort eine Erklärung für das Elend, das über sie gekommen war, zu finden.

Es ist überall bekannt, daß im Mittelalter von Zeit zu Zeit die Astrologie starken Einfluß gewann. Der menschliche Geist versuchte das Elend auf der Erde mit dem negativen Einfluß der Planeten und der Konstellation der Sterne zu erklären. Vom heutigen Standpunkt aus war dies ein eindeutiger Irrtum.

Jedermann weiß heute, daß weder die Haarfarbe noch der kriegssüchtige Charakter eines Menschen vom Planeten Mars und von den Sternbildern, das heißt den sichtbaren Sterngruppierungen der in Wirklichkeit weit voneinander entfernt liegenden Sterne, beeinflußt wird und daß leichtlebige Schönheiten ohne jegliche Protektion des Planeten Venus geboren werden.

Heute ist jedem klar, daß die Astrologie ebenso wie die Alchimie eine Pseudowissenschaft darstellt, obwohl in beiden ein Quentchen Realität enthalten war.

Die Alchimisten träumten von der Umwandlung der Elemente ineinander, z. B. davon, daß man Quecksilber in Gold umwandeln könne. Die Mittel jedoch, mit denen sie das gewünschte Ziel zu erreichen gedachten, waren ungeeignet. Die grundlegende Idee der Alchimie, Elemente ineinander umzuwandeln, war dagegen durchaus nicht absurd. Den heutigen Kernforschern sind sowohl künstliche als auch natürliche Umwandlungen von Elementen gut bekannt.

Die grundlegende Idee der Astrologie — ein Einfluß des Kosmos auf die Erde — ist völlig vernünftig. Allerdings sind die Wechselwirkungen zwischen Kosmos und Erde bei weitem nicht so, wie sie sich die Astrologen des Mittelalters vorstellten. Doch ungeachtet dessen und trotz des massiven Aberglaubens gewann die Wahrheit an Einfluß. Dies begann mit der Zusammenstellung von Ereignissen in ihrem direkten, kausalen Zusammenhang. Eine Erklärung für diese Zusammenhänge fand man noch nicht, die Zahl der Fakten wuchs jedoch ständig und ergab schließlich das Fundament für die Heliobiologie.

Wir wollen nicht in Wortspielereien verfallen und noch einige Beispiele anführen.

In der Chronik *Nikons*, eines russischen Patriarchen und Kirchenreformators (1605 bis 1681), findet man folgendes Zitat: „In diesem Sommer war die Sonne wie Blut, auf ihr waren dunkle Flecken. Dunst, Schwüle und große Hitze herrschte den halben Sommer über im ganzen Land. Wälder, Sümpfe und die Erde waren ausgebrannt und die Flüsse ausgetrocknet, andere wasserführende Stellen völlig versiegt. Angst und Schrecken war unter allen Menschen sowie großes Leid...“

Die Woskressensker Chronik berichtet folgendes: „Es sind Zeichen auf der Sonne, schwarze Flecke wie Nägel sind auf ihr. Diesen Sommer war der Dunst groß, ununterbrochen zwei Monate, man konnte nicht einmal ein Gesicht zwei Sashen (ein Sashen entspricht 2,13 m) vor sich erkennen. Vögel, die normal in der Luft fliegen, gingen auf die Erde nieder und bewegten sich gehend weiter ... Der Sommer war überaus heiß, die Ernte vertrocknet.“

Friedrich Wilhelm Herschel, der berühmte englische Sternforscher, der Astronom, der den Planeten Uranus und die Infrarotstrahlen der Sonne entdeckte, beobachtete mit seinen gigantischen selbstgebauten Teleskopen Vulkanausbrüche auf dem Mond und viele andere erstaunliche kosmische Erscheinungen. Wenig bekannt ist allerdings eine andere wichtige Entdeckung des großen Gelehrten. Im Jahre 1801 stellte er die Marktpreise für Weizen der Anzahl der Sonnenflecken gegenüber. Trotz der Unvollständigkeit der Angaben bemerkte er doch eine deutliche Korrelation, ein wechselseitiges Erfordern und Bedingen von Erscheinungen, die auf den ersten Blick überhaupt nichts gemeinsam haben.

Um den Leser nicht zu ermüden, zähle ich einfach die physikalischen Erscheinungen auf der Erde auf, die schon lange vor *Tschishewski* in einen direkten Zusammenhang mit der Anzahl der Sonnenflecken gebracht wurden (in Klammern sind der Name des Entdeckers und das Entdekkungsjahr angegeben):

— Häufigkeit und Intensität der Magnetstürme (*La Mont*, 1850),
— Häufigkeit und Helligkeit des Polarlichtes (*Fritz*, 1863),
— Häufigkeit der Gewitter (*Senger*, 1887),
— Wasser- und Lufttemperatur an der Erdoberfläche (*Gautier*, 1844),
— Häufigkeit von Stürmen, Orkanen, Windhosen und Menge der Niederschläge (*Meldrun*, 1872),
— Erdbeben (*Mallé*, 1858).

Es sind hier noch einige Erscheinungen aus der belebten Materie der Erde, die im Zusammenhang mit den Sonnenflecken stehen, aufzuzählen:
— Menge des erzeugten Weines (*Sartorius*, 1878),
— Dicke der Jahresringe der Bäume (*Schwedow*, 1892),
— Vermehrung und Wanderung der Insekten (*Keppei*, 1870),
— Menge des Fischfanges (*Nansen*, 1909),
— Häufigkeit plötzlicher Sterbefälle (*Kindlimann*, 1910).

Seien wir uns bewußt, daß beide Aufzählungen nicht vollständig sind, denn schließlich liegt ja vor dem Leser keine wissenschaftliche Monographie, sondern ein populärwissenschaftliches Buch geringen Umfangs. Aber die angeführten Beispiele sollen ihn neugierig machen: Was sind das für überaus starke Sonnenflecken, die über eine solch gewaltige Entfernung offensichtlich Einfluß auf die Erde nehmen? Worin liegt die Ursache für den erstaunlichen Zusammenhang zwischen Erde und Sonne, und wie kann man dies alles erklären?

Die nächsten Abschnitte dieses Buches werden Antwort auf diese Fragen geben.

Sie strahlt nicht in makelloser Schönheit

Im Altertum wurde die Sonne, und nicht nur sie, sondern allgemein alles Überirdische, vergöttert. Es ist wahrscheinlich, daß auch aus diesem frühen Entwicklungsstadium die Gegenüberstellung eines idealen, vollkommenen Himmels und einer sündigen, unvollendeten Erde herrührt. „Es unterscheidet sich wie Himmel und Erde“ — so sprechen wir von Dingen, die sich absolut in keiner Beziehung ähnlich sind.

In der realen Welt ist es schwierig, eine Erscheinung zu finden, die sich besser für die religiöse Anbetung eignet als die Sonne. Instinktiv kam bei diesem Sonnenkult der richtige Gedanke der Menschen über die Abhängigkeit alles Irdischen von der Sonne zum Ausdruck. Dieser Kult drang sogar in die altgriechische Philosophie als Lehre von der „Vollendung“ des Himmels ein. Auch von *Aristoteles* und seinen Schülern wurde diese Lehre für unantastbar gehalten. Überhaupt, die Sonnenanbeter konnte man damals auf der ganzen Erdkugel finden. Diese Darstellung der religiösen Auffassung läßt folgendes verständlich werden: Beobachtete irgendein Forscher im Altertum Sonnenflekken, so machte er nicht nur eine Entdeckung, sondern beleidigte zugleich auch die „Gottheit“. Da ein solches Vergehen sofort bestraft wurde, erfuhren derartige Entdekkungen ihre Wertschätzung erst viel später. Die Entdekkung der Sonnenflecken entschied den prinzipiellen Streit darüber, ob die „Vollendung“ des Himmels absolut ist oder ob auch ihm Irdisches anhaftet.

Es ist schwer festzustellen, wer als erster die Sonnenflecken entdeckte. Sie sind in chinesischen Annalen, in armenischen und arabischen Chroniken, russischen Jahrbüchern und von Geschichtsschreibern des Mittelalters beschrieben worden. In diesen Schriften findet man, daß von Zeit zu Zeit auf der Sonne irgendwelche dunklen Gebilde erschienen waren, die mit in die Sonne geschlagenen Nägeln verglichen wurden. Das Wort „Fleck“ wurde erst vom 17. Jahrhundert an benutzt, als es gelungen war, die Sonnenflecken mit Hilfe von Teleskopen zu betrachten.

In der Geschichte der Wissenschaft sind gleichzeitige, jedoch voneinander unabhängige Entdeckungen durch verschiedene Wissenschaftler nicht selten. So war es auch Anfang des 17. Jahrhunderts, als sich drei Gelehrte die Ehre teilten, Entdecker der Sonnenflecken zu sein. Es waren dies der berühmte Italiener *Galileo Galilei*, der Holländer *Johann Fabrizius* und der deutsche Astronom *Christoph Scheiner*, der als „Profeß“ ein hohes Ordensamt bei den Jesuiten bekleidete.

Sonnenflecken mit Teleskopen zu betrachten ist keine schwierige Sache. Man braucht nur, die Augen mit dunklen Filtern geschützt, das Teleskop auf die Sonne einzurichten, und fast immer wird es einem gelingen, auf ihrer Oberfläche Flecken zu bemerken.

Das erste Buch über Sonnenflecken erschien im Jahre 1611. Darin schreibt *Johann Fabrizius*, daß er bereits im

Dezember 1610, als er eines Tages in den Morgenstunden die Sonne durch das Teleskop beobachtete, auf ihr einen dunklen Fleck erkannte. Anfänglich hielt er ihn für weit entfernte Wolken. Als aber nach einer geraumen Zeit die Sonne schon hoch am Himmel stand, befand sich dieses merkwürdige Gebilde an dem gleichen Platz auf der Sonnenscheibe. Da er auch am nächsten Morgen denselben Fleck an derselben Stelle auf der Sonne beobachtete, stand für ihn fest, daß er keine Wolke, sondern einen auf der Sonne befindlichen Fleck sah.

Nach einigen Tagen erschienen auf der Sonne neue Flekken, und der alte veränderte ihre Form und bewegte sich langsam zum westlichen Rand der Sonne. Wenige Tage später verschwand er hinter dem westlichen Rand völlig, um nach zwei Wochen am entgegengesetzten, dem östlichen Rand wieder aufzutauchen. Die Schlußfolgerung, die sich von selbst aufdrängte, war: Die riesige Sonnenkugel dreht sich um ihre eigene Achse und vollführt etwa innerhalb eines Monats eine volle Umdrehung.

Das Buch von *Fabrizius* wurde schon zum Drucken vorbereitet, als im März 1611 zum ersten Mal *Scheiner* mit seinem Teleskop Sonnenflecken beobachtete und diese seinen Schülern zeigte. Im Gegensatz zu *Fabrizius* legte *Scheiner* allerdings keinen Wert auf eine schnelle Veröffentlichung. Er verstand sehr wohl, daß die Sonnenflecken in erster Linie seine Autorität als hochgestelltes Mitglied der Gesellschaft Jesu erschütterten, war er doch verpflichtet, die Lehre des *Aristoteles* von der „unantastbaren Reinheit“ des Himmels zu verkünden. Erst im Dezember 1611 riskierte er es, über die Entdeckung der Sonnenflecken zu schreiben, wenn auch ganz nach jesuitischer Art. Um Ungelegenheiten aus dem Wege zu gehen, schrieb *Scheiner*, daß die von ihm entdeckten Gebilde keine Flecken auf der Sonne, sondern die sich auf die Sonnenscheibe projizierenden schwarzen Schatten unbekannter sonnennaher Planeten seien.

Wahrscheinlich entdeckte *Galilei* die Sonnenflecken schon Mitte 1610, obgleich er nirgendwo etwas über seine Entdeckungen mitteilte. Jedoch denjenigen, die sich für seine astronomischen Arbeiten interessierten, zeigte er schon im April 1611 in Rom mit seinem Teleskop die Sonnenflecken. Die Vorsicht *Galileis* ist verständlich, denn alles, was er mit Hilfe seines Teleskops beobachtete, sprach nicht nur gegen die Philosophie von *Aristoteles*, sondern

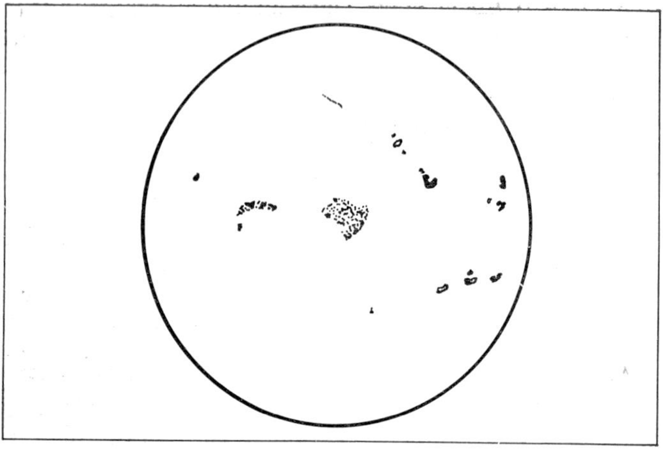

Bild 2. Sonnenflecken nach Beobachtungen von *Galilei*

widersprach auch der Kirchenlehre. In dieser Situation konnten die Sonnenflecken der letzte Anstoß sein, der die Geduld der Feinde des großen Gelehrten überspannte. Doch ungeachtet der Gefahr, der er sich aussetzte, beteiligte sich *Galilei* an dem Meinungsstreit über die Natur der Sonnenflekken. Er ergriff Partei für *Fabrizius* und konnte mit neuen Beobachtungen überzeugend darlegen, daß die Flecken keine Planeten, sondern irgendwelche Gebilde auf der Sonnenoberfläche sind.

Auch *Scheiner* sei noch einmal erwähnt. Es ist anzuerkennen, daß er die Gedanken *Galileis* schließlich anerkannte und mit Eifer die Sonnenflecken bis in das Jahr 1627 hinein beobachtete. Dabei bestimmte er die Rotationsdauer der Sonne genauer und zeichnete alle beobachteten Erscheinungen in einem umfangreichen, 800 Seiten umfassenden Folianten auf.

Die Tatsache, daß auf der Sonne Flecken existieren, mußten schließlich auch die argwöhnischsten Gelehrten und die strenggläubigen Kirchenanhänger akzeptieren. Fast zwei Jahrhunderte setzten die Wissenschaftler die Untersuchungen der Sonnenflecken fort, ohne jedoch etwas prinzipiell Neues zu entdecken. Erst im vorigen Jahrhundert erkannte man völlig überrascht, daß die Zahl der Sonnenflecken mit einer bestimmten Gesetzmäßigkeit schwankt.

Heinrich Schwabe, ein bescheidener deutscher Apotheker, der im vorigen Jahrhundert lebte, war ein sogenannter Amateurastronom. Bemerkt sei hier noch, daß in vielen Fällen Amateure eine hervorragende Arbeit leisten, obwohl sie natürlich nicht auf jedem Gebiet erfolgreich sein können. Sicherlich würde sich auch der Leser gründlich überlegen, ob er sich beispielsweise von einem Amateurchirurgen behandeln ließe. Berufsastronomen jedoch gab es schon immer zu wenig, und es ist ihnen nicht möglich, alles, was am Himmel vor sich geht, zu beobachten. Eben hier kamen die vielen Amateurastronomen zu Hilfe. Sie entdeckten neue Planeten und Kometen, führten regelmäßige Beobachtungen über die pulsierenden Sterne durch und registrierten das Auftreten von Meteoriten. Kurz gesagt, auf fast allen Gebieten der Astronomie können gewissenhafte, nur mit bescheidenen optischen Geräten ausgerüstete Amateurforscher für die Wissenschaft sehr nützlich sein. Einigen von diesen Amateurastronomen, z. B. *Heinrich Schwabe*, gelangen große Entdeckungen.

Im Jahre 1826 erwarb *Schwabe* ein kleines Teleskop und begann mit der Suche nach unbekannten Planeten im Gebiet zwischen Sonne und Merkur. Solche Dinge waren in jenen Jahren Mode, und jeder wollte möglichst einen neuen Planeten entdecken. Man ging dabei davon aus, daß sich solch ein unbekannter Planet, wenn er existiert, von Zeit zu Zeit auf die Sonnenscheibe projizierte. Auf den ersten Blick sollten sie den Sonnenflecken ähneln, die genauere Untersuchung der Einzelheiten ihres Aufbaues ließ aber den wahren Charakter dieser „verdächtigen Objekte“ erkennen. Aus diesem Grunde registrierte *Schwabe* in seinen Heften mit typisch deutscher Genauigkeit im Verlaufe vieler Jahre alle auf der Sonne erschienenen Flecken. Bei diesem Suchen fand er unerwartet etwas völlig anderes. Es stellte sich heraus, daß ungefähr alle zehn Jahre die Zahl der Sonnenflecken ein Maximum erreicht. Fünf Jahre danach zeigt sich ein Minimum. An diesen Tagen erscheint die Sonne —ganz im Sinne von *Aristoteles* — ungewöhnlich vollkommen und rein. Die erste Mitteilung über seine Entdeckung veröffentlichte *Schwabe* im Jahre 1843. Allgemein bekannt wurde sie aber erst acht Jahre später, als der berühmte Naturforscher *Alexander von Humboldt* mit seinem Werk „Kosmos“ die Welt über die Beobachtungen *Schwabes* informierte.

Die Entdeckung der rätselhaften Sonnenrhythmik interessierte auch den Astronomen *Rudolf Wolf* von der Züricher Sternwarte. Er sammelte alle mit Hilfe von Teleskopen durchgeführten Beobachtungen über die Sonnenflecken und darüber hinaus die Beschreibungen aus alten Chroniken. Über einen großen Zeitraum ließ sich nunmehr die Oszillationsdauer der Sonnenfleckenanzahl genauer bestimmen. Im Jahre 1852 fand er, daß die maximale Anzahl von Sonnenflecken alle 11,1 Jahre (und nicht alle 10 Jahre, wie *Schwabe* errechnete) auf der Sonnenscheibe zu registrieren ist. Drei Jahre später, als Direktor der Züricher Sternwarte, organisierte *Wolf* erstmals kontinuierliche und systematische Beobachtungen der Sonnenflecken, das heißt anschaulicher gesprochen, der sogenannten Sonnenaktivität.

Seinem Beispiel folgten bald auch die Astronomen anderer Sternwarten. Langsam baute sich ein „Sonnendienst" auf. Seit dieser Zeit wird in den meisten Sternwarten unseres Planeten eine ununterbrochene, kontinuierliche Sonnenbeobachtung betrieben. Darüber hinaus fand *Wolf* neue Zusammenhänge zwischen der Sonnenaktivität und dem Polarlicht, den Magnetstürmen und anderen Erscheinungen auf der Erde. Er war einer der „Erstentdecker" der Sonne, ein Berufsastronom, der sein gesamtes Leben der Erforschung der Sonne und der Wechselwirkung Sonne—Erde gewidmet hatte. Glauben Sie nicht, daß nach seinen Erfolgen die Amateurastronomen bei der Beobachtung der Sonne nun keine Entdeckungen mehr machten! Ich möchte dazu nur ein Beispiel nennen.

Viele Jahre arbeitete am Moskauer Planetarium *Alexej Petrowitsch Moissejew* als Leiter der Dia-Bibliothek. Erstmals sah ich ihn im Jahre 1934 auf einer Sitzung der Sektion „Sonne" der Moskauer astronomisch-geodätischen Gesellschaft. Er war von hohem Wuchs, hager und unauffällig gekleidet. Über sich und seine Entdeckungen sprach *Moissejew* nur ungern. Lange wußte ich nicht, daß dieser schon nicht mehr ganz junge Amateurastronom für die Erforschung der Sonne und ihrer Aktivität einen großen Beitrag geleistet hatte, obwohl seine Ausrüstung nur aus einem Fernrohr mit einem Durchmesser von 34 Millimetern bestand.

Moissejew erkannte, daß der regenbogenfarbige Ring um die Sonne und den Mond mit den Sonnenflecken in Zusammenhang steht. Nach seinen Untersuchungen beeinflussen die Sonnenflecken auch die Häufigkeit des Auftretens von Federwolken und die Häufigkeit und Stärke der Gewitter.

Moissejew war ein geduldiger Erforscher der Naturerscheinungen. Er beobachtete die Sonne buchstäblich jeden Tag, und dies tat er Jahr um Jahr, Jahrzehnt um Jahrzehnt.

Es ist verständlich, daß durch ein großes Teleskop die gleichen Sonnenflecken viel größer zu erkennen sind als mit einem kleinen. Um die Ergebnisse, die mit verschiedenen Teleskopen gewonnen wurden, vergleichen zu können, werden die Angaben auf irgendein Standardteleskop umgerechnet. Anders ausgedrückt, man berechnet theoretisch, wie groß die Flecken in einem Standardteleskop erscheinen werden.

Außerhalb der Sowjetunion bezieht man schon lange alle Ergebnisse auf das „Standardteleskop", welches *Wolf* benutzte. In der Sowjetunion dagegen bezog man lange Zeit alle Untersuchungen der Sonnenflecken auf das winzige Teleskop von *Alexej Petrowitsch Moissejew.*

Ist dies nicht ein Zeichen der Achtung für den bescheidenen Diener der Wissenschaft, der kein offizielles Diplom als Astronom besaß, der aber doch sein Leben lang als echter Wissenschaftler arbeitete?

Wir leben im Sonnenraum

Wollte man die Bedeutung der Sonne für die Menschen beweisen, so hieße das, offene Türen einrennen. Ist es nicht augenscheinlich, daß die Sonne die Quelle für jegliches Leben auf unserem Planeten ist? Wenn plötzlich die Sonne verlöschen würde, so ging innerhalb weniger Tage, möglicherweise auch nur Stunden, alles Leben zu Grunde, und die allen Lebens beraubte Erde müßte in fast völliger Dunkelheit auf ihrer Bahn um die unsichtbare Sonne weiter kreisen.

Ungeachtet dieses Umstandes wird von vielen die Rolle der Sonne für das Leben der Erdbiosphäre unterschätzt. Dies ist teilweise die Folge der irrtümlichen Meinung, daß die Sonne von uns Erdbewohnern fast unendlich weit entfernt sei. In Wirklichkeit leben wir buchstäblich inmitten der Sonne. Begreift man dieses Stück Wahrheit, so versteht man leichter die Rolle dieses großen „Dirigenten", die die Sonne für alles Lebende spielt.

Das Allereinfachste

Der Mensch ist unvergleichbar kleiner als die Sonne. Und die Sonne läßt sich unvergleichbar einfacher vorstellen als der Mensch. Sie, lieber Leser, und ich, wir sind das Komplizierteste von all dem, was unserer Erkenntnis bisher zugänglich ist. Die Sterne, die Sonne dabei einbegriffen, sind von ihrem Aufbau her sehr einfach. Ja, die Sterne sind die einfachsten Körper des Kosmos. Am Beispiel der Sonne wollen wir uns davon überzeugen.

Versuchen wir, uns eine riesenhafte, äußerst heiße Kugel, die 333 000 mal größer als die Erde ist, vorzustellen. Eine Kugel also aus deren Material man 333 000 Kugeln mit der Masse der Erde herstellen könnte. Übrigens haben wir zu dem letzten Vergleich nur das Massenverhältnis herangezogen und nicht die chemische Zusammensetzung berücksichtigt.

Vom Blickpunkt der Chemie ist die Sonne denkbar einfach aufgebaut. Zwei der allereinfachsten Elemente machen fast ihre gesamte Masse aus: zu 85 Prozent besteht sie aus Wasserstoff und zu 13 Prozent aus Helium.

In dieser Kugel aus Wasserstoff und Helium sind alle anderen Elemente nur als Beimengungen vorhanden, alles in allem machen sie rund 2 Prozent der Sonnenmasse aus.

Es ist leicht verständlich, daß mit zunehmender Tiefe der Druck in der Sonnenkugel unaufhörlich ansteigt. Die äußeren Schichten drücken auf die inneren, infolgedessen wird im Zentrum der Sonne der Druck von 10 Milliarden Atmosphären erreicht. Unter diesen extremen Bedingungen haben die Stoffe, obwohl sie ihre grundlegenden Gaseigenschaften noch nicht verloren haben, im Zentrum der Sonne die fünffache Dichte von Platin. (Die Dichte von Platin beträgt 21,45 g/cm^3.)

Betätigt man einen pneumatischen Autoheber über längere Zeit, so stellt man fest, daß sich dieser merklich erwärmt. Ist es da verwunderlich, daß im Zentrum der Sonne Temperaturen von 15 Millionen Kelvin herrschen? Wir möchten hier noch bemerken, daß man diese Zahl auch auf Grund einfacher Berechnungen erhalten kann.

Schwieriger ist es hingegen, sich vorzustellen, welche Prozesse sich im Inneren, im Zentrum der Sonne abspielen.

Schon lange ist man sich darüber im klaren, daß sich weder über die mechanische Energie (Druck in der Sonne) noch über gewöhnliche chemische Reaktionen (sagen wir z. B. die Oxydation) die unwahrscheinlich lange Lebensdauer der Sonne (im ungünstigsten Fall Milliarden Jahre!) erklären läßt. Die einzige denkbare Quelle für die Sonnenenergie ist eine Kernreaktion. Am wahrscheinlichsten ist die Annahme, daß im Inneren der Sonne der sogenannte Proton-Protonzyklus abläuft, wobei der Wasserstoff langsam zu Helium verbrennt. Diesen Proton-Protonzyklus kann man sich folgendermaßen vorstellen.

Erste Etappe:

Zwei Protonen (symbolisiert durch ^{1}H und ^{1}H) fusionieren und bilden danach einen Deuteriumkern ^{2}D, welcher ein Isotop des Wasserstoffs darstellt. Bei dieser Reaktion entsteht auch ein Positron (positiv geladenes Elektron)

β^+ und ein Neutrino ν. Neutrinos sind ungeladene Elementarteilchen mit einer verschwindend geringen Masse. Die Reaktion kann man mit folgender Gleichung wiedergeben:

$^1H + {}^1H \rightarrow {}^2D + \beta^+ + \nu$.

Zweite Etappe:

Nach einer erneuten Reaktion, oder richtiger ausgedrückt, nach einer erneuten Fusion des Deuteriumkerns mit einem Proton bildet sich das Heliumisotop ^3He unter Abgabe eines Gammaquants γ. Ein Gammaquant entspricht der Elementarmenge elektromagnetischer Strahlung. Diese Reaktion kann folgendermaßen dargestellt werden:

$^2D + {}^1H \rightarrow {}^3He + \gamma$.

Dritte und letzte Etappe:

Hierbei wandeln sich zwei Kerne des Heliumisotops $2\ {}^3He$ in normales Helium ^4He und zwei zusätzliche Protonen $2\ {}^1H$ um. Die Gleichung lautet folgendermaßen

$2\ {}^3He \rightarrow {}^4He + 2\ {}^1H$.

Wem diese Erörterungen und Formeln zu kompliziert sind, der möge sein Augenmerk nur auf das Wesentliche konzentrieren. Als Ausgangsmaterial des Proton-Protonzyklus dient der Wasserstoff, oder genauer, dienen die Protonen, die Kerne der Wasserstoffatome. Der gesamte Zyklus beginnt mit der Verschmelzung zweier Protonen; daher auch der Name des Zyklus. Als Endprodukt erhalten wir einen Kern des Heliumatoms. Und so wandelt sich im Laufe der Zeit durch die Kernreaktion im Zentrum der Sonne Wasserstoff in Helium um.

Ein wichtiger Punkt soll nun noch geklärt werden. In den zentralen Gebieten der Sonne besitzen die Atome des Wasserstoffs infolge der unvorstellbar hohen Temperaturen und der hohen Drücke keine Elektronenschalen. Die von den Atomen abgespaltenen Elektronen sowie die Wasserstoff- und Heliumkerne (d. h. Protonen und Alphateilchen) sind gleichmäßig verteilt und bilden ein elektrisch neutrales Gemisch, das Sonnenplasma. Das dort herrschende Gedränge und der Wirrwarr erscheinen auf den ersten Blick unvorstellbar. Wenn man es näher betrachtet, natürlich mit dem Auge eines Theoretikers, erkennt man den sich ständig vollziehenden, nach einer Seite gerichteten Prozeß der Umwandlung von Protonen in Alphateilchen, das heißt in Heliumkerne.

Nun können wir erklären, warum die Sonne leuchtet. Bringen wir uns dazu die Grundkenntnisse der Kernphysik in Erinnerung! Der Atomkern des Heliums besteht aus zwei Protonen und zwei Neutronen. Ein solcher Kern kann im Sonneninnern aus vier Protonen entstehen, wobei sich zwei der Protonen in Neutronen verwandeln. Wichtig ist dabei, daß der in diesem Prozeß entstandene Heliumkern (bzw. das Alphateilchen) etwas leichter ist als die diesen Kern bildenden vier Protonen zusammen. Wo befindet sich die restliche Stoffmasse? Es erweist sich, daß sie sich in Licht, eine Strahlung, eine andere Form der Materie umwandelte. Auf Grund dieser Reaktion entsteht die elektromagnetische Strahlung der Sonne, welche die Grundlage für das Leben auf unserer Erde ist.

Der Massendefekt, das heißt der auftretende Verlust an Stoffmasse, die in Energie verwandelt und ausgestrahlt wird, ist natürlich für jedes einzelne Alphateilchen verschwindend gering. Man muß aber berücksichtigen, daß es erstens sehr viele Teilchen gibt, und daß zweitens die Umwandlung von Masse in Strahlung dem Einsteinschen Gesetz gehorcht:

$$E = mc^2.$$

Hierbei bedeutet m die Masse, die sich in Strahlung umwandelt, c die Lichtgeschwindigkeit (300 000 km/s) und E die Energie der entstehenden Strahlung. Mögen diejenigen, die vor Berechnungen nicht zurückschrecken, ermitteln, wieviel Energie (in Erg) bei der Umwandlung von einem Gramm Masse in Strahlung entsteht. Man erhält

$$E \approx 10^{21} \text{ erg}.$$

Das ist doch eine solide Menge! Man sollte weiterhin bedenken, daß in jeder Sekunde vier Millionen Tonnen Sonnenmasse in Strahlung umgewandelt werden. Für den Transport dieser Masse würden je Sekunde 4000 Güterzüge mit je 50 Waggons benötigt. Wenn Sie also diese Buchseite zu Ende gelesen haben werden, wird sich die Sonnenmasse um Hunderte Millionen Tonnen verringert haben.

In Panik brauchen Sie aber nicht zu verfallen! Der Vorrat, den die Sonne besitzt, ist sehr groß. Die Masse der Sonne beträgt rund 2×10^{27} Tonnen, so daß die Sonne auch bei aller Verschwendung noch viele Milliarden Jahre als selbstleuchtender Stern existieren wird.

Man darf nun nicht in den Irrtum verfallen, daß ein im Kern der Sonne entstandenes Quant (Elementareinheit der Strahlung) schnell bis zur Sonnenoberfläche gelangt und dann in das Weltall abgestrahlt wird. Das Schicksal eines entstandenen Quants ist wesentlich verworrener. Im Zickzack gelangt es durch das Atomkerngemisch zur Sonnenoberfläche. Wenn sich jemand durch eine dichtgedrängte Menschenmenge vorwärts bewegt, benötigt er ständig Kraft und ermüdet schließlich. So auch das Quant in der Sonne. Es entsteht anfangs ein energiereiches Gammaquant, das für das menschliche Auge unsichtbar ist und das sich Tausende Jahre im Inneren der Sonne bewegt, um schließlich stark „erschöpft" die Sonnenoberfläche zu erreichen. Auf Grund des Energieverlustes wird dieses Quant von der Sonne nur noch als sichtbares Licht abgestrahlt. Anders ausgedrückt, obwohl im Kern der Sonne eine unsichtbare, energiereiche Strahlung entsteht, sehen wir jedoch die Sonnenoberfläche als den allerhellsten Himmelskörper.

Dies war das Wesentliche der wichtigsten Vorgänge in der Sonne. Alles andere sind nur Einzelheiten, für uns sicherlich recht komplizierte Vorgänge, die jedoch ohne Einfluß auf die prinzipiellen Vorstellungen über die Sonne sind. Im Grunde geht es um den sehr einfachen Wärmeerzeugungszyklus, bei welchem aus stofflicher Materie im Ablauf von Milliarden Jahren Energie gewonnen wird.

Magnetische Inseln

Wenn die Sonne eine Kugel darstellt, die aus Stoffen im gasförmigen Aggregatzustand besteht, ergibt sich die Frage, weshalb ihre Ränder so scharf abgegrenzt erscheinen. Aus welchem Grunde zeigt sich selbst in großen Teleskopen die Sonnenscheibe eindeutig umrissen? Müßte man nicht von einer solchen Gaskugel ein ganz anderes Aussehen erwarten? Sollte uns die Sonne nicht als nebelartige Masse mit verschwommenen, allmählich unsichtbar werdenden Rändern erscheinen?

Der Grund für dieses Paradoxon, das heißt für die auf den ersten Blick ungewöhnliche Erscheinung, besteht darin, daß eine verhältnismäßig dünne, undurchsichtige Schicht an der Sonnenoberfläche existiert, die das Sonneninnere von der ausgedehnten, schwach ausgebildeten und völlig durchsichtigen Sonnenatmosphäre trennt. Die Schicht ist nur einige hundert Kilometer dick und wird Photosphäre (zu deutsch „Lichthülle") genannt, da gerade von dieser Schicht die mächtigen Lichtstrahlen ausgehen.

Die Photosphäre ist formal gesehen die sichtbare Sonnenoberfläche. Die Helligkeit der Oberfläche ist so groß, daß man für Beobachtungen grundsätzlich dunkle, das Licht abschwächende Filter einsetzen muß. Erhält man nun aber mit Hilfe von Filtern bzw. Schirmen für das menschliche Auge erkennbare Sonnenbilder, so fällt sofort folgender Umstand ins Auge. Am Rand erscheint die Photosphäre dunkler als in der Mitte der Sonnenscheibe. Aus diesem Grund sehen wir die Sonne nicht als flächige Scheibe, sondern als einen dreidimensionalen, sphärischen Körper.

Ich will noch versuchen, das Phänomen der Helligkeitsabnahme zum Rand hin zu erklären.

Da die Photosphäre nicht absolut undurchsichtig ist, kann das menschliche Auge auch in diese Schicht einsehen. Das menschliche Auge kann im Zentrum der Sonnenscheibe tiefere und damit heißere Gebiete wahrnehmen, als dies in den Randzonen der Fall ist. Dies ist die Ursache für die Wahrnehmung der Dreidimensionalität der Sonnenscheibe. Auf der Oberfläche der Sonne sind selbst an Tagen ohne Sonnenflecken schon mit Hilfe kleiner Teleskope eine Vielzahl von kleinen, abgegrenzten Gebieten erkennbar. Besonders gut sichtbar ist diese granuläre Struktur auf Bildern, die von Flugzeugen oder Höhenballons gewonnen wurden, da hierbei der störende Einfluß unserer Atmosphäre stark abgeschwächt ist. Der Durchmesser dieser Gebilde beträgt im allgemeinen etwa 700 km. Die Granulation ist sehr unbeständig. Schon nach vier bis fünf Minuten haben sich die Strukturen soweit verändert, daß man sie nicht mehr erkennt. Es kommt auch vor, daß sie völlig verschwinden und an ihre Stelle ein dunkler Zwischenraum tritt. Aber auch das Entgegengesetzte kann geschehen. Dort, wo sich eben noch ein dunkler Zwischenraum befand, bildet sich plötzlich eine solche helle granuläre Struktur. Für den Beobachter entsteht der Eindruck eines kochenden, höchst unbeständigen und sich ständig verändernden Etwas.

Die Temperatur auf der Sonnenoberfläche beträgt fast 6000 K (Kelvin). Das gilt auch für die beschriebenen Strukturen. In den Zwischenräumen mißt man eine um 350 bis

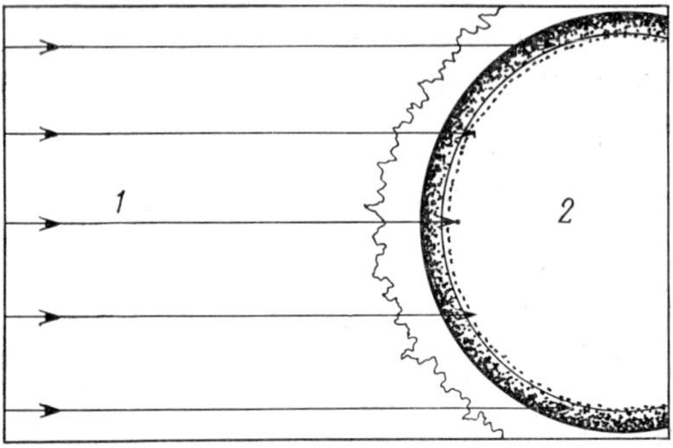

Bild 3. Schematische Darstellung der Randverdunklung der Sonnenphotosphäre
1 Blickrichtung des Beobachters; *2* Sonneninneres

400 K geringere Temperatur. Diese Temperaturdifferenzen rufen den mosaikartigen Eindruck auf der Sonnenoberfläche hervor. Teilweise vergleicht man diese Mosaikstruktur mit der Oberfläche aufgehäufter Reiskörner. Aber dies alles sind nur Äußerlichkeiten. Worin besteht nun das Wesen dieser Erscheinung?

Man unterscheidet drei Formen der Energieübertragung: die Wärmeleitung, die Konvektion und die Strahlung. Wenn Sie z. B. die Hand auf einen warmen Teekessel legen, wird sich Ihre Hand erwärmen. Die Ursache dafür besteht darin, daß die stark schwingenden Metallmoleküle des Teekessels einen Teil ihrer Energie den Molekülen Ihrer Hand übertragen und diese nunmehr schneller schwingen als vorher. Dieser Vorgang kommt in der Temperaturerhöhung der Hand zum Ausdruck. Das angeführte Beispiel erklärt die Erscheinung der Wärmeleitung, die für Stoffe mit festem Aggregatzustand charakteristisch ist.

In Gasen erfolgt die Energieübertragung in einer anderen Art und Weise. Die Wärme von einem eingeschalteten Heizkörper verbreitet sich z. B. schnell im ganzen Zimmer. Dies erfolgt auf Grund der Luftumwälzung, das heißt der Konvektion. Die vom Heizkörper erwärmte Luft besitzt eine geringere Dichte und steigt nach oben. Ihren Platz nimmt kältere Luft ein. Nach der Erwärmung steigt sie ebenfalls nach oben, und schließlich erfolgt eine ständige Umwälzung der Luft, bis das Zimmer gleichmäßig erwärmt ist.

Als drittes Beispiel stellen Sie sich einen glühend heißen Ofen vor. Wenn Sie zum Nachlegen von Heizmaterial die Ofentür öffnen, schlägt Ihnen sofort Hitze ins Gesicht. Konvektion kann hier keine Rolle spielen, da die Luft nicht so schnell in Bewegung gerät. Da auch kein direkter Kontakt über feste Stoffe vorhanden ist, schließt sich auch eine Wärmeleitung aus. Hier haben wir es mit der Strahlung zu tun. Das glühende Brennholz strahlt Licht ab, und die Lichtenergie regte die Moleküle Ihrer Gesichtshaut zum intensiveren Schwingen an. Dadurch erklärt sich, daß Ihnen die Wärme „ins Gesicht schlägt".

Die Erde erhält von der Sonne nur über diesen dritten Weg die Energie. Dies ist auch verständlich, da wir ja von der Sonne durch den fast völlig leeren Weltraum, in dem weder Wärmeleitung noch Konvektion möglich sind, getrennt werden. In den äußeren Schichten der Sonne selbst findet jedoch ständig eine Konvektion, d. h. eine Umwälzung der Sonnenmaterie, statt. Die heißen Gasmassen der Sonne steigen nach oben und erscheinen uns als granuläre Strukturen. Die sich daneben abkühlenden Gase sinken nach unten und bilden die für uns sichtbaren dunklen Zwischenräume. Im großen und ganzen erinnert dies alles stark an eine in einem Topf kochende Flüssigkeit. Dort finden wir auch eine ständige Umwälzung der Flüssigkeit, d. h. ständige Konvektion.

Konvektionsprozesse verlaufen auf der Sonne in einer Schicht, die einige tausendmal stärker als die Photosphäre ist. Diese Prozesse beginnen in einer Tiefe von etwa 100 000 km und bilden die Grundlage für den Wärmeaustausch zwischen dem äußerst heißen Sonneninneren und der verhältnismäßig nur warmen Sonnenoberfläche.

An den Rändern der Sonnenscheibe kann man fast ständig helle, unregelmäßig geformte Flecken beobachten. Sie erinnern an helle Wolken mit verschiedenen Streifen, hellen Punkten und Knoten. Man nennt diese über die gesamte Photosphäre gleichmäßig verteilten wenn auch nur am Rand gut erkennbaren Strukturen, Sonnenfackeln. Im Gegensatz zu den Granulen sind die Sonnenfackeln relativ beständig. Es kommt vor, daß sie ohne nennenswerte Veränderungen Wochen und sogar Jahre existieren.

Die Sonnenfackeln übersteigen etwas das allgemeine Niveau der Photosphäre und sind um 200 bis 300 K heißer als diese. Sie bilden sich an den Stellen der Photosphäre, an

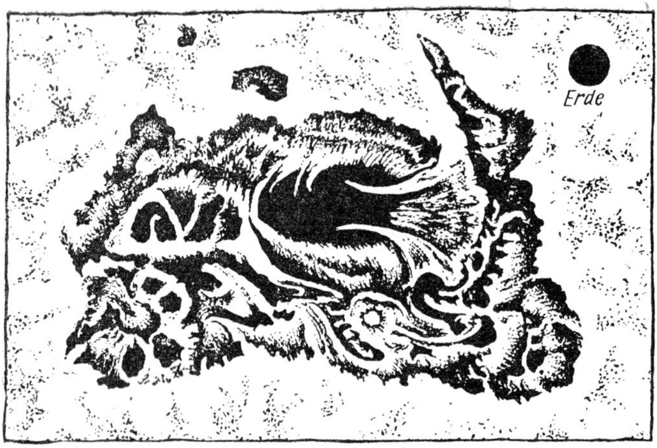

Bild 4. Zeichnung eines riesigen Sonnenflecks.
Rechts oben zum Vergleich die Ausmaße der Erde

denen schwache Magnetfelder entstehen. Die Sonnenmaterie liegt im ionisierten Zustand vor, oder anders ausgedrückt, sie besitzt eine bestimmte elektrische Ladung. Auf solche Gase wirkt ein Magnetfeld als regulierende Kraft. Diese Kraft lenkt die Konvektion in geregelte Bahnen, und infolgedessen können sich die heißen Gasmassen noch über die Photosphäre erheben und eine große Energiemenge mitführen. So erklärt man sich die erhöhte Helligkeit und das Aufsteigen der Sonnenfackeln über die Photosphäre.

Die bemerkenswerteste Erscheinung der Photosphäre stellen jedoch die Sonnenflecken dar. Aus einer Entfernung von 150 Millionen Kilometern erscheinen sie uns äußerst winzig. In Wirklichkeit haben sie jedoch gewaltige Ausdehnungen. Im Durchschnitt hat ein Sonnenfleck einen Durchmesser von 10 000 bis 15 000 km. Er entspricht somit etwa dem Durchmesser der Erde. Nicht selten registriert man gigantische Flecken, die einen Durchmesser von 200 000 km und mehr haben.

Die Flecken erscheinen gewöhnlich dort, wo man vorher Fackeln beobachten konnte. Am Anfang sind die Flecken winzige Poren, kleine schwarze Punkte, die nur etwas größer als die dunklen Zwischenräume auf der Sonnenoberfläche sind. Etwa innerhalb eines Tages vergrößern sie sich und entwickeln sich zu einem sich scharf abzeichnenden Sonnenfleck. Einen Tag später kann man im mittleren Teil einen hellen Streifen beobachten und die darauf folgende Teilung des Flecks. In den nächsten ein bis zwei Tagen bildet sich um die Sonnenflecken ein hellerer, mit Einschnitten versehener Saum, der sogenannte Halbschatten. Nun vergrößern sich die Flecken langsam, und in unmittelbarer Umgebung entsteht eine Vielzahl kleiner Flekken, deren helle Ränder oft miteinander verschmelzen. So bildet sich eine Gruppe von Sonnenflecken, die eine vielfache Ausdehnung unseres Erddurchmessers erreicht.

Dies ist der Höhepunkt der Entwicklung, die Apotheose. Danach bildet sich die Fleckengruppe zurück, die Flecken werden kleiner, scheinen zu verwelken. Obwohl der Beobachter scheinbar ein Auseinanderfließen der Flecken zu erkennen glaubt, verschwinden sie schließlich vollständig, und an ihrer Stelle baut sich die ursprüngliche granuläre Schicht der Sonnenoberfläche wieder auf. Der gesamte Zyklus dauert zwei bis drei Wochen, und nur ganz besonders große Sonnenfleckengruppen existieren viele Monate.

So verlaufen die Ereignisse auf der Sonne. Für den Erdbeobachter kompliziert sich das Geschehen jedoch dadurch, daß die gewaltige Sonnenkugel langsam um die eigene Achse rotiert. Wäre die Sonne ein fester Körper, so wäre die Winkelgeschwindigkeit aller Oberflächenpunkte konstant, d. h., daß alle Punkte die gleiche Rotationsperiode besäßen. In Wirklichkeit verhält sich jedoch die riesenhafte Gaskugel anders, sie rotiert ungleichmäßig. Die äquatorialen Sonnenzonen haben eine Umlaufdauer von fünfundzwanzig Tagen, und die polnahen Gebiete haben eine Rotationsperiode von etwa einem Monat. Im Durchschnitt beträgt also eine Sonnenumdrehung siebenundzwanzig Erdtage. Diese Zahl sollten wir uns einprägen, denn wir werden sie im weiteren sehr oft benötigen.

Erscheint ein Sonnenfleck am westlichen Rand der Sonnenhalbkugel, sehen wir ihn infolge unseres Beobachtungspunktes perspektivisch verzerrt und oval. Außerdem erkennen wir nur einen Teil des Fleckensaumes, so daß wir den Eindruck haben, der Sonnenfleck stelle irgendeine Vertiefung in der Photosphäre dar, und der sogenannte Halbschatten sei der Rand eines gewaltigen Trichters. Das Trichterzentrum empfinden wir als Vollschatten, d. h. als dunkelstes Gebiet des Sonnenflecks.

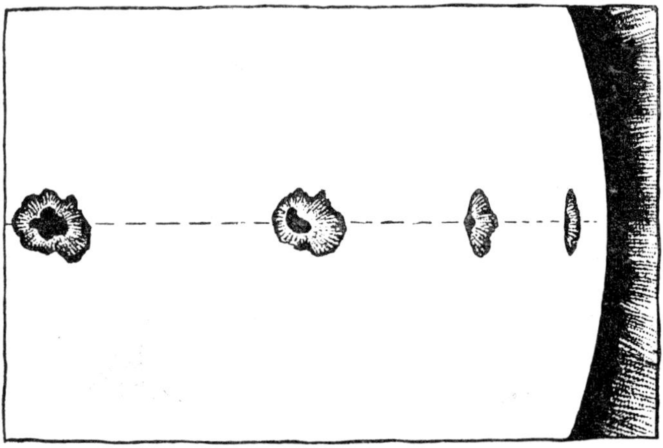

Bild 5. Wilson-Effekt, nach dem der Sonnenfleck als eine Vertiefung in der Photosphäre erscheint

Wahrscheinlich ist es auch so. Jeder Sonnenfleck stellt ein trichterförmiges Gebilde mit einer Tiefe von etwa 1000 bis 1500 km dar. Die radiären Auswüchse des Saumes haben eine Breite von etwa 30 und eine Länge von mehreren tausend Kilometern.

Früher nahm man an, daß die Sonnenflecken die Gaswirbelstürme in der Photosphäre sind. Es konnte jedoch gezeigt werden, daß der Vorgang der Gasbewegung in den Flecken nicht so einfach ist. Aus den oberen Schichten der Flecken strömen die Sonnengase aus allen Richtungen nach unten in das Fleckenzentrum. In den unteren Schichten beobachtet man das umgekehrte Bild. Dort strömt das Gas radiär aus den Flecken heraus. Es existieren auch Wirbelströmungen, allerdings auch diese haben in verschiedenen „Etagen“ unterschiedliche Richtungen. Die Strömungen sind äußerst langsam und nicht vergleichbar mit den schnellen Windhosen in unserer Atmosphäre. Eher ist es umgekehrt — die Sonnenflecken sind die Gebiete der „Windstille“ inmitten der ständig kochenden Photosphäre.

In den Sonnenflecken herrscht eine um etwa 1500 K geringere Temperatur als in der Photosphäre. Verglichen mit der Sonnenhelligkeit erscheinen uns die Flecken dunkel. Am Nachthimmel würde jedoch ein normaler Sonnenfleck etwa 100mal heller leuchten als der Vollmond.

Eine äußerst charakteristische Eigenschaft der Sonnenflecken besteht darin, daß sie in ihrer Wirkung einem riesigen Elektromagneten gleichen. Die Sonnenflecken haben ein überaus starkes Magnetfeld mit Feldstärken bis zu $0{,}24 \cdot 10^6$ A/m. Die Feldstärke des Erdmagnetfeldes ist fast 6000mal geringer. Um ein solch gewaltiges Magnetfeld auf elektrischem Wege zu erzeugen, würde man Stromstärken von Milliarden Ampere benötigen.

An dieser Stelle soll noch erwähnt werden, daß die Sonne und die Erde auch ein gemeinsames Magnetfeld haben. Es ist aber nur sehr schwach ausgebildet, und seine Feldstärke ist nicht größer als rund 80 A/m.

Obwohl sich die Sonnenflecken nach voller Ausbildung langsam verkleinern und später ganz verschwinden, existiert das Magnetfeld, wenn auch abgeschwächt, weiter, bis an dieser Stelle ein neuer Fleck entsteht. Der Abbau des Magnetfeldes geht sehr langsam vor sich, und es kann theoretisch dargestellt werden, daß unter den Bedingungen der Sonne die völlige Elimination eines solchen Magnetfeldes Hunderte Jahre andauert.

Wenn es auch bitter ist, so muß man doch eingestehen, daß bis heute keine Theorie die Entstehung der Sonnenflekken vollständig erklären kann. Bisher ist nur eines sicher: Für die Abkühlung der Sonnenmaterie im Inneren eines solchen Flecks ist das örtliche Magnetfeld verantwortlich. Dieses Feld bremst die Bewegung der Gasmassen perpendikular zu den Feldlinien und behindert somit die Konvektion. Infolgedessen wird die Gaszirkulation fast vollständig unterbrochen und damit auch die intensive Wärmeenergieübertragung aus dem Sonnenschoß zur Oberfläche. Die abgekühlten Gasmassen lassen uns die Sonnenflecken als schwarze Blattern auf der blendend weißen Sonnenoberfläche erscheinen.

Wo endet die Sonne?

Einem in der Astronomie nicht bewanderten Beobachter mag es erscheinen, als ob die Sonne am abgegrenzten Rand der Sonnenscheibe ende. Dies ist jedoch ein Trugschluß. Während des seltenen Ereignisses einer totalen Sonnenfinsternis erscheint dem Beobachter außerhalb der ver-

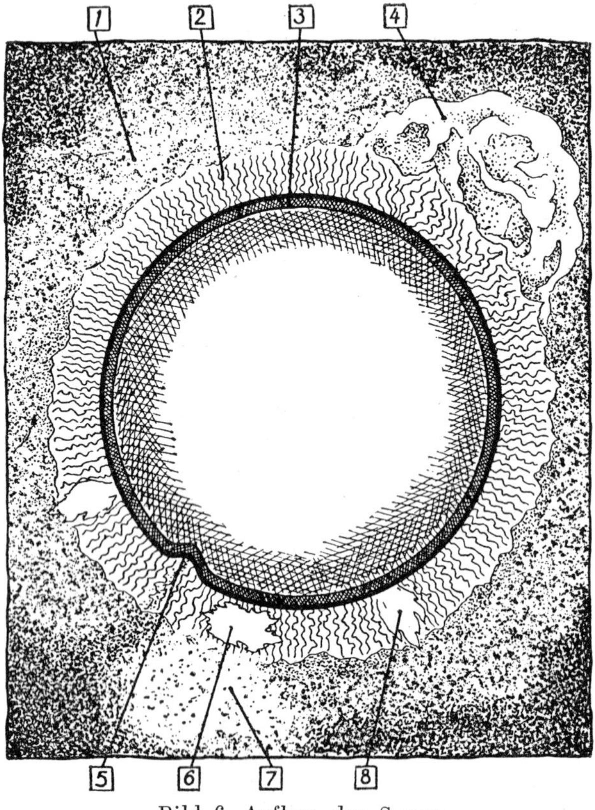

Bild 6. Aufbau der Sonne
1 Korona; *2* Chromosphäre; *3* Photosphäre; *4* Protuberanz; *5* Fleck; *6* Chromosphäreneruption; *7* Verdichtung der Korona im Eruptionsgebiet; *8* Floccula

deckten Sonnenscheibe ein orangeroter Saum mit kleinen, flammenähnlichen Ausläufern. Das Bemerkenswerteste in solchen Minuten ist aber das unbeschreiblich herrliche, silbrigperlmuttfarbige Leuchten, von dem die Sonne umgeben ist.

Der orangefarbene Rand der Sonne wird als Chromosphäre (zu deutsch „Farbhülle") bezeichnet. Die flammenartigen Auswüchse bezeichnet man als Sonnenprotuberanzen, und das Leuchten um die verdeckte Sonne nennt man Sonnenkorona. Gemeinsam bilden diese Einzelheiten die sich über große Entfernungen erstreckende Sonnenatmosphäre.

Die Sonnenatmosphäre besitzt eine wesentlich geringere Kompaktheit als die Photosphäre, ganz abgesehen vom Inneren der Sonne. Ihre Leuchtkraft ist wesentlich geringer als die der blendend weißen Photosphäre. Im direkten Vergleich würde die Sonnenkorona am Nachthimmel nicht heller als der Vollmond scheinen. Aus diesem Grunde benötigen die Astronomen technische Hilfsmittel, um an jedem beliebigen Tag die Sonnenatmosphäre zu beobachten.

Die untersten, sich der Photosphäre anschließenden Schichten der Sonnenatmosphäre besitzen eine um Hunderte Male geringere spezifische Dichte als unsere Zimmerluft ($3 \cdot 10^{-8}$ g/cm^3). In den oberen Schichten ist die Atmosphäre noch wesentlich dünner.

Wie überall auf der Sonne überwiegen auch in der Atmosphäre die Elemente Wasserstoff und Helium. Alle anderen Elemente kommen nur in verschwindend geringen Beimengungen vor. Übrigens, gerade die orangerote Farbe der Chromosphäre wird von dem intensiv im roten Teil des Spektrums leuchtenden Wasserstoff hervorgerufen.

Beobachtet man die Chromosphäre mit einem Spezialteleskop, so besteht eine gewisse Ähnlichkeit mit einer brennenden Prärie. Man beobachtet deutlich Feuerzungen, längliche, sich schnell ändernde Auswüchse. Im Gegensatz zu den Protuberanzen sind sie jedoch viel kleiner. Die Länge dieser Filamente beträgt einige tausend, ihre Dicke etwa eintausend Kilometer. Man könnte sie mit Röhren vergleichen, durch die der Stoffaustausch zwischen Chromosphäre und Korona erfolgt.

In der Photosphäre stellen die Sonnenflecken und die Sonnenfackeln die aktiv gebildeten Strukturen dar. Je mehr die Sonne in „Aufruhr" ist, desto größer ist die Zahl dieser Strukturen. Dies bedeutet, daß die Zahl der Flecken und Fackeln auf der Sonne ein Maß für die Sonnenaktivität ist.

In der Sonnenatmosphäre zählen wir zu den aktiv gebildeten Strukturen in erster Linie die sogenannten Flocculi und die Protuberanzen.

Auf dem ersten Foto im Bildteil sehen wir eine mit dem Spektroheliographen gewonnene Sonnenaufnahme. Dieser Spektroheliograph, ein kompliziertes wissenschaftliches Gerät, gestattet es, die Sonne „stückweise" zu beobachten bzw. zu untersuchen. Das Gerät ist z. B. mit solchen Spezialfiltern ausgerüstet, die nur das vom Wasserstoff ausgesandte Licht passieren lassen. Man erhält dann eine Sonnenabbildung, die nur vom Wasserstofflicht herrührt. Man kann aber auch Abbildungen nur mit dem Helium- oder nur mit dem Kalziumlicht aufnehmen. Auf solchen Abbildungen, die Spektroheliogramme genannt werden, erkennt man helle, unregelmäßig geformte Flecken, die der Lage und Form nach den Fackeln aus der Photosphäre entsprechen. Diese eigenartigen Fackelverlängerungen in der Atmosphäre bezeichnet man als Flocculi.

Das Größte und Gewaltigste, das wir auf der Sonne beobachten, sind die Protuberanzen. Besonders beeindruckt ist man nach einem mit Zeitraffer aufgenommenen Film über den Entstehungsprozeß dieser Strukturen.

Foto 4 zeigt eine über der Sonne hängende riesenhafte Wolke, die in der Form einem Ameisenbär ähnelt. Dies ist eine der sogenannten ruhigen, in ihrer Gesamtheit unbeweglichen Protuberanzen. Merkwürdig ist, wie sich aus dieser Struktur Saugarme zur Sonnenoberfläche ziehen und auf Grund elektromagnetischer Kräfte auf diesem Wege Stoffmasse zur Photosphäre gesaugt wird.

Explodierende bzw. eruptierende Protuberanzen folgen ganz anderen Gesetzmäßigkeiten. Von der Sonnenoberfläche steigt eine unaufhörlich anschwellende, ungeheuer große Gaswolke auf. Sie erreicht Höhen bis zu einem Sonnendurchmesser (1 300 000 km) und zerstreut sich danach in ihrer Umgebung. Aber auch unter den eruptierenden Protuberanzen gibt es ruhigere Erscheinungen. Nachdem sie vertikal weit nach oben gestiegen sind, werden sie offensichtlich in die zentralen Gebiete der Sonne wieder zurückgepumpt.

Über die Natur der Protuberanzen und ihren Bewegungsablauf besteht noch keine völlige Klarheit. Die Wissenschaftler sind sich nur darin einig, daß diese Erscheinungen allein mit den Anziehungskräften und dem Lichtdruck nicht erklärt werden können. Für die Protuberanzen sind unbestreitbar auch die mächtigen elektrischen und magnetischen Kraftfelder von Bedeutung.

Im Spektroheliogramm, in seltenen Fällen auch mit dem bloßen Auge, beobachtet man manchmal ein sogenanntes Chromosphärenaufflammen, oft ganz einfach als Sonneneruption bezeichnet. Vom äußeren Anblick ist sie wesentlich unscheinbarer als die mächtigen Protuberanzen. Auf das Leben der Menschen besitzt sie aber trotz ihrer optischen Geringfügigkeit von allen Sonnenaktivitäten den nachhaltigsten und stärksten Einfluß.

Eine solche Sonneneruption erscheint uns im Spektroheliogramm als ein überaus starkes, plötzliches (d. h. innerhalb weniger Minuten erfolgendes) Anwachsen der Helligkeit eines der Flocculi. Man hat das Gefühl, daß auf der Sonne eine Explosion von unvorstellbarer Stärke erfolgte. Berechnungen haben gezeigt, daß bei einer normalen Sonneneruption Energien freigesetzt werden, die einer Energiemenge von 30 000 gleichzeitig detonierenden Wasserstoffbomben entsprechen.

Auch die Ursachen der Sonneneruption kennt man bis heute noch nicht genau. Es ist möglich, daß die Energien aus den sich schnell ändernden mächtigen Magnetfeldern freigesetzt werden. Jedoch für das weitere Verständnis sind für den Leser nur drei unmittelbare Folgeerscheinungen einer Sonneneruption wichtig.

1. Die Intensität der Röntgenstrahlung der Sonne erhöht sich stark.

2. Noch auffallender, manchmal millionenfach, wächst die Intensität der von der Sonne in das Weltall ausgestrahlten Radiowellen.

3. Im Zusammenhang mit solchen Eruptionen treten starke Korpuskularstrahlungen auf. Diese Teilchenströme enthalten vorwiegend Elektronen, Protonen und Alphateilchen. Die Atomkerne anderer Elemente sind nur in geringsten Mengen vertreten. Die Geschwindigkeit dieser von der Sonne weggeschleuderten Korpuskularströme beträgt rund 7000 km/s.

Ein solcher Teilchenschweif erreicht innerhalb von zwei Tagen unsere Erde, falls er nicht vorher auf ein Hindernis trifft. Nach entsprechend größerem Zeitraum stößt er auch auf die entfernteren Planeten. Über diese Teilchenströme, allerdings nicht nur über sie, stehen wir unmittelbar mit der Sonne in Verbindung, und auf diesem Wege gelangt sogar stoffliche Sonnenmaterie zu uns.

Die oberste Schicht der Sonnenatmosphäre wird durch die Korona gebildet. Während einer totalen Sonnenfinsternis kann sich jeder davon überzeugen, daß einzelne Strahlen der Korona von der Sonnenoberfläche ausgehen und bis in Höhen von einem und manchmal sogar mehreren Sonnendurchmessern zu verfolgen sind.

Die Struktur der Korona ist, wie alles auf der Sonne, äußerst instabil. In ihren sonnennahen Bezirken setzt sie sich teilweise aus den gleichen Gasbestandteilen wie die

Chromosphäre zusammen. In den obersten Schichten finden wir schon Beimischungen von festem kosmischem Staub, der im gesamten interplanetaren Raum zu finden ist.

Die Grundbestandteile der Korona sind Korpuskularteilchen, die mit einer Unzahl von freien Elektronen vermischt sind. Ein solches Gemisch, bestehend aus Ionen, Atomen und Elektronen, ist im ganzen gesehen elektrisch neutral und wird vom Physiker als Plasma bezeichnet. Die Sonnenkorona stellt in diesem Sinne ein äußerst verdünntes und sehr heißes Plasma dar. Konkreter ausgedrückt heißt das, daß die mittlere spezifische Dichte der stofflichen Korona verglichen mit der Dichte unserer Zimmerluft milliardenmal geringer ist. Die Temperatur in der Korona beträgt fast eine Million Kelvin, eine für uns rational unvorstellbar hohe Temperatur.

Die mit sehr hoher Geschwindigkeit von der Sonne ausgesandten Korpuskular- und Elektronenströme bilden die Sonnenkorona. Die Lichtstrahlen der Sonne werden an diesen Elektronen reflektiert, und so entsteht das silbrig-perlmuttfarbige Leuchten um die Sonne, welches von der Erde aus zu beobachten ist. Die Fächerstrahlen der Sonnenkorona werden gemeinsam durch Korpuskularströme und eine große Anzahl freier Elektronen gebildet.

Außer diesen Korpuskularströmen werden von der Sonne ständig gleichmäßig in alle Richtungen des interplanetaren Raumes verhältnismäßig langsame Teilchen geschleudert. Sie haben eine Geschwindigkeit von 300 bis 500 km/s und bilden, wie ihn die heutigen Astrophysiker nennen, den sogenannten Sonnenwind. Dieser Sonnenwind ist eine eigentümliche Erscheinung, die man am ehesten mit einem Regen von unten nach oben vergleichen könnte. Doch Realität bleibt Realität: Die Sonne sendet ständig und gleichmäßig nach allen Richtungen Teilchen aus. Die Sonneneruption verkörpert unseres Wissens nur eine außergewöhnliche und extreme Intensivierung dieses ständigen Ausschleuderns.

Nach diesen Betrachtungen wollen wir versuchen, auf die Frage nach dem Ende der Sonne oder, genauer gesagt, dem Ende der Sonnenatmosphäre Antwort zu geben. Auf keinen Fall ist das Sonnenende dort, wo das menschliche Auge bei totaler Sonnenfinsternis den Rand der Korona erblickt. Unser Auge ist einfach zu unempfindlich. Auf einigen Fotografien kann man die Strahlen der Korona bis in Entfernungen verfolgen, die dem 15fachen Sonnendurchmesser entsprechen. Ja, und selbst dort ist die Grenze der Sonne noch nicht erreicht!

Ausgehend von Dichteuntersuchungen in den Koronastrahlen kann man berechnen, wie die Dichte als Funktion des Sonnenabstandes abnimmt. Legt man diese Gesetzmäßigkeit zugrunde und nimmt man weiter an, daß die Sonnenkorona bis zur Erdumlaufbahn reicht, so kann man errechnen, welche Dichte die Korona in Erdnähe haben müßte. Weiterhin kann man mit Hilfe von kosmischen Meßinstrumenten die Elektronendichte in Erdnähe bestimmen.

Hier ergab sich nun eine zunächst völlig unerwartete Übereinstimmung. Es wurde genau die Elektronendichte gemessen, die auftreten müßte, wenn die Strahlen der Korona bis zu unserem Planeten reichen würden. Sollte das etwa eine zufällige Übereinstimmung sein? Nein, natürlich nicht! Die oft wiederholten Berechnungen führen zu der paradoxen Schlußfolgerung, daß wir innerhalb der Sonne leben. Wenn auch extrem verdünnt, so dehnt sich doch die Sonnenkorona bis zur Erdoberfläche und sogar noch weiter aus. Führt man diesen Gedanken weiter, so ergibt sich, daß wir in gewissem Sinne nicht nur auf der Erde leben, sondern auch noch Bewohner des Sonnenraums sind. Dies weist darauf hin, daß sich der Verlauf der Sonnentätigkeit deutlich in den auf der Erde ablaufenden Prozessen und sogar in uns selbst widerspiegeln muß.

Rhythmen der Sonne

Unser Leben ist dem Rhythmus der Sonne untergeordnet. In erster Linie denken wir natürlich an die zwei Sonnenrhythmen, die wir überall und jederzeit erleben: der Wechsel von Tag und Nacht und der Verlauf der vier Jahreszeiten. Dafür ist die Sonne natürlich nicht direkt verantwortlich, sondern die Lichtverhältnisse auf der Erde ändern sich infolge der Erdrotation und des Umlaufs unseres Planeten um die Sonne. Man erkennt aber auch an diesem Beispiel, wie stark das gesamte Leben von der Sonnenenergie abhängt.

Wir verdanken unser Leben der Sonne, ihrer alles befruchtenden, lebenserhaltenden Energie. Wenn sich aber diese Energie irgendwie verändert, so kann man im voraus absehen, daß auch der Mensch und alles Leben auf der Erde, ja unser gesamter Planet davon nicht unbeeinflußt bleiben wird.

Zu unserem Glück ist die Sonne jedoch ein äußerst stabiler Energieproduzent. Im großen und ganzen ist die Sonnenstrahlung konstant, und dies gereicht der Biosphäre der Erde zum Nutzen. Man kann leicht errechnen, daß eine angenommene Abschwächung der Sonnenhelligkeit um nur wenige Prozente schreckliche, ja katastrophale Folgen für das Leben der Erde nach sich ziehen würde.

Die Astronomen kennen Tausende veränderliche Sterne, deren Energiestrahlung in weiten Grenzen schwankt, und zwar teilweise mit dem Faktor hundert. Diese Grenzen werden in einigen Fällen innerhalb von Minuten, bei anderen Sternen in der Zeit von Stunden und in extremen Fällen nur innerhalb von Jahren erreicht. Falls um diese Sterne belebte Planeten kreisen, so müssen die sie bewohnenden Organismen sehr feinfühlig auf die Veränderungen des äußeren Milieus reagieren, vor allem auf die Wärme- und Lichtschwankungen. In jedem Fall muß sich die Biosphäre solcher Planeten rhythmisch den Strahlungsschwankungen der sie mit Energie versorgenden Sterne anpassen.

Mit voller Berechtigung kann man allerdings auch die Sonne als veränderlichen Stern bezeichnen. Ja, mehr noch, die Sonnenstrahlung ist wenn auch nur geringen, so doch sehr komplizierten periodischen Schwankungen unterworfen.

Außer der uns schon bekannten Hauptoszillation, die Periode beträgt ungefähr 11 Jahre, existieren auch noch verschiedene andere, gleichzeitig ablaufende periodische Sonnenrhythmen.

Stellen Sie sich vor, Sie würden die Erde vom Mond aus betrachten! Die sich langsam drehende Erde würde am schwarzen, mit leuchtenden Sternen besäten Himmel zu sehen sein. Stellen Sie sich weiter vor, man würde Ihnen aus Moskau mit Hilfe eines unbeweglichen mächtigen Scheinwerfers Lichtsignale senden! Es ist klar, daß Sie die Signale nur bemerken könnten, wenn der Scheinwerfer genau auf Sie gerichtet wäre. Sie könnten also alle 24 Stunden, d. h. nach einer Erdumdrehung, das Lichtsignal sehen.

Ähnlich liegen die Verhältnisse bei der Sonne. Nehmen wir an, daß auf der Sonne ein mächtiges Aktivitätszentrum für viele Monate, möglicherweise sogar Jahre entstanden

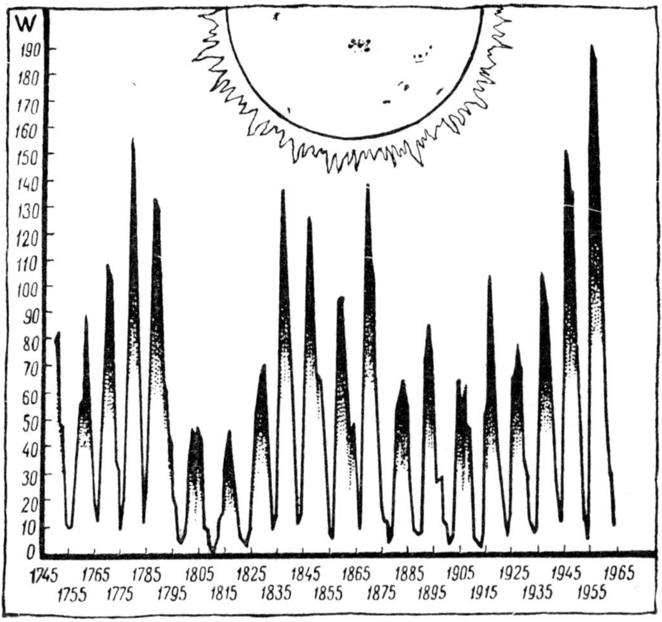

Bild 7. Veränderung der Wolfschen Zahl (*W*) von 1745 bis 1965

ist. Ein solches Zentrum, das mächtige Korpuskularströme in Richtung Erde aussendet, kann sowohl eine große Sonnenfleckengruppe als auch eine Gruppe von Sonnenfackeln oder auch ganz allgemein ein in Erregung geratenes Gebiet der Photosphäre darstellen. Es ist verständlich, daß sich der Einfluß eines solchen Aktivitätszentrums auf die Erde zeitlich ändert. Die für eine solche Beeinflussung günstigste Lage wird sich alle 27 Tage einstellen, wie das der mittleren Dauer einer Sonnenrotation entspricht, da ja die Sonnenflecken und auch die anderen Aktivitätszentren sehr starr mit der Sonnenoberfläche verbunden sind. (Ihre Eigenbewegungen in der Photosphäre sind unbedeutend und haben auch nur oszillierenden Charakter.)

Und daraus ergibt sich der 27tägige, der kürzeste Sonnenzyklus. Seine Widerspiegelung im Erdgeschehen werden wir noch oft behandeln. Als nächstes wollen wir uns jedoch noch etwas konkreter mit dem 11jährigen Zyklus beschäftigen.

Dazu soll nochmals festgestellt werden, daß der Zyklus im Durchschnitt nicht 11, sondern 11,1 Jahre beträgt. Es können aber in bestimmten Fällen sehr erhebliche Abweichungen auftreten. Das Minimum lag bei 7 und das Maximum bei 17 Jahren. Im Jahre 1755 fing man an, entsprechend einer Übereinkunft, den beginnenden Zyklus als Nummer eins zu zählen. Man kann hiernach leicht feststellen, daß im Jahre 1975 der 20. Zyklus zu Ende geht.

Auf der Abbildung ist die durchschnittliche Veränderung der Wolfschen Zahl von einem Minimum zum anderen in Abhängigkeit von den Jahren dargestellt. Als Wolfsche Zahl (W) bezeichnet man die Summe aus der Anzahl der Einzelflecken (f), die man im gegebenen Moment auf der Sonne zählt, und dem Zehnfachen der Anzahl der Fleckengruppen (g): $W=f+10\,g$. Die Wolfsche Zahl, auch Fleckenrelativzahl genannt, charakterisiert die Sonnenaktivität. (Gegenwärtig finden auch andere Parameter der Sonnenaktivität Anwendung, darunter die Radiostrahlungsintensität der Sonne.)

Beachten Sie bitte, daß wir keine symmetrischen Kurven erhalten! Der Anstieg der Sonnenaktivität verläuft schneller als ihr Rückgang. Es sei an dieser Stelle noch einmal darauf hingewiesen, daß dies nur im allgemeinen gilt. Im Einzelfall kann es erhebliche Abweichungen von dieser allgemeinen Regel geben.

Vor kurzem erkannte der Leiter des Kislowodsker Observatoriums *M. N. Gnewyschew*, gemeinsam mit seinen Mitarbeitern, daß der 11jährige Verlauf der Sonnenaktivität oft ein doppeltes Maximum aufweist. Die „Zweigipfligkeit“ des 11jährigen Zyklus müßte sich auch in verschiedenen Erscheinungen auf der Erde widerspiegeln.

Nach jedem Minimum der Sonnenaktivität, während dem man auf der Sonne oft über Tage nicht einen einzigen Fleck beobachten konnte, beginnt die neue, folgende Aktivitätsperiode. Die ersten Flecken erscheinen stets in den Polgebieten, relativ weit entfernt vom Sonnenäquator. Mit jedem Jahr treten sie immer näher an den Sonnenäquator heran, und zum Abschluß des laufenden Aktivitätszyklus kann man sie nur in unmittelbarer Äquatornähe beobachten.

Der deutsche Astronom *M. Sperer* erkannte diese Gesetzmäßigkeit schon im vorigen Jahrhundert. Man kann sie auch sehr leicht graphisch verdeutlichen. Auf der Ordi-

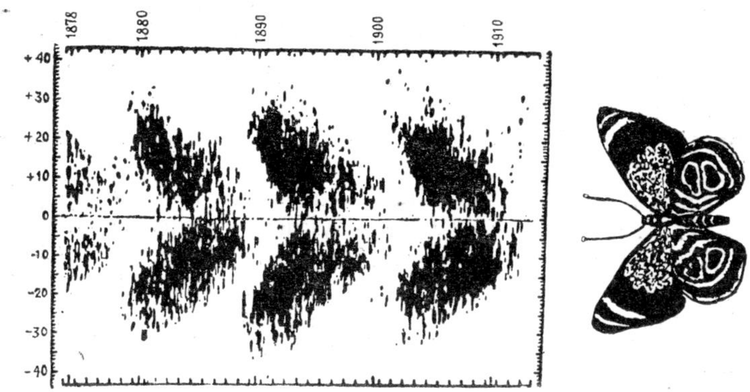

Bild 8. Schmetterlingsdiagramm

nate trägt man die Breitengrade der Sonne auf, und auf der Abszisse, die man durch den Breitengrad 0, d. h. durch den Sonnenäquator legt, die entsprechenden Jahre. Trägt man nun jährlich in das Koordinatensystem die Gebiete ein, in denen man Sonnenflecken beobachtete, so erhalten wir ein sogenanntes Schmetterlingsdiagramm. Die Tatsache, daß sich die Schmetterlingsfiguren wiederholen und einander sehr ähnlich sind, spricht noch einmal mehr für das Auftreten der 11jährigen Sonnenperiodizität.

Wie schon weiter oben erwähnt wurde, entstehen die Flecken immer paarweise, und jeder Sonnenfleck ist ein überaus starker Magnet. Bemerkenswert ist, daß jeweils die beiden Flecken magnetisch unterschiedlich gepolt sind. Wenn so z. B. der Kopffleck, d. h. der im Vergleich zur Sonnenrotation vorn liegende Fleck, den magnetischen Nordpol verkörpert, so bildet der Zwillingsfleck den magnetischen Südpol. Diese magnetische Polarität aller Sonnenflecken wird über die gesamte Dauer der ablaufenden Aktivitätsperiode beibehalten. Wenn wir nun z. B. diese Polarität für die nördliche Sonnenhalbkugel festgestellt hätten, so würde uns auf der Südhalbkugel das umgekehrte Bild erwarten. Alle Kopfflecken würden den magnetischen Südpol darstellen und ihre Partner den Nordpol.

Nachdem der laufende 11-Jahres-Zyklus beendet ist, beginnt, wie wir wissen, ein neuer. Wie auf Kommando wechselt jetzt die Polarität auf beiden Sonnenhalbkugeln. Jetzt verkörpert der Kopffleck auf der Südhalbkugel den

Nordpol, und auf der Nordhalbkugel finden wir an seiner Stelle den Südpol. Nach 11 Jahren wechselt die Polarität erneut, und wir haben wieder die Bedingungen, wie sie vor 22 Jahren herrschten. Aus diesem Grunde kann man auch von einem zweiten, einem 22-Jahres-Zyklus der Sonnenaktivität sprechen.

Ende des 19. Jahrhunderts wurde von dem Astrophysiker *A. P. Ganski* der 80-Jahres-Zyklus bzw. der sogenannte Jahrhundertzyklus entdeckt. Man kann ihn in alten Chroniken verfolgen, die davon zeugen, daß etwa alle 80 bis 90 Jahre die Sonnenaktivität besonders groß war. Auch durch andere Angaben wird die Existenz dieses Zyklus bestätigt.

Im Aktivitätsmaximum schleudert die Sonne im Vergleich zu ruhigen Jahren eine stark erhöhte Korpuskelmenge in den interplanetaren Raum. Auch die elektromagnetische Strahlung der Sonne vom ultravioletten Licht bis zum Radiowellenbereich ist wesentlich verstärkt. Die aktive Sonne regt nicht nur die Erde, sondern auch die anderen Planeten an. Ja, sie veranlaßt sogar die unzähligen Sonnentrabanten, die Kometen, heller zu leuchten.

Jeder Komet besteht aus einem Kern, welcher sich aus einem Gemisch von kleinen Festkörperteilchen und erstarrten Gasen zusammensetzt. Nähert sich ein Komet der Sonne, so dehnen sich die Gase in seinem zentralen Teil aus und bilden einen riesigen Gasschweif, bestehend aus Kometenkopf und -schwanz. Der Kometenschweif leuchtet um so stärker, als die auf ihn fallende Sonnenstrahlung (korpuskulare und elektromagnetische) intensiver ist. Dies bedeutet aber, je aktiver die Sonnentätigkeit abläuft, desto heller werden im Durchschnitt die Kometen leuchten und um so größer wird die Zahl der von den Erdbeobachtern registrierten Kometen sein.

Im Jahre 1949 studierte der sowjetische Astronom *B. M. Rubaschew* den Katalog, in welchem alle Kometenentdeckungen vom 1. bis 19. Jahrhundert registriert sind. Es zeichnete sich eine sehr interessante Gesetzmäßigkeit ab. Etwa alle 600 Jahre war die Zahl der registrierten Kometen besonders groß. *I. W. Maximow*, ein anderer sowjetischer Wissenschaftler, entdeckte an Hand der Dicke der Jahresringe verschiedener Bäume ebenfalls diesen 600-Jahres-Zyklus. Der Gedanke, daß der Holzzuwachs in Jahren mit erhöhter Sonnenaktivität besonders groß ist, drängte sich förmlich auf. Diese Schlußfolgerung ist sowohl für den 11-Jahres-Zyklus als auch für den beschriebenen 600-Jahres-Zyklus, deren Existenz heute nicht mehr angezweifelt wird, richtig.

Ob es noch längere Zyklen gibt? Eine endgültige Antwort auf diese Frage kann man heute noch nicht geben. Einige Angaben sprechen dafür, daß es einen Zyklus mit einer 1800jährigen Dauer gibt. Des weiteren findet man bestimmte Anzeichen für einen 5- bis 6-Jahres-Zyklus (die Hälfte des 11jährigen Zyklus) der Sonnenaktivität.

Diese eben aufgezählten Zyklen besitzen, selbst wenn sie vorhanden sein sollten, nur einen sehr geringen Einfluß auf unser Leben. Mit dem stark ausgeprägten Zyklus von 27 Tagen und dem von 11 Jahren sowie dem Jahrhundertzyklus sind sie nicht zu vergleichen.

Man sollte nicht annehmen, daß die Sonnenrhythmik sich nur in der Anzahl der Sonnenflecken äußere. In Jahren mit erhöhter Aktivität steigt auch die Zahl der Fackeln und Flocculi, kann man weit öfter Sonneneruptionen beobachten, erhöht sich die Zahl der Protuberanzen und vergrößert sich ihr Durchmesser. Man kann ganz allgemein feststellen, daß alle Vorgänge auf der Sonne der Sonnenrhythmik streng untergeordnet sind.

Äußerst interessant ist auch die Veränderung der Sonnenkorona. In Jahren mit minimaler Aktivität ist die Korona weit ausgedehnt, und ihre langen Strahlen verlaufen in der Äquatorialebene. Umgekehrt ist es in Jahren mit maximaler Aktivität. Die Korona besitzt dann nach allen Richtungen fast die gleiche Ausdehnung. In solchen Jahren erscheint bei einer totalen Sonnenfinsternis das silbrig-perlmuttfarbige Leuchten der Korona besonders deutlich.

Leider sind uns bis heute die Gründe für das Auftreten der Sonnenrhythmen unbekannt. Es wurden viele Hypothesen darüber aufgestellt, was eben ein Zeichen unseres niedrigen Erkenntnisstandes ist. Ein Fakt ist jedoch unbestritten: Die Sonnenzyklen sind weder für die Erde noch für die Biosphäre und schon gar nicht für den Menschen bedeutungslos.

Die Sonne erregt die Erde

Seit unserer Kindheit kennen wir den Globus als das Modell unseres Planeten. Dieses Modell hat sich so fest in unserem Bewußtsein eingeprägt, daß wir völlig unbewußt die feste Globusoberfläche mit den Grenzen unserer Erdkugel gleichsetzen.

Es versteht sich jedoch von selbst, daß unser Planet weiter reicht. Für die Stärke unserer Atmosphäre nimmt man im Mittel 2000 km an. Die Dichte der Luft beträgt in einer solchen Höhe 10^{-21} g/cm^3. Dies entspricht aber auch gerade der mittleren spezifischen Dichte des nur spärlich mit Gas und Staub gefüllten interplanetaren Raumes, und dies bedeutet, daß in dieser Höhe die Atmosphäre der Erde in, wie wir sagen, das Nichts übergeht.

Aber auch hier ist noch nicht das Ende der Erde. Man kann die Erde mit einem riesigen Magneten vergleichen, denn auch sie besitzt ein Magnetfeld oder, genauer bezeichnet, eine Magnetosphäre. Mit kosmischen Meßinstrumenten kann man die Ausläufer dieser Magnetosphäre vom Erdmittelpunkt an bis in Entfernungen von 15 Erdradien verfolgen.

Noch weitreichender ist das Gravitationsfeld der Erde. Es zwingt den Mond noch in einer Entfernung von 384 403 km oder 60 Erdradien, eine Bahn um die Erde einzuschlagen. Strenggenommen reichen sowohl das Gravitationsfeld als auch das Magnetfeld sogar bis ins Unendliche. Das Gravitationsfeld hat allerdings für die Heliobiologie keine Bedeutung, und auch das Magnetfeld wird uns nur in der Nähe unseres Planeten interessieren.

Im folgenden Kapitel wollen wir uns mit dem Einfluß der Sonne auf die verschiedenen geophysikalischen Sphären der Erde befassen. Wir beginnen mit den äußersten Sphären und schließen mit dem Erdinneren unsere Betrachtungen ab.

Unsichtbare Stürme

Weder die magnetischen Kräfte noch das Magnetfeld, d. h. das Wirkungsgebiet dieser Kräfte, sind mit dem menschlichen Auge wahrnehmbar. Jedoch kann man die Wirkung dieser Kräfte leicht sichtbar machen.

Erinnern Sie sich noch an den einfachen Schulversuch, bei welchem auf das auf einem Stabmagnet liegende Blatt Papier kleine ferrometallische Späne gestreut wurden? Diese Späne richteten sich nach den Wirkungslinien der magnetischen Kräfte oder, wie man sie auch bezeichnet, den Feldlinien aus. Man erhält so eine durchaus anschauliche Darstellung des magnetischen Feldes.

Unsere Erde ähnelt einer magnetisierten metallischen Kugel. Heute ist noch nicht vollständig geklärt, welche Ursache der Erdmagnetismus hat. Wahrscheinlich sind die ständig im elektrisch leitenden Erdkern fließenden Ströme dafür verantwortlich. Sei es, wie es sei — unsere Erde ist, betrachtet man nur die Wirkung, ein riesiger Magnet. So wie jeder Magnet zwei Pole besitzt, trifft dies auch für die Erde zu. Der magnetische Südpol befindet sich in den nordwestlichen Randgebieten Grönlands, und der magnetische Nordpol liegt in der Antarktis.

Wie auch bekannt ist, stimmt die Erdrotationsachse nicht mit der Magnetachse, d. h. mit einer zwischen den beiden Magnetpolen der Erde theoretisch gezogenen Verbindungslinie, überein. Der Winkel zwischen den beiden Achsen beträgt 11,5°. Dies hindert jedoch seit eh und je weder Forschungsreisende noch Seefahrer, sich nach dem Kompaß zu richten.

Hier noch einige Bemerkungen zum Stichwort Kompaß. Ohne äußere Einflüsse richtet sich die Kompaßnadel im Normalfalle leicht schwingend nach dem Magnetmeridian aus. Bringt man jedoch einen Magneten in Kompaßnähe, so verändert sich der ehemals ruhige Nadelausschlag augenblicklich. In einer solchen Situation kann man sich nicht mehr nach dem Kompaß orientieren. Diese sicherlich allen bekannte Erscheinung ist mit jenen unsichtbaren Magnetstürmen vergleichbar, über die wir uns jetzt unterhalten wollen.

Das Wort Sturm ruft in uns ungewollt die Vorstellung heftiger Orkane hervor, wolkenbruchartiger Regenfälle und zerstörender Wirbelstürme. Ein Magnetsturm ist ein we-

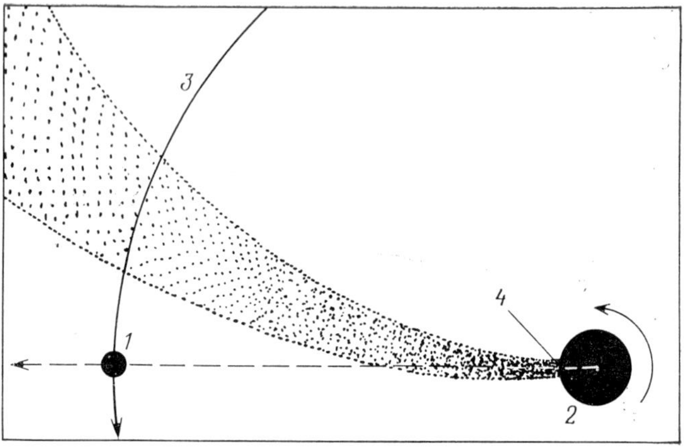

Bild 9. Ein Teilchenstrom und die Erde
1 Erde; *2* Sonne; *3* Erdumlaufbahn; *4* Quelle der Teilchen

sentlich unauffälligerer Prozeß. Er kommt darin zum Ausdruck, daß die Kompaßnadel plötzlich völlig widersinnig auszuschlagen beginnt und man sich auf die Anzeige nicht mehr verlassen kann. Nach einigen Stunden, selten nach Tagen, beruhigt sich die Kompaßnadel bis zum Auftreten des nächsten Magnetsturmes.

Schon im 18. Jahrhundert wurden die Wissenschaftler auf die Magnetstürme aufmerksam. Aber erst im Jahre 1850 bemerkte der französische Astronom *La Mont*, daß diese Naturerscheinung eng mit der Sonnenaktivität verknüpft ist. Es sei hier darauf hingewiesen, daß dies die erste Entdeckung eines direkten Kausalzusammenhangs zwischen Sonnenaktivität und einer Erderscheinung war.

Heute gilt als sicher, daß etwa einen Tag, nachdem eine große Gruppe von Sonnenflecken den zentralen Sonnenmeridian durchlaufen hat, auf der Erde Magnetstürme entstehen. Als Zentralmeridian wird derjenige Meridian bezeichnet, dessen Ebene im gegebenen Augenblick durch den Beobachter auf der Erde verläuft.

Die Häufigkeit der Magnetstürme folgt sowohl dem 27-Tages-Zyklus als auch dem 11-Jahres-Zyklus. An der Erscheinung der Magnetstürme ist ganz sicher die Sonne ursächlich beteiligt. Aber wie beeinflußt sie nun die Magnetsphäre der Erde?

Wir stellten schon fest, daß jeder große Sonnenfleck und ganz besonders die Fleckengruppen, Zentren eines Ausbruchs von Sonnenaktivität sind. Eben aus diesen Aktivitätsherden werden bei Sonneneruptionen und ähnlichen Prozessen mächtige Teilchenströme in den Raum geschleudert.

Im ganzen genommen ist ein solcher Teilchenstrom ein elektrisch neutrales Gemisch aus Elektronen und Atomkernen, also ein Plasma. Das Plasma ist ein ausgezeichneter elektrischer Leiter. Wird nun ständig ein solcher Teilchenstrom in den Raum ausgestoßen, so wird er, den Gesetzen der Mechanik gehorchend, mit zunehmender Entfernung von der Sonne entgegengesetzt zur Sonnenrotationsrichtung abgelenkt. Man kann diesen Vorgang auch mit der Ablenkung des Wasserstrahls einer sich drehenden Springbrunnendüse vergleichen.

Mit einer unvorstellbar hohen Geschwindigkeit (etwa 1000 km/s) entfernen sich die Teilchenströme von der Sonne. Einige von ihnen, die aus Gebieten des zentralen Sonnenmeridians stammen und sich somit direkt in Richtung Erde bewegen, erreichen etwa am zweiten Tag die Erdumgebung. Dabei treffen sie naturgemäß zuerst auf die äußersten Erdstrukturen, d. h. auf die Magnetosphäre.

Sie wissen sicherlich noch, daß durch einen elektrischen Leiter ein Strom fließt, wenn man ihn in einem Magnetfeld bewegt. Von dieser Tatsache konnte sich jeder in einem Schulversuch überzeugen. Der gleiche Prozeß findet nun auch in einem solchen Teilchenstrom statt. Verläuft die Bahn der Plasmawolke durch das Erdmagnetfeld, so fließt in ihr ebenfalls ein elektrischer Strom.

Jeder Stromfluß baut um sich nun wiederum ein Magnetfeld auf, und daher entsteht um die Plasmawolke ein eigenes, sich dem Erdmagnetfeld überlagerndes Magnetfeld. Diese Überlagerung bringt unsere Kompaßnadel zum Pendeln, als ob wir einen Permanentmagneten in ihre Nähe gebracht hätten. Die Gesamtheit der eben dargestellten Ursachen und Wirkungen bezeichnen wir als Magnetsturm.

Wie man sieht, ist der Zusammenhang zwischen Sonnenaktivität und den Magnetstürmen durchaus nichts Geheimnisvolles. Der Zusammenhang zwischen Ursache und Wirkung ist in diesem Fall vollständig geklärt. Leider kann man dies heute noch nicht von allen, oft komplizierten Wechselwirkungen zwischen Sonne und Erde sagen.

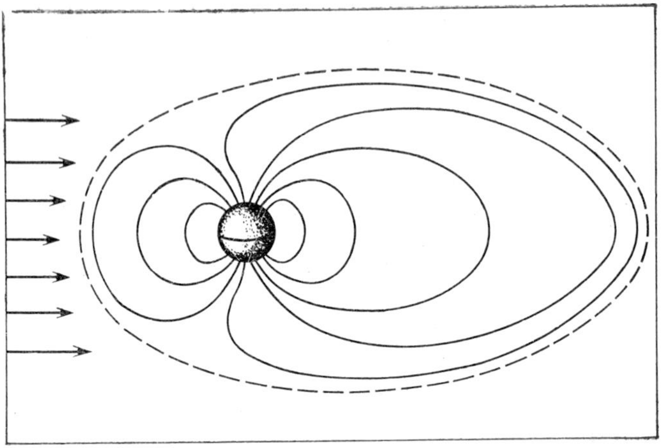

Bild 10. Magnetfeld der Erde

Ohne den Einfluß der Sonne müßte das Magnetfeld der Erde einen symmetrischen Aufbau haben. Infolge der ständigen Korpuskularströmung und der Sonnenwinde ist es jedoch verzerrt. Diese Verzerrung ist um so stärker, je größer die Sonnenaktivität ist. Das gleiche gilt auch für die räumliche Ausdehnung des Strahlungsgürtels der Erde. Diese Struktur wurde 1958 in der Umgebung der Erde entdeckt und stellt eine Anhäufung von Protonen und Elektronen dar.

Für elektrisch geladene Teilchen ist das Erdmagnetfeld eine heimtückische Falle. Ein Teil der Protonen und Elektronen, die sowohl von der Sonne als auch aus den oberen Schichten der Erdatmosphäre stammen, wird vom Erdmagnetfeld eingefangen. Unter der Wirkung der magnetischen Kräfte bewegen sich nun die Teilchen entlang den Feldlinien des Magnetfeldes der Erde. Die Teilchen kreisen so lange, bis ihre Energie aufgebraucht ist und sie auf die Erde fallen. An Stelle der ausgeschiedenen gelangen neue Teilchen in die Falle, und der Strahlungsgürtel der Erde besitzt stets die gleiche Intensität. Er befindet sich, um einen Begriff aus der Physik zu benutzen, im dynamischen Gleichgewicht.

Man unterscheidet eine innere und eine äußere Gürtelzone. Beide hängen wie riesenhafte Glocken über unserem

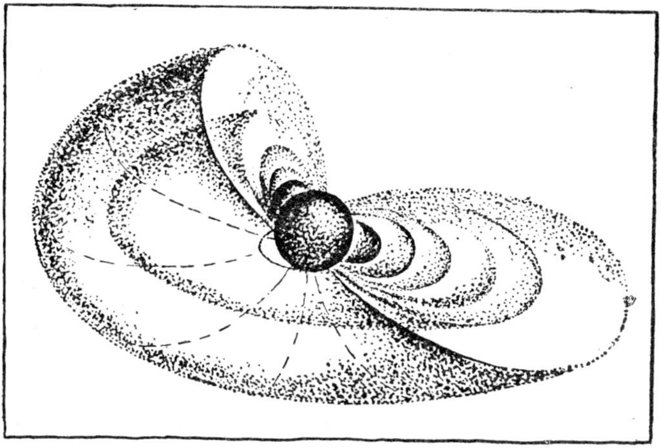

Bild 11. Strahlungsgürtel der Erde

Erdäquator. Das Kernstück der inneren, der Protonenzone, befindet sich in einer Höhe von 3000 km. Der mittlere Radius der äußeren, der Elektronenzone, ist siebenmal größer.

Der auf Bild 11 dargestellte Strahlungsgürtel ist in der Form nicht exakt. Nur wenn der Einfluß der Sonne ohne Bedeutung wäre, würde der Gürtel so aussehen. Der ständige Strom magnetisierten Plasmas des Sonnenwindes komprimiert das Magnetfeld auf der sonnenzugewandten Seite der Erde sehr stark, und umgekehrt zieht er auf der Nachtseite die Magnetosphäre stark auseinander. Der Strahlungsgürtel der Erde folgt genau diesen Verzerrungen. Diese Asymmetrie wird noch verstärkt, wenn ein zusätzlicher Teilchenstrom in die Magnetosphäre eindringt. In Zeiten erhöhter Sonnenaktivität erfolgt auch eine starke Verformung der Magnetosphäre und entsprechend auch des Strahlungsgürtels der Erde. In diesen Perioden entsteht auf der Nachtseite der Erde ein mächtiger Protonen-Elektronen-Schweif, und die Erde bekommt in gewissem Sinne Ähnlichkeit mit einem Kometen.

Wie wir gesehen haben, sind also die äußersten Schichten der Erde sehr stark von jeglichen Veränderungen der Sonnenaktivität abhängig. Diese Feststellung kann man sogar auf den gesamten Erdplaneten ausdehnen.

Rhythmik des Polarlichts

Haben Sie schon einmal ein Polarlicht beobachten können? Ich kann Ihnen versichern, es ist ein unvergeßliches Erlebnis. Um ein solches Leuchten sehen zu können, müssen Sie nicht erst zum Polarbewohner werden. Polarlichter kann man oft in Moskau oder in Paris beobachten. Ja, es ist schon vorgekommen, daß man sie sogar in Ägypten mit Erstaunen registriert hat. Aber natürlich trifft man in den Polgebieten diese Erscheinung wesentlich öfter an. Sie ist dort auch viel heller, bezaubernder und vielgestaltiger.

Das Polarlicht tritt in zwei verschiedenen Formen auf. Einmal könnte man es als verschiedenfarbige Strahlen beschreiben, die radiär von einem gemeinsamen Zentrum ausgehen. Bei der anderen Form hat man den Eindruck, einen grandiosen, leuchtenden Vorhang, den Ausschnitt einer phantastischen Himmelsdekoration zu sehen. Oft erblickt man dabei am Himmel Bilder, die Bögen, Bändern und Schärpen sehr ähnlich sind und deren Farben und Bewegungen sich sehr schnell verändern.

Bemühen Sie sich doch einmal selbst darum, ein Polarlicht zu sehen! Es ist für unsere gemäßigten Breiten durchaus keine Seltenheit. Zum Beispiel wurden in New York von 1938 bis 1946 1316 Polarlichter registriert. Etwa dreimal seltener beobachtete man sie in Moskau. In Leningrad treten die Polarlichter im Gegensatz dazu so häufig auf, daß für einen Einwohner von Leningrad eine Beschreibung dieser Erscheinung überflüssig ist.

Im Altertum war das Polarlicht noch eine überaus rätselhafte Naturerscheinung. Heute dagegen ist es weitgehend untersucht, und seine enge Kopplung an die Sonnenaktivität gilt als erwiesen.

Das Polarlicht ist ein Leuchten der verdünnten Erdatmosphäre in einer Höhe zwischen 100 und 1000 km. Die für das Polarlicht charakteristischen Farben Grün und Rot stammen in erster Linie von den in diesem Frequenzgebiet besonders stark strahlenden Sauerstoffatomen.

Physikalisch könnte man das Polarlicht am ehesten mit den Prozessen in einer Neonröhre vergleichen. Sowohl dort, in den verdünnten oberen Schichten der Atmosphäre, als auch hier, in den mit verdünnten Gasen gefüllten Röhren, werden die Gasatome mit Korpuskularteilchen (hauptsächlich Protonen und Elektronen) bombardiert. Die da-

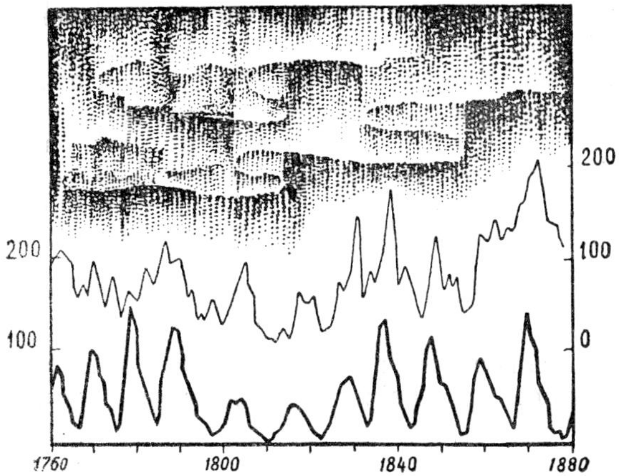

Bild 12. Vergleich zwischen der Häufigkeit des Polarlichtes (obere Kurve) und der Wolfschen Zahl (untere Kurve)

bei auf die Gasatome übertragene kinetische Energie veranlaßt die Elektronen, ihr Energieniveau zu verlassen, und das Gasgemisch beginnt mit sogenanntem kaltem Licht zu leuchten.

Den Beweis, daß das Polarlicht durch die Sonnenaktivität ausgelöst wird, kann man durch unmittelbare Beobachtungen erbringen. Im Spektrum des Polarlichtes ist die Wasserstofflinie deutlich zu erkennen. Da sie merklich zum violetten Rand des Spektrums verschoben ist, muß man annehmen, daß die sie hervorrufenden Protonen in die Erdatmosphäre mit einer Geschwindigkeit von mindestens 1000 km/s eindringen. Da die von der Sonne abgestrahlten Teilchen gerade diese Geschwindigkeit besitzen, leuchtet die Erdatmosphäre also infolge eines Protonenbombardements der Sonne.

Als im Jahre 1958 die Vereinigten Staaten eine Atombombe in einer Höhe von 60 km zündeten, wurden die bei der Explosion entstandenen Protonen und Elektronen vom Magnetfeld der Erde eingefangen. Sie bewegten sich mit großer Geschwindigkeit entlang den Feldlinien, kollidierten dabei mit Atomen der Atmosphäre und brachten diese zum Leuchten. Damit hatten Menschen erstmals, als sie die Wirksamkeit einer grausamen Waffe erprobten, völlig unbeabsichtigt auch ein Polarlicht ausgelöst. Ähnliche Erscheinungen wurden auch bei anderen Atombombenexplosionen in großen Höhen beobachtet.

Der Leser wird nach diesen Darlegungen nicht verwundert sein, wenn er nun erfährt, daß sowohl die Häufigkeit als auch die Intensität des Polarlichtes direkt mit der Sonnenaktivität übereinstimmen. Das Polarlicht und die Magnetstürme lassen sich nicht voneinander trennen, sie entstehen und vergehen fast gleichzeitig. Daher ist es auch nicht verwunderlich, daß der Einfluß der Sonnenaktivität auf die Erscheinung des Polarlichts schon im Jahre 1863 entdeckt wurde. Es war der zweite Fall, in dem der direkte Kausalzusammenhang zwischen der Sonnenaktivität und einer irdischen Erscheinung nachgewiesen wurde.

Auch Funkstörungen durch die Sonne

Die Sonne sendet äußerst energiereiche ultraviolette Strahlen aus. Dringt diese Strahlung in die Erdatmosphäre ein, so kommt es häufig an den von diesen Strahlen getroffenen Sauerstoff- und Stickstoffatomen zu Ionisationserscheinungen. Darunter ist zu verstehen, daß ein Gasatom in ein positiv geladenes Ion und ein negatives Elektron zerfällt. Dafür ist ein Quant ultravioletter Strahlung notwendig, d. h. eine Elementareinheit elektromagnetischer Energie, die in vielem einem überaus energiereichen, mit Lichtgeschwindigkeit fliegenden Stoffteilchen ähnelt. Stößt ein solches Quant mit einem neutralen Sauerstoff- bzw. Stickstoffatom zusammen, so wird das Elektron buchstäblich aus dem Atomverband herausgeschleudert. Infolge dieser unaufhörlich ablaufenden Prozesse ist die Erde in einer Höhe von 70 bis 500 km ständig von einer Schicht ionisierten Gases, der Ionosphäre umgeben.

Die stärkste Ionisierung für einen gegebenen Bereich der Atmosphäre erfolgt dann, wenn die Sonne den höchsten Punkt ihrer Tagesbahn erreicht hat, d. h. gegen Mittag (Ortszeit). In der Nacht dagegen, wenn dieser Bereich der Atmosphäre im Erdschatten liegt, erfolgt in der Ionosphäre ein intensiver Rekombinationsprozeß. Die freien Elektronen verbinden sich wieder mit den Ionen, und die Zahl der neutralen Atome erhöht sich wieder.

Man könnte nun annehmen, daß die Ionosphäre über dem entsprechenden Gebiet der Erde über Nacht völlig verschwindet. Dies ist aber nicht der Fall. Da die Atmosphäre in diesen Höhen schon stark verdünnt ist, besteht auch nur eine geringe Wahrscheinlichkeit dafür, daß ein Elektron mit einem Ion zusammenstößt. Aus diesem Grunde ist auch nachts die Erde von der Ionosphäre umgeben, wenn auch die Anzahl der Ionen und Elektronen im Vergleich zum Tage geringer ist.

Dies war eine kurze Beschreibung der allgemeinen Prozesse. Wollen wir uns spezieller damit beschäftigen, so müssen wir zuerst die Dreischichtigkeit der Ionosphäre berücksichtigen. Die unterste Schicht der Ionosphäre wird mit dem Buchstaben D gekennzeichnet. Sie beginnt über den noch verhältnismäßig dichten Luftschichten in einer Höhe von 70 km. In dieser Schicht erfolgt nachts die intensivste Rekombination, und sie wird daher auch völlig abgebaut. Mit dem Sonnenaufgang beginnt jedoch die Ionisierung erneut, und gegen Mittag ist die D-Schicht der Ionosphäre wieder vollständig ausgebildet.

Die Schicht F existiert im Gegensatz zur D-Schicht ständig, und zwar in einer Höhe von etwa 300 km, obgleich auch hier nachts die Anzahl der Ionen und Elektronen abnimmt. Wir unterscheiden darüber hinaus noch die dazwischenliegende E-Schicht, die infolge intensiver Ionisierung des Sauerstoffs, beginnend in einer Höhe von rund 100 km, gebildet wird. Diese Einteilung ist natürlich nur relativ, da zwischen den einzelnen Schichten fließende Übergänge existieren. Die Ionosphäre stellt insgesamt ein verdünntes Plasma, d. h. ein elektrisch neutrales Gemisch aus Ionen und Elektronen dar.

Für Rundfunkwellen erfüllt die Ionosphäre die Funktion eines Spiegels. Ohne Ionosphäre wäre ein Funkkontakt nur über relativ kurze Entfernungen, nur in den Zonen der direkten Reichweite der Antennenanlagen möglich. Da sich die Rundfunkwellen innerhalb des Erdreiches nicht ausbreiten können, wäre ein Empfang der durch die Erdkrümmung verdeckten Sender nicht möglich.

Den Teilnehmern am Funkverkehr kommt jedoch folgender Umstand entgegen: Die nach allen Seiten ausgestrahlten Rundfunkwellen werden von der Ionosphäre reflektiert und können deshalb in den abgelegensten Gebieten empfangen werden. Allerdings reflektiert die Ionosphäre bei weitem nicht alle Wellen, sondern nur die mit einer Länge über 10 bis 20 m. Kurzwelligere Strahlung läßt sie ohne

Behinderung in den Weltraum, für extrem langwellige besitzt sie nur einen geringen Reflexionsgrad. Die langen Wellen werden hauptsächlich von der D-Schicht absorbiert bzw. verschluckt, und die reflektierten Wellen sind daher äußerst schwach.

In gewisser Hinsicht kann man die Ionosphäre mit einem Sieb vergleichen: Die langwellige Strahlung wird — bildlich gesprochen — vom Metallgeflecht des Siebbodens reflektiert, während die kurzwellige das Sieb ohne Schwierigkeiten passiert.

Der soeben gezogene Vergleich hinkt nicht so stark, wie man im ersten Augenblick annehmen möchte. Heute verwendet man für die Radioteleskopie zwei Spiegeltypen, mit deren Hilfe die kosmische Strahlung auf die Empfangsantenne konzentriert wird. Für die Kurzwellen benötigt man vollständig mit Metall ausgekleidete Reflexoren. Für relativ langwellige Strahlung verwendet man netzartig ausgebildete Parabolspiegel. Die Reflektionsleistung dieser durchbrochenen Parabolspiegel entspricht der eines normalen Spiegels.

Die Sieblochgröße der Ionosphäre ist nicht konstant. Je stärker die Sonne die Erdatmosphäre ionisiert, desto dichter gestaltet sich der Ionosphärenspiegel, um so kleiner wird seine Sieblochgröße. Ausgehend von diesen Fakten kann man ohne weiteres schlußfolgern, daß für große Entfernungen die Übertragungsqualität von der Sonnenaktivität abhängig ist. Bereits im Jahre 1927 vermutete man, daß eine ursächliche Verknüpfung zwischen Rundfunkstörungen und Sonnenaktivität bestehe. Heute ist es allgemein anerkannt, daß die Störungen der Rundfunkübertragungen über große Entfernungen durch unsere Sonne hervorgerufen werden.

Stellen Sie sich eine Eruption auf der Sonne vor! Achteinhalb Minuten später erreicht die dabei nach allen Seiten ins All ausgesandte Röntgenstrahlung unsere Erde. Die Ionisation der Schicht D erhöht sich dadurch äußerst stark und erfaßt sogar tiefer gelegene Luftschichten. Für die Funksendungen bedeutet dies eine verstärkte Absorption der relativ kurzwelligen Strahlung zwischen 20 bis 200 m und eine verbesserte Reflexion der Kilometerwellen. Die Übertragungsqualität für die Kurzwellen wird sich verschlechtern und für die Langwellen verbessern.

Gewöhnlich dauern derartige Funkstörungen etwa 15 bis 20 Minuten. Bei ausgesprochen hoher Sonnenaktivität wiederholen sie sich mehrmals am Tage. In seltenen Fällen werden sogar mehrere Tage andauernde Ionosphärenstürme ausgelöst.

Am Anfang der Rundfunktechnik kannte man die wahren Gründe für die auftretenden Störungen noch nicht und schrieb sie Fehlern und Defekten an den Empfangsgeräten zu. Heute besteht Einigkeit darüber, daß die Störhäufigkeit ein ausgezeichnetes Maß für die Sonnenaktivität ist.

Was ist mit dem Wetter los?

Oft sind wir mit den Wettervorhersagen der dafür verantwortlichen Meteorologen nicht zufrieden. Ist es nicht tatsächlich ärgerlich, wenn man mit dem vorhergesagten ausgezeichneten Wetter rechnet, aufs Land fährt und dort ein fürchterliches Regenwetter antrifft? Ja, es kommen sogar noch weit gröbere Fehlvorhersagen vor. So treffen zum Beispiel teilweise die Monats- bzw. Jahreszeit-Vorhersagen des Wetters mit dem genauen Gegenteil ein. In einem solchen Fall wird über die Unvollkommenheit der Meteorologie gezetert. Man kann nicht verstehen, weshalb das eingetroffene Wetter die Prognosen der Meteorologen derart über den Haufen wirft.

Es wäre begrüßenswert, wenn die Vorhersagen der Meteorologen ebenso genau und zuverlässig wären wie die der Astronomen. Von ihnen werden beispielsweise für viele Jahre im voraus der Zeitpunkt einer Sonnenfinsternis und das von ihr erfaßte Gebiet berechnet. Diese Prognosen gibt man mit einer Genauigkeit von Bruchteilen einer Sekunde an. Und doch zweifelt niemand daran, daß sich diese Vorhersagen mit astronomischer Genauigkeit erfüllen werden. Bei den Wettervorhersagen ist es jedoch anders. Als einen Grund dafür muß man unbedingt die extreme Kompliziertheit der meteorologischen Erscheinungen ansehen.

Um eine Sonnenfinsternis vorauszusagen, wendet der Astronom nur ein einziges Naturgesetz, das Gravitationsgesetz, an. Denn ob über einem bestimmten Gebiet der Erde eine Sonnenfinsternis auftritt, hängt allein vom Spiel der Gravitationskräfte ab. Andere Kräfte, wie elektromagnetische, haben darauf keinen Einfluß. Eine völlig andere Situation finden wir jedoch in der Meteorologie.

Die Zirkulation der Luftmassen auf der Erde — und davon hängt zum Teil das Wettergeschehen ab — verliefe relativ einfach, ließe man die Erdrotation außer acht. Die stark erhitzten äquatorialen Luftmassen stiegen infolge ihrer verringerten Dichte nach oben. Der entstandene Druckunterschied zwischen dem Äquator und den Polen würde die Luftmassen in Richtung auf die Polargebiete zu wandern veranlassen. Dort würden sie nach erfolgter Abkühlung nach unten sinken und erneut in Richtung Äquator strömen. Dieser Kreislauf würde zeitlich unbeschränkt fortdauern, sofern unsere Phantasievorstellung vom Fehlen der Erdrotation richtig wäre. Die Erdrotation und der Umlauf der Erde um die Sonne führen jedoch in Wirklichkeit zu einer Komplizierung des dargestellten Idealfalles. Wenn die Luftmassen vom Polargebiet zum Äquator zurückströmen, müßten sie ebenso wie die entsprechenden Erdpunkte eine ständig wachsende Geschwindigkeit annehmen. Dies wird aber infolge der durch das Trägheitsgesetz entstehenden Corioliskraft verhindert. Es ist dies jene Kraft, die auch für das Auswaschen nur eines Ufers von Flüssen, die in Richtung eines Längengrades fließen, verantwortlich ist. Infolge dieser Erscheinung verläuft die Luftzirkulation vom Polgebiet zum Äquator und zurück auf einer spiralförmigen Bahn.

Aber auch dies ist nur ein vereinfachtes, weit von der Realität entferntes Modell. Die Meteorologen errechneten, daß in Perioden, in denen sich die Luft über dem Äquator besonders stark erhitzt, die Zirkulation der Luftmassen auf einer wellenartigen Bahn erfolgt. Der Spiralbahn überlagert sich also noch eine Wellenbahn, und aus diesem Grunde wechselt die Windrichtung ständig. Dieses an und für sich schon unübersichtliche Modell wird noch durch die an verschiedenen Stellen unterschiedlich stark ausgeprägte Lufterwärmung und andere Ursachen zusätzlich kompliziert. Zusammenfassend kann man feststellen, daß sich das Wetter nur recht ungenau voraussagen läßt.

Die Frage, ob eine gewisse Periodizität im scheinbar zufälligen Wetterablauf vorhanden ist und ob dabei die Sonne eine Rolle spielt, ist sehr interessant.

In der Erdatmosphäre befindet sich in einer Höhe von etwa 30 bis 40 km eine Ozonschicht. Ozon ist ein Gasmolekül, welches jeweils aus drei Sauerstoffatomen gebildet wird. Diese Ozonschicht ist es, die uns vor der tödlichen Wirkung der kurzwelligen Strahlung der Sonne schützt. Ozon absorbiert alle Strahlung mit einer Wellenlänge unter

290 Nanometern. Bei diesem Vorgang erhitzt sich natürlich die Ozonschicht. Während der Aktivitätsmaxima ist diese Erwärmung größer als in Zeiten der relativen Sonnenruhe. Man könnte sich nun vorstellen, daß die Temperaturschwankungen der Ozonschicht auch auf die unteren Luftschichten übertragen werden und somit einen Einfluß auf das Wetter haben.

Mit Hilfe von Radiosonden konnte diese Hypothese voll bestätigt werden. Die Temperatur der Ozonschicht erhöhte sich nach starken Sonneneruptionen tatsächlich von normalerweise —60 °C auf —18 °C. Diese Erwärmung veränderte auch sofort die Richtung der Luftströmung über den Polargebieten. Im Nordatlantik kam es zu schweren Stürmen und äußerst ergiebigen Schneefällen.

Der amerikanische Biologe *A. Douglas* entdeckte vor einigen Jahrzehnten eine äußerst interessante Gesetzmäßigkeit. Er untersuchte die Dicke der Jahresringe von Tausenden Baumstämmen aus den verschiedensten Gebieten der Erde. Er bearbeitete sowohl junge Bäume mit einem Alter von einigen Jahrzehnten als auch fossile Objekte, die vor einigen tausend Jahren gelebt haben. In allen Fällen stellte er einen Wechsel dicker und dünner Jahresringe fest. Es ist einleuchtend, daß in Jahren mit günstigen Wachstumsbedingungen, warmem Wetter und ergiebigen Regenfällen die Zunahme der Holzmasse der Bäume besonders groß ist und sich somit starke Jahresringe bilden. Waren die meteorologischen Bedingungen ungünstig, so beobachtet man das entgegengesetzte Bild: Der Zuwachs ist gering, und die Jahresringe sind dünn.

Der Wechsel von breiten und schmalen Jahresringen ist aber durchaus nicht zufällig. Die stärksten bzw. dünnsten Ringe wiederholen sich im Mittel nach 11 Jahren, zwischendurch findet man fließende Übergänge. Im Baumwuchs schlug sich somit über viele Jahrhunderte der Sonnenzyklus nieder. Diese periodischen, sich in 150 Millionen Kilometer Entfernung von der Erde abspielenden Schwankungen zwischen Stadien der erhöhten Sonnenaktivität und der relativen Ruhe wurden äußerst genau von der Pflanzenwelt der Erde aufgezeichnet.

Dieses Beispiel ist bei weitem nicht das einzige. Der 11-Jahres-Zyklus beeinflußt auch die folgenden Wettererscheinungen: Häufigkeit des Auftretens von Federwolken, Häufigkeit des Auftretens von sogenannten Höfen und Ringen um die Sonne und den Mond, Häufigkeit und Intensität von Gewittern, Luftdruck über dem Erdboden, Niederschlagsmenge, Häufigkeit von Stürmen, Orkanen und Windhosen sowie Schwankungen der Wasserspiegel in den Seen und viele andere Erscheinungen, die wir hier nicht einzeln aufzählen wollen, um den Leser nicht zu langweilen.

Es soll aber noch erwähnt werden, daß in den Jahren 1948 bis 1949, also im Zeitraum eines Aktivitätsmaximums, das Wetter in höchstem Grade unausgeglichen war. Die von der Sonne „verwirrte" Atmosphäre hielt für die Menschheit fast täglich unliebsame Überraschungen bereit. Taifune verwüsteten die Randgebiete Japans, starke Orkane tobten über dem amerikanischen Kontinent, und vernichtende Hochwasser in China, Indien und vielen europäischen Ländern brachten für die Landwirtschaft große Verluste.

Die gleichen Erscheinungen wurden auch in den Jahren 1968 bis 1971 beobachtet. Ein erneutes Sonnenaktivitätsmaximum störte den normalen Ablauf der Prozesse in der Erdatmosphäre.

Eine Beeinflussung des Wetters durch die Sonne ist unbestreitbar. Aber wie kann man sie erklären? Über welchen Mechanismus wird eine Korrelation zwischen Sonnenflecken und Orkanen, Hochwassern und Dürren hergestellt? Mit diesem Problem beschäftigen sich viele Wissenschaftler in der UdSSR und in anderen Ländern. Besonders erfolgreich sind die Arbeiten eines Kollektives unter der Leitung des sowjetischen Geophysikers *Igor Wladimirowitsch Maximow*.

Das Problem kann folgendermaßen formuliert werden: Beeinflußt die Sonnenaktivität die Druckverhältnisse in der Atmosphäre der Erde? Nimmt die Sonne Einfluß auf die Luftzirkulation in der Atmosphäre? Werden diese Fragen positiv beantwortet, so hängt folglich das Wetter auch von der Sonnenaktivität ab. Alle anderen Erscheinungen können als nebensächlich bezeichnet werden, da sie erst sekundär durch die Veränderungen der atmosphärischen Zirkulation hervorgerufen werden.

Ein Gebiet mit erniedrigtem atmosphärischem Druck bezeichnet man als Zyklone, ein Gebiet mit erhöhtem Luftdruck dementsprechend als Antizyklone. Wenn das Barometer fällt, kann man mit den Auswirkungen eines Tiefdruckgebietes, also mit schlechtem, unbeständigem Wetter rechnen. Wird das Tiefdruckgebiet von einer Antizyklone abgelöst (und das erfolgt früher oder später unweigerlich), stellt sich neben der Erhöhung des Luftdruckes auch gutes Wetter ein.

Es gibt auf der Erde Gebiete, in denen ständig niedriger Luftdruck herrscht. Dies trifft zum Beispiel für Island und seine Umgebung zu. Im Gebiet der Azoren wird das Wetter dagegen fast ständig durch eine Antizyklone bestimmt.

Natürlich ist diese Beständigkeit nur relativ. Auch in Island scheint manchmal die Sonne, und auf den Azoren regnet es hin und wieder. Jedoch alle Störungen dieses Zustandes wirken sich sofort auf die Luftströmungen in der Atmosphäre aus. Wenn sie bis zu diesem Zeitpunkt zonal waren, d. h., in den gemäßigten Breiten der nördlichen Halbkugel z. B. hauptsächlich vom Westen nach Osten verliefen, so erfolgt danach eine Strömung in Meridianrichtung. Kalte Luftmassen brechen in südliche Gebiete ein, und die warmen strömen vom Süden nach dem Norden. Natürlich zieht das alles heftige Wetterumschläge nach sich.

Wie schon angeführt wurde, hängen die Schwankungen des Luftdrucks in einem bestimmten Gebiet der Erde von der Sonnenaktivität ab. Je größer die Sonnenaktivität, um so größer ist auch das Ausmaß der Luftdruckschwankungen.

Es soll noch von einer interessanten Einzelheit berichtet werden. Im Jahre 1963 entdeckten *I. W. Maximow* und *B. A. Slepzow*, daß die Amplitude dieser Schwankungen des Luftdruckes der Atmosphäre in verschiedenen Breiten nicht gleich groß ist. Vom Äquator ausgehend, vergrößert sich die Amplitude in Richtung Polgebiete. Zwischen dem 65. und 75. Breitengrad erreicht sie ihr Maximum und verringert sich danach erneut.

Den Geophysikern sind eben diese Gebiete zwischen dem 65. und 75. Breitengrad schon lange bekannt. Diese Zone zeichnet sich durch das häufige Auftreten von Polarlichtern und Magnetstürmen aus. Hieraus ist zu schlußfolgern, daß in diesen Gebieten unseres Planeten das Erdmagnetfeld von den stärksten Korpuskularströmen der Sonne getroffen wird. Denn über die Korpuskularströme stehen das Auftreten der Polarlichter und der Magnetstürme sowie die Veränderung des Luftdruckes in der Atmosphäre mit der Sonnenaktivität in Verbindung. Eine den Meteorologen schon lange bekannte Tatsche wird jetzt ebenfalls verständlich. In der Zone zwischen dem 65. und 75. Breitengrad treten die stärksten atmosphärischen Luftzirkulationen der Erde auf.

In den letzten 20 Jahren erkannte man noch eine weitere wichtige Tatsache. Es stellte sich heraus, daß infolge erhöhter Sonnenaktivität der Luftdruck in den Polgebieten ansteigt, dagegen in den subtropischen Bereichen fällt. Als unweigerliche Folge verstärkt sich das Luftdruckgefälle, und die Luftzirkulation gewinnt an Intensität.

Dies soll noch näher erklärt werden. Die zonalen Luftzirkulationen schwächen sich in Zeiten der Sonnenaktivität ab, und demgegenüber gewinnen die Meridianströmungen an Einfluß. Breiten sich nun aber die kalten Luftmassen vom Norden nach Süden aus, so erfolgt in den betroffenen Gebieten eine plötzliche Abkühlung. In den Polgebieten rufen dagegen die aus dem Süden eindringenden Luftmassen eine unerwartete Erwärmung hervor.

Der Sommer des Jahres 1972 war in der UdSSR über die Maßen trocken. Im August verzeichnete man im Moskauer Gebiet zahlreiche Waldbrände. Ebenfalls in diesem Monat beobachtete man eine außergewöhnlich hohe Sonnenaktivität. Eine Vielzahl von Sonnenflecken wurde registriert, und in der Chromosphäre der Sonne verzeichnete man riesige Eruptionen. Der überaus enge Zusammenhang zwischen der Sonnenaktivität und dem anomalen Wetter war einer der Gründe für heftige Diskussionen, die sich in Zeitungen und Zeitschriften entfalteten. Im Mittelpunkt des Meinungsstreits stand die Frage: Übt die Sonnenaktivität auf das Wetter der Erde einen direkten Einfluß aus, oder wird dieser Einfluß (der im Prinzip von niemandem mehr negiert wird) durch die Wirkung energiereicherer Erdkräfte überdeckt? Der Disput spitzte sich noch dadurch zu, daß von dem sowjetischen Meteorologen *A. W. Djakow* auf der Grundlage der Sonnenaktivität im Verlauf vieler Jahre erfolgreich langfristige Wettervorhersagen gegeben wurden, die wesentlich zutreffender waren als die Prognosen des Hydrometzentrums der UdSSR, dessen Mitarbeiter die Sonnenaktivität in keiner Weise berücksichtigten.

Im Herbst 1972 fand die erste Allunionskonferenz zum Thema „Die Beziehungen Sonne—Atmosphäre in der Klimatheorie und in den Wettervorhersagen“ statt. Auf dieser Konferenz traten unter anderen auch *A. W. Djakow* sowie seine Opponenten auf. In einer Entschließung, die auf dieser Konferenz gefaßt wurde, heißt es, daß „bei den Untersuchungen zur Ausarbeitung und Verbesserung der Methoden zur Wettervorhersage nicht selten die Rolle der Beeinflussung der Atmosphäre durch die Sonne ignoriert wird und in der Regel dieser Faktor auch bei der Erarbeitung von Operativprognosen mit Hilfe synoptischer und zahlenmäßiger Methoden nicht berücksichtigt wird". („Die Beziehungen Sonne—Atmosphäre in der Klimatheorie und in den Wettervorhersagen". Moskau 1974.) Von den Teilnehmern dieser Konferenz wurde weiterhin unterstrichen, „daß ein effektiver Weg bei der Lösung des Problems der langfristigen meteorologischen Prognosen die Berücksichtigung der Gesamtheit der wirkenden Faktoren verlangt. Die Vernachlässigung irgendeines Faktors ebenso wie die Annahme einer absoluten Abhängigkeit der atmosphärischen Prozesse von nur einem dieser Faktoren kann in keinem Fall als rationell und zukunftsweisend bezeichnet werden."

Die Einzelheiten des Einflusses der Sonnenaktivität auf das Wetter sind in vielem heute noch unklar. Die allgemeinen Gesetzmäßigkeiten zeichnen sich jedoch bereits ab. Danach wird in Perioden erhöhter Sonnenaktivität die Erdatmosphäre äußerst stark aus dem Gleichgewicht gebracht. Diese Regel trifft nicht nur auf bestimmte Gebiete der Erde zu, sondern gilt sogar für die Erde in ihrer Gesamtheit.

Wie beständig ist das Klima?

Als Klima bezeichnet man die Gesamtheit des Wetterverlaufs, wie er in einem bestimmten Gebiet durchschnittlich zu beobachten ist. Zum Unterschied vom Wetter ist das Klima verhältnismäßig beständig. Jedenfalls verändert sich das Klima innerhalb einiger Jahre an einem bestimmten Ort der Erdkugel praktisch nicht. Das Wort „Klima" bedeutet in wörtlicher Übersetzung aus dem Griechischen „Neigung". Dieser Terminus ist treffend, weil das Klima in erster Linie davon abhängt, unter welchem Winkel die Sonnenstrahlen auf die Erdoberfläche fallen.

Erinnern wir uns der aus der Schulzeit bekannten Karte mit den Klimazonen! Zwei kalte, zwei gemäßigte und eine heiße Zone — so teilt man die Erdoberfläche in klimatische Zonen ein. Es ist nicht schwer zu begreifen, daß jede Klimazone einer bestimmten Bestrahlung durch die Sonne entspricht.

In der Äquatorzone befindet sich die Sonne mittags in der Nähe des Zenits (auf dem Äquator genau im Zenit). Die Sonnenstrahlen fallen in dieser Zeit fast senkrecht auf die Erdoberfläche und erwärmen sie deshalb stark. Demgegenüber erhebt sich die Sonne in der Polarzone niemals hoch über den Horizont, und die schräg auffallenden Strahlen wärmen schlecht. In den gemäßigten Zonen, in denen fast alle bedeutenden Zentren der irdischen Zivilisation konzentriert sind, sind die klimatischen Bedingungen am angenehmsten. Hier gibt es weder die erttickende Glut tropischer Länder noch die Eiskälte der Polargebiete.

Das Klima hängt vor allem von der geographischen Breite des jeweiligen Ortes ab. Das ist der hauptsächliche, aber nicht der einzige Faktor, der das Klima bestimmt. Die Nähe des Meeres mildert die Temperaturschwankungen. Das Wasser, im Unterschied zum Festland, erwärmt sich langsam, gibt aber auch die Wärme langsamer ab. Dadurch, daß es die Rolle eines Wärmespeichers erfüllt, mildert es das Klima. Demgegenüber können die Unterschiede zwischen der Tages- und der Nachttemperatur in den Wüsten, die weit vom Meer entfernt sind, bei ähnlicher geographischer Lage sehr groß sein.

Bedeutsam für das Klima sind auch die Meeresströme. Der warme Golfstrom, der vom Golf von Mexiko bis zu den Gestaden Europas reicht, mildert stark das Klima der am Meer gelegenen europäischen Länder. Der kalte Labradorstrom kühlt dagegen die Küsten, die er bespült, merklich ab.

Das Klima hängt auch von der Struktur des Meeresufers, von der Fülle oder dem Fehlen des Pflanzenbewuchses, vom Reliefcharakter und von einer Vielzahl anderer Eigenschaften des jeweiligen Gebietes ab. Aber alle diese Eigenschaften, beginnend mit denen, die sich aus der geographischen Breite ergeben, haben im allgemeinen beständigen Charakter, während sich das Klima offensichtlich verändert. Und das nicht nur an einigen Orten der Erde, sondern überall auf der Erdkugel. Diese Klimaschwankungen zogen schon lange die Aufmerksamkeit der Wissenschaftler auf sich.

Der Winter des Jahres 1739 war nicht nur in Rußland, sondern in ganz Europa äußerst streng. In Petersburg dauerte der starke Frost den ganzen Winter an, und es gab Tage, an denen das Thermometer —45 °C anzeigte.

Aus einer Laune der Zarin Anna Iwanowna heraus

wurde an der Newa zwischen Admiralität und Winterpalast das berühmte Eishaus errichtet. Es wurde aus Eisplatten, die übereinandergelegt wurden, erbaut und mit Wasser begossen, so daß sich diese fest verbanden. Neben dem Haus standen Eiskanonen, aus denen mit Eiskugeln geschossen wurde. In einem Eiselefanten war ein Mensch versteckt, der vor den Besuchern wie ein Elefant trompetete. Zwei Eisdelphine spien scheinbar brennendes Öl, in einer Eispyramide befanden sich eine Eisuhr, deren Zeiger durch einen in der Uhr versteckten Mechaniker bewegt wurden. Das Eishaus hatte die beträchtliche Größe von 10 Metern Höhe und mehr als 25 Metern Längc. Seine Fronten waren mit Eisstatuen geschmückt. In dem Haus war alles aus Eis, auch die Möbel, sogar das im Kamin aufgeschichtete Eisholz, das zu brennen schien. Im Februar 1740 wurde im Eishaus die Narrenhochzeit eines Hofnarren mit einem Hoffräulein der Zarin gefeiert. Das Eishaus selbst stand bis zum Märzende — ein nie dagewesener Fall, der von der ungewöhnlichen Strenge dieses Winters und dem Fehlen des Tauwetters zeugte.

Aus Anlaß dieses Ereignisses gab das Petersburger Akademiemitglied *G. Kraft* ein Buch mit folgendem Titel heraus: „Authentische und ausführliche Beschreibung des in Sankt Petersburg im Jahre 1740 erbauten Eishauses und über die in ganz Europa gewesene strenge Kälte, verfaßt für Liebhaber der Naturwissenschaften“. Ich erinnere nicht zufällig an das Eishaus. Nachdem *Kraft* alle Chroniken und andere historische Quellen bearbeitet hatte, kam er zum Schluß, daß sich besonders strenge Winter alle 33 bis 35 Jahre wiederholen.

Eineinhalb Jahrhunderte später veröffentlichte der bekannte russische Klimatologe *Eduard Alexandrowitsch Brikner* eine umfangreiche Untersuchung mit dem Titel „Klimaschwankungen nach dem Jahre 1700“. Ähnlich wie *Kraft* zeigte *Brikner* anhand historischer Dokumente überzeugend, daß nach trockenen und heißen Jahren kalte und feuchte Jahre folgen. Zum Beispiel herrschte von 1691 bis 1715 eine feuchte, von 1716 bis 1735 eine trockene Periode. Im Mittel erweist sich, daß der zyklische Wechsel feuchter und trockener Perioden alle 33 bis 35 Jahre wiederkehrt.

Der Briknersche Zyklus rief einen lebhaften Meinungsstreit hervor. Einige Wissenschaftler hielten ihn nicht für real und keinesfalls mit der Sonnenaktivität zusammenhängend, andere wiesen demgegenüber auf andere Naturerscheinungen hin, in denen er sich deutlich äußert.

Es stellte sich z. B. heraus, daß der 35jährige Zyklus ferner an Baumquerschnitten, in der Reihenfolge dünner und breiter Jahresringe, zu beobachten ist. Er ist auch an solchen Erscheinungen wie den Niveauschwankungen der Seen, der Häufigkeit der Nilüberschwemmungen und der Häufigkeit und Intensität des Polarlichts gut zu erkennen. Das letztere zwingt uns anzunehmen, daß der Briknersche Zyklus mit der Sonnenaktivität in Beziehung steht.

Es ist bemerkenswert, daß dieser Zyklus sogar an den geologischen Ablagerungen, an der zyklischen Reihenfolge der Bodenablagerungsschichten — des Lehms und des Kalksteins — verfolgt werden kann. Die Tatsache, daß diese Schichten sich vor 500 bis 600 Millionen Jahren bildeten, spricht für die besondere Beständigkeit und Stabilität des Briknerschen Zyklus — Eigenschaften, die gewöhnlich mit kosmischen Objekten in Beziehung stehen. Das bedeutet, daß mindestens Hunderte von Millionen Jahren der merkwürdige und uns wenig bekannte Mechanismus der Sonnenaktivität wirkt.

Denken Sie nicht, daß der Briknersche Zyklus der langandauerndste aller Sonnenzyklen ist. Schon am Ende des vergangenen Jahrhunderts äußerte der russische Astronom *A. P. Ganski* die Vermutung von der Existenz eines hundertjährigen Zyklus. Tatsächlich sind die Maxima wie auch die Minima der Sonnenaktivität nicht immer gleich. Wenn auf einer Grafik für einige Jahrhunderte die Schwankungen der Sonnenaktivität dargestellt werden, erhält man ein interessantes Bild. Die kleinen Schwankungen der Kurve sind die uns gut bekannten Elf-Jahres-Zyklen. Der allgemeine wellenartige Verlauf der Kurve spiegelt sich im hundertjährigen Zyklus wider. Die Kombination dieser beiden Sonnenzyklen kann man anschaulich als Gekräusel auf den Wellen charakterisieren.

Der hundertjährige Zyklus hat allerdings nicht eine mittlere Dauer von 100, sondern von 80 Jahren. Er kommt ausreichend deutlich durch die Häufigkeit der Protuberanzen, durch die Schwankungen ihrer mittleren Gipfel und anderer Erscheinungen auf der Sonne zum Ausdruck. Besonders wichtig ist, daß der hundertjährige Zyklus auch an den Schwankungen des Erdklimas gut erkennbar ist.

So setzte mit Beginn unseres Jahrhunderts die bis jetzt

fortdauernde Erwärmung der Arktis ein. Wenn zu Beginn des Jahrhunderts das Eis bis dicht an die Ufer der nördlichen Meere reichte, so kann man seit 1930 Nowaja Semlja vom Norden her mit einem normalen Schiff ohne die Hilfe eines Eisbrechers umfahren. Das Eismeer wurde wärmer, es verkleinerten sich in der UdSSR und in Amerika die Gebiete des ewigen Eises, es wich in Grönland die Eisdecke zurück und gab die Siedlungen und Grabstätten der alten Wikinger frei.

Wärmer wurde auch die Antarktis. So erhöhte sich beispielsweise die mittlere Jahrestemperatur der amerikanischen Station Little-America während des letzten halben Jahrhunderts um zweieinhalb Grad. Die Themse und der Tiber, die oft im Winter zugefroren waren, sind jetzt schon viele Jahre ständig schiffbar. Mit einem Wort, überall auf der Erdkugel wurde es wärmer. Wodurch wurde das hervorgerufen?

Der sowjetische Geophysiker *L. A. Witels* vollendete kürzlich genaue Untersuchungen der Atmosphärenzirkulation im Nordatlantik, die einen langen Zeitraum (vom Anfang des Jahrhunderts bis 1964) erfaßten. Es zeigte sich, daß sich die Niveauerhöhung der Sonnenaktivität bis zu den 50er Jahren unseres Jahrhunderts in der Zirkulation der Luftmassen merklich widerspiegelt. In den Gebieten mit sich erniedrigendem Luftdruck wurden häufiger Antizyklone beobachtet, demgegenüber gab es in Gebieten mit sich erhöhendem Luftdruck weniger Antizyklone. Anders gesagt, es verstärkte sich die Zirkulation der Luftmassen, ihre Durchmischung; die Erdatmosphäre wurde überall, nicht nur in der Arktis, wahrnehmbar durch die Sonne in Erregung versetzt. Es schwächten sich die zonalen Zirkulationen ab, die meridionale Luftmassenübertragung verstärkte sich, d. h., es entstanden all jene Prozesse, die auch beim 11jährigen Maximum der Sonnenaktivität zu finden sind, nur der Verlauf dieser Veränderungen war 7- bis 8mal verlangsamt. Wenn in eine mit kaltem Wasser angefüllte Wanne aus dem Wasserhahn heißes Wasser gegeben wird, so wird das Wasser in der Wanne nicht sofort warm. Es muß durchmischt werden, d. h., die Konvektion, die verstärkte Durchmischung des heißen und des kalten Wassers, muß gewährleistet werden. So ist es auch in der Erdatmosphäre — die bei der meridionalen Übertragung verstärkte Durchmischung der arktischen und tropischen Luft erhöht die mittlere Temperatur des Planeten. Und wieder ist an dieser hundertjährigen Erwärmung die Sonne schuld, ihre zyklische Aktivität.

Nach der Erwärmung erfolgt jeweils eine Abkühlung, und so schwankt das Klima unbestimmt lange. Aber hier, wie auch allgemein in den Sonnenrhythmen, gibt es keine strenge Periodizität. Der hundertjährige Zyklus kann sich manchmal anscheinend über mehr als ein Jahrhundert erstrecken. Und auch die Schwankungen selbst unterscheiden sich in der Größe stark voneinander. Aber trotzdem bleiben die zyklischen Eigenschaften der Klimaschwankungen bestehen.

Jahresschriften und andere historische Chroniken berichten, daß sich in der Vergangenheit auf der Erde oft Perioden registrieren ließen, in denen das Klima ungewöhnlich rauh, aber manchmal auch ungewöhnlich mild war.

Es gab Winter, in denen z. B. das Schwarze Meer, der Bosporus und die Dardanellen zufroren. Im Jahre 829 bedeckte sich sogar der Nil mit Eis. Ein grimmiger Winter wurde auch im Jahre 1011 registriert — zu dieser Zeit gab es sogar in Bagdad Schneewehen von der Größe eines Menschen. Im 12. und 14. Jahrhundert fror einige Male die Ostsee zu, und von Schweden konnte man hoch zu Roß nach Dänemark gelangen. Im Gegensatz dazu endete 1548 der Zug des Zaren Iwan des Schrecklichen nach Kasan mit einem Mißerfolg. Der Winter war ungewöhnlich warm, und sogar im Februar brachen bei Nishni Nowgorod die Kanonen durch das dünne Eis.

Die Schwankungen des Klimas sind unbestreitbar, und das ist das Hauptcharakteristikum seiner, wie man sagen könnte, Biographie. Aber in diesen Veränderungen spiegeln sich nicht nur der Briknersche und der hundertjährige Zyklus wider. In der Rhythmik der Sonne wurde noch eine bei weitem größere Zeitdauer festgestellt. Diesen Rhythmus zu erkennen, gelingt zwar nicht an der Sonne, aber an den Ablagerungen verschiedener Gesteine der Erdrinde. In diesem Falle kommt die Geologie der Heliophysik zu Hilfe.

Sonnenrhythmen der Erdgeschichte

Wenn man direkt durch die Punkte der Maxima zweier hundertjähriger Zyklen (im 18. und 19. Jahrhundert) und auch durch die der Minima (im 18., 19. und 20. Jahrhun-

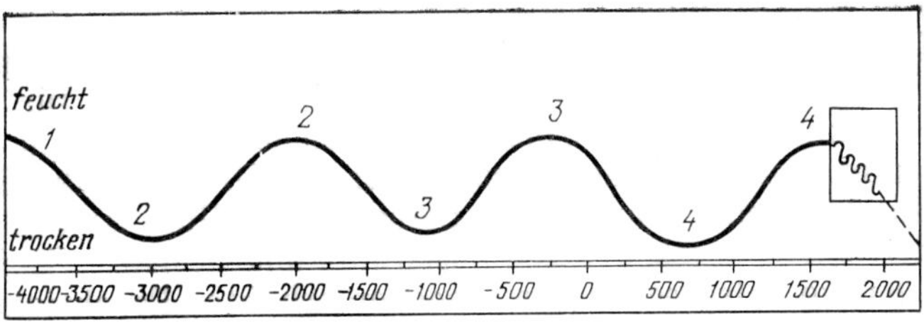

Bild 13. Schematische Darstellung des 1800jährigen Zyklus der Sonnenaktivität

dert) Linien zieht, so verlaufen diese fast parallel und deutlich nach oben gerichtet. Auf diese Besonderheit richtete der sowjetische Geophysiker *A. I. Ol* seine Aufmerksamkeit. Nach seiner Meinung tritt hier ein der Amplitude nach kleiner, aber sehr langandauernder, vielhundertjähriger Zyklus zutage.

An den Ufern des malerischen Züricher Sees gibt es alte Terrassen — hohe Steilwände, an denen man gut die verschiedenen Schichten der Epochen unterscheiden kann. In diesen Schichten der Bodenablagerungen ist sehr deutlich ein 1800-Jahres-Rhythmus fixiert. Derselbe Rhythmus ist aus der Reihenfolge der Schlammablagerungen, der Eisbewegungen, der Feuchtigkeitsschwankungen und schließlich der zyklischen Klimaveränderungen ersichtlich. Natürlich, auch hier wie in den anderen Fällen ist nicht von streng abgegrenzten Perioden der Veränderungen die Rede, sagen wir wie beim Uhrpendel, sondern nur von der mittleren Zyklusdauer. Die Entdeckung des 1800jährigen Zyklus ist das Verdienst vieler Wissenschaftler, von denen besonders der bekannte sowjetische Geophysiker *A. W. Schnitnikow* zu nennen ist. Ein anderer sowjetischer Wissenschaftler, *G. K. Tuschinski*, bringt in seinem Werk „Der Kosmos und die Rhythmen der Natur der Erde" (Verlag „Proswestschenie", 1966) eine interessante Grafik, mit deren Hilfe man einen genauen Einblick bekommt. Sie verallgemeinert alle bekannten Nachweise des 1800jährigen Zyklus. Man erhält ein Bild, das überzeugend alte Rätsel löst.

Schauen wir auf Bild 13. Auf der horizontalen Achse sind die Jahre aufgetragen, die Zahl Null kennzeichnet den Beginn unserer Zeitrechnung. Jedem Abschnitt entsprechen

250 Jahre. Auf der vertikalen Achse der Grafik sind die Befunde über die Feuchtigkeit des Klimas eingetragen. In einigen Fällen können sie quantitativ (z. B. für die Schwankungen des Niveaus des Kaspischen Meeres), in anderen nur qualitativ ausgedrückt werden. Die Graphik selbst erinnert an eine Sinuskurve. Selbstverständlich ist das ein relativer Ausdruck der Klimaschwankungen. Die „Gipfel" der Kurve entsprechen den Epochen erhöhter Feuchtigkeit, die „Täler" denen der Trockenheit. Wenn auch grob genähert, so spiegelt doch die Grafik in den allgemeinsten Merkmalen völlig real die Ereignisse auf der Erde wider.

Der erste linke „Gipfel" der Kurve entspricht chronologisch der Epoche der sogenannten Sintflut.

Selbstverständlich hat es eine Überschwemmung, die sofort die ganze Erdkugel erfaßte, nicht gegeben. Aber es gab viele Male sich wiederholende Epochen erhöhter Feuchtigkeit. In einer jener Epochen traten der Euphrat und der Tigris, die in den Persischen Golf münden, über die Ufer. Das war eine der mächtigsten Überschwemmungen in der Geschichte der Erde, die ihre Spuren in den Oberflächenschichten der Erde hinterlassen hat. Von 1922 bis 1934 fanden im Zweistromland Ausgrabungen durch eine englische Expedition unter Leitung des bekannten Archäologen *Leonard Woolley* statt. Unter einer 19 Meter starken Schicht von Ablagerungen der letzten Jahrtausende entdeckten die Wissenschaftler eine 2,5 Meter hohe Schicht ohne Merkmale menschlicher Kultur. Darunter gab es von neuem Schichten mit Ziegelsteinresten, Asche und Scherben von Tongefäßen — Produkte der Tätigkeit der Steinzeitmenschen. Von ihnen kam offensichtlich aufgrund dieser mächtigen Überschwemmung des Euphrat und Tigris die Legende von der Sintflut zuerst zu den Sumerern, die das Zweistromland in der Zeit nach dieser großen Flut bewohnten, danach auch zu den Nachfolgern der sumerischen Kultur — den Assyrern und Babyloniern. Überall in Mesopotamien, wo *Woolley* Ausgrabungen durchführte, fanden die Wissenschaftler Anzeichen von örtlichen Überschwemmungen, die periodisch in verschiedenen Epochen auftraten. Jene, die als Sintflut bezeichnet wurde, unterschied sich von den anderen nur durch die Größe und die Dauer.

Aber wenn auch diese Sintflut nicht die ganze Erde erfaßte, so gehörte sie doch in eine Epoche mit starker Feuchtigkeit auf der ganzen Erde. Gerade für diese Zeit erbrachten die Untersuchungen des bekannten sowjetischen Archäologen *S. P. Tolstoi*, daß sich in Mittelasien, im Gebiet des Amu-Darja, Spuren einer ungewöhnlichen Feuchtigkeit erhalten haben. Viele Hügel und Gebäude wurden in dieser Epoche überflutet, ein bedeutender Teil des Amu-Darja-Deltas verwandelte sich in eine große Wasserfläche.

In jenen Zeiten siedelten sich die Menschen der Steinzeit an den Flüssen und Seen an. Sie errichteten ihre Unterkünfte auf Pfählen mit Bretterbelag und erhielten so von Wasser umgebene Unterkünfte, die vor plötzlichen Überfällen durch Feinde und Tiere geschützt waren. Es ist nicht zufällig, daß gerade bei dieser von uns jetzt betrachteten Epoche, d. h. an der Grenze vom 5. zum 4. Jahrtausend v. u. Z. die Archäologen an den Alpenseen Anzeichen einer Zerstörung der Pfahlbauten fanden, die im Zuge einer Katastrophe erfolgt sein muß. Am bemerkenswertesten ist jedoch der Zustand der Sahara in dieser Zeit. Schon in unserer Kindheit rief das Wort Sahara Vorstellungen von einer drückend heißen, steinig-sandigen und wasserlosen Wüste hervor. Und so ist tatsächlich die Sahara zu unserer Zeit. Aber es gab Zeiten, in denen die große afrikanische Wüste ein völlig anderes Bild zeigte.

In der Zentralsahara gibt es ein ausgedehntes Bergmassiv — den Tassili Ajjer. Es bildet ein System von Stufen, von gigantischen Steintreppen, in denen einzelne Berge eine Höhe bis zu 2000 Meter erreichen. Die Länge des Plateaus beträgt ungefähr 800 km, die Breite ungefähr 50 km. Jetzt ist diese Gegend unbewohnt, aber irgendwann während der Feuchtigkeitsperiode wohnten hier in den Felsnischen und Höhlen Menschen.

1933 entdeckten zufällig Reisende als erste in dieser Gegend an den senkrechten Felswänden in die Felsen eingeritzte gewaltige Darstellungen von Elefanten, Nashörnern, Flußpferden und langhalsigen Giraffen. Später untersuchte der französische Archäologe *Henri Lhote* [3] das Tassilimassiv genauer. Er fand eine Vielzahl neuer staunenswerter Felsfresken, die nicht nur von der hohen künstlerischen Meisterschaft der alten Bewohner, sondern auch darüber aussagten, daß die alten Künstler eine uns ungewohnte Sahara darstellten — ein blühendes Land mit reicher Tier- und Pflanzenwelt. Die auf den Fresken dargestellte Pflanzenwelt erlaubt die Schlußfolgerung, daß es in der Sahara an der Grenze vom 5. zum 4. Jahrtausend

Bild 14. Höhlenzeichnungen aus dem Tassili (Sahara)

v. u. Z. wasserreiche Flüsse gab und ausgiebiger Regen den Boden durchfeuchtete. Die Expedition von *H. Lhote* fand Sicheln und Kornreiben — untrügliche Zeichen dafür, daß sich die alten Tassilibewohner mit Landwirtschaft befaßten.

„Es nahmen für uns blumenreiche Täler, Wälder, Sümpfe und Tiere, die irgendwann in dieser Gegend lebten, Gestalt an", schreibt *H. Lhote*. „Wir besiedelten in unserer Phantasie diese Orte mit den verschiedenartigsten Tieren. Wir begannen, uns Menschen vorzustellen, die in den Felsenhöhlen lebten: Männer, die sich mit der Anfertigung von Jagdwaffen oder der Herstellung von Fellkleidung beschäftigten; Frauen, die das Essen zubereiteten oder die sich zum benachbarten Gewässer begaben, um zu baden oder das Geschirr zu waschen."

Blühende Sahara! Und dieses ungewöhnliche Bild wird ergänzt — das sollten wir uns merken — durch die Sintflut im Zweistromland, durch die Überschwemmung in Mittelasien und Europa. Diese Epoche eines allgemeinen und globalen (d. h. die ganze Erde umfassenden) feuchten Klimas umfaßt alle diese verschiedenen, aber gleichzeitig verlaufenden und nach ihrer Ursache miteinander in Beziehung stehenden Ereignisse.

Ungefähr im Jahre 3000 v. u. Z. wurde die Feuchtigkeitsperiode durch eine Trockenperiode abgelöst. Es senkte sich das Niveau der Alpenseen, es verkleinerte sich das Vereisungsgebiet des Nordatlantik, es trockneten die Torfgegenden im europäischen Teil der UdSSR, in Westkasachstan und in Westsibirien aus. In dem Maße wie die Sahara austrocknete, zogen die Menschen fort — zum lebenspendenden Wasser, nach Osten zum Nil oder nach Süden zum Tschadsee.

Das Maximum der neuen Feuchtigkeitsperiode erschien um das Jahr 2000 v. u. Z. (2. Gipfel). Abermals wurden viele Pfahlbauten zerstört. Der Wald begann in die Steppe vorzustoßen. Der Ladogasee trat weit über seine Ufer. Und von neuem regte sich das Leben in der Sahara. Es entstanden Weidegründe. Und gerade aus dieser, der zweiten Regenperiode, stammt die Mehrzahl der Felsenfresken, die von der Expedition *H. Lhotes* gefunden wurden.

Die nächste Trockenperiode kam ungefähr neun Jahrhunderte später. Sie hinterließ sichtbare Spuren. Die Gletscher der Alpen gingen zurück, der Mensch in der Bronzezeit besiedelte die Hochtäler und die Auen der Flüsse. Der Wald rückte nach Norden vor, die Waldsteppe erstreckte sich bis in die Breiten des heutigen Leningrad.

Wiederum finden die Archäologen Spuren einer Feuchtigkeitsepoche — dieses Mal ungefähr in der Mitte des 1. Jahrtausends v. u. Z. (Gipfel 3). Katastrophale Überschwemmungen veränderten die Konturen der Nord- und Ostsee bis zur Unkenntlichkeit. Nordafrika wandelte sich in den Kornspeicher Europas um. Die Sahara wurde wieder bewohntes Land. Die Künstlergalerie des Tassiligebirges verschönerte sich durch neue Fresken.

In dieser Periode wüteten in Europa strenge Winter mit gewaltigen Schneefällen. 219 v. u. Z. überwand der karthagische Feldherr *Hannibal* zusammen mit seinen Soldaten mit großer Mühe die Schneeverwehungen der Alpen.

Im Jahre 177 v. u. Z. froren in Nordgriechenland alle Bäume aus, und starke Winde zerstörten die Häuser. Mehrere Male trat der Fall ein, daß die Donau zufror.

Der vierte Tiefpunkt in der von uns betrachteten Grafik befindet sich etwa zwischen dem 6. und dem 10. Jahrhundert. In dieser Epoche zeigte sich das tiefste Niveau des Kaspischen Meeres, erfolgte die Besiedlung der Hochtäler im Kaukasus und in den Alpen, trat die erneute Erwärmung der Arktis ein, und die Wikinger unternahmen ihre bemerkenswerten und erfolgreichen Expeditionen.

860 entdeckten die Wikinger Island, 10 Jahre später begann die Kolonialisierung der Insel. In dieser Zeit war das isländische Klima milder als jetzt. Birkenhaine erstreckten sich von den Bergen bis ans Meer, Gletscher konnte man nur hoch in den Bergen antreffen.

Ebenso bewohnbar war in dieser Zeit auch Grönland, „das grüne Land“, wie in der Übersetzung der Name der größten Insel der Erde lautet.

895 besuchten 25 Schiffe unter Führung des Wikingers *Erik der Rote* die Westküste Grönlands. Es gab hier fruchtbares Land, ausgezeichnete Weiden, und die Wikinger gründeten zwei Wohnsiedlungen, in denen die Zahl der Einwohner schnell auf 5000 wuchs.

999 fuhr der Sohn *Eriks des Roten* von Norwegen aus in Richtung Grönland. Heftige Stürme trieben ihn zu unbekannten bewaldeten Ufern, wo wilder Weizen und Wein wuchsen. Die Wikinger nannten dieses unbekannte Land Vinland, d. h. Land des Weines. Sie konnten natürlich nicht ahnen, daß das „Weinland“ ein kleines Fleckchen des jetzigen amerikanischen Kontinents sein würde. Nach vier Jahren kamen aus Norwegen 160 Übersiedler nach Amerika. Die Wikinger fuhren von Labrador nach Neufundland, drangen also verhältnismäßig weit auf dem amerikanischen Kontinent vor.

Schon lange vor Kolumbus entdeckten demnach die Wikinger Amerika. Später, als erneut Europäer nach Nordamerika kamen, fanden sie inmitten der Urbevölkerung weiße Indianer — möglicherweise Nachkommen der Wikinger, die sich mit der Urbevölkerung gemischt hatten.

Ungefähr im 13. Jahrhundert begann in Grönland die Abkühlung. Das Eis bewegte sich von Norden nach Süden. Die Bevölkerung war außerstande, die Viehzucht fortzusetzen oder überhaupt noch Landwirtschaft zu betreiben. Die Vereisung der Arktis erschwerte die reguläre Verbindung der grönländischen Kolonisten mit Skandinavien. Das letzte norwegische Schiff fuhr 1377 nach Grönland aus, der letzte Besuch aus Grönland in Norwegen erfolgte 1410. Dann vergingen 132 Jahre, bis aus Europa eine Expedition nach Grönland geschickt wurde. Sie fand auf diesem einstmals grünen Land keinen einzigen Bewohner mehr vor. Ein Eispanzer fesselte ganz Grönland, auch in Island herrschten arktische Bedingungen. Mehr als einmal in dieser Periode fror die Ostsee und sogar die Adria zu. Das Maximum dieser letzten Feuchtigkeitsepoche lag ungefähr zwischen dem 13. und 16. Jahrhundert (Gipfel 4). In der Frührenaissance beobachtete man langandauernde Naturkatastrophen. Heftige Stürme verwüsteten die Küsten Europas. Das Wasser des Kaspischen Meeres stieg so hoch, daß ein Teil der Stadt Baku überflutet wurde. In den Alpen und im Kaukasus wurden die Gletscher so mächtig, daß die Geophysiker diese Epoche als kleine Eiszeit bezeichneten. Zeitgenössische Chroniken schildern anschaulich die Auswirkungen der Frostperiode in Europa. In dieser Zeit wurden auch die Küsten der Nordsee häufig von Überschwemmungen heimgesucht.

Ungefähr mit Beginn des 17. Jahrhunderts begann die nächste sehr langsame Klimamilderung. Von neuem wird die Arktis allmählich erwärmt. Diese Veränderung wurde nicht nur durch den hundertjährigen Zyklus, über den wir im vorausgegangenen Abschnitt sprachen, sondern auch durch eine allgemeine, langandauernde, jahrhundertelange Veränderung hervorgerufen. Es sei hier angebracht, noch einmal an das Gekräusel an den Wellen zu erinnern, wobei diesmal der 1800jährige Zyklus mit den Wellen und der hundertjährige Zyklus mit dem Gekräusel zu vergleichen wäre.

In den Alpen zeigten sich nach dem Zurückweichen der Gletscher ausgewaschene Wege der Römer und Reste alter, zerstörter Gebäude. Gleiches beobachtete man im Kaukasus, wo nach dem Zurückgehen des Gletschers am Kluchorpaß Reste einer alten Straße erkennbar wurden. Von neuem trocknete das Kaspische Meer aus, verflachten die Seen in Sibirien, und auf Franz-Joseph-Land schwanden die Gletscher so schnell, daß diese Insel nach heutiger Voraussicht ungefähr in drei Jahrhunderten völlig eisfrei sein wird. Was die Sahara betrifft, so erwartet sie die nächste Regenperiode ungefähr im 33. Jahrhundert.

Sie haben sicherlich erraten, daß wir bei allen diesen sich in der Geschichte der Erde widerspiegelnden jahrhundertelangen Zyklen die „Schuld“ bei der Sonne suchen. Und es ist tatsächlich schwer, eine andere Ursache zu finden, die so umfassend im Verlauf von Hunderten und Millionen von Jahren wirksam werden würde. (Erinnern Sie sich nur an den 1800jährigen Zyklus in den Ablagerungen am Züricher See.) Andererseits ist gut bekannt, daß sich sowohl der 11jährige als auch der 33jährige Zyklus sowie schließlich die jahrhundertelangen Schwankungen der Sonnenaktivität völlig klar in der Zirkulation der Atmosphäre und dadurch auch in den entsprechenden meteorologischen und klimatischen Veränderungen widerspiegeln. Ist es nicht ganz selbstverständlich, der Sonne auch den 1800jährigen Zyklus zuzuschreiben?

Bisher ist nicht klar, welche Erscheinungen auf der Sonne solche langzeitigen Rhythmen hervorrufen — das muß noch erforscht werden. Aber das Ergebnis wird schon jetzt positiv eingeschätzt.

Schmilzt die Antarktis?

Heute ist die Antarktis der rauheste Kontinent der Erde. 98 Prozent des gesamten Eises der Erde entfallen auf den Eispanzer der Antarktis. In den zentralen Gebieten des Eiskontinents werden während der Zeit der Polarnacht die niedrigsten Temperaturen auf der Erde registriert, —88,3 °C. In der sowjetischen Station „Wostok“, die sich nahe dem südlichen Kältepol befindet, gab es in der Zeit von 10 Jahren, in der dort gearbeitet wurde, niemals Temperaturen, die wärmer als —21 °C waren, aber während der langen halbjährigen Polarnacht herrschten dort Temperaturen von —70 °C. Die Temperaturdifferenzen zwischen der Raumluft in der Station „Wostok“ und der Außenluft betragen 110 bis 115 grd.

Die Antarktis ist nicht nur der kälteste, sondern auch der stürmischste Kontinent. An der Küste erreicht der Wind 60 m/s, in einzelnen Windstößen 250 m/s. Das Wort Orkan erscheint in diesem Fall noch als zu mäßig. Dem arktischen Frost entspricht bei Sturmwetter etwa eine Temperatur von —180 °C bei Stille.

Um den Eispanzer der Antarktis mit einer Dicke von 3 km aufzutauen, wäre es notwendig, daß sich die mittlere Temperatur der Erdkugel insgesamt um 2,5 grd erhöht. Es ist interessant, daß in den letzten hundert Jahren infolge der allgemeinen Erwärmung die mittlere Temperatur der Arktis um 1 grd anstieg. Wie schon gesagt wurde, erwärmt sich auch die Antarktis, aber die Erhöhung der mittleren Temperatur der ganzen Erde um 2,5 grd erfordert eine anhaltende und grundlegende, ja radikale Veränderung des Klimas.

Wenn es dazu kommen sollte, und das ist sehr wahrscheinlich, daß das Eis der Antarktis abtaut, so erhöht sich das Niveau der Weltozeane um 70 Meter. Es ist nicht schwierig zu begreifen, daß dabei Inseln und Länder untergehen und daß sich die Küsten der Kontinente ganz wesentlich verändern werden. Seien Sie beruhigt, wenn das eintreten sollte, dann jedenfalls nicht früher als in vielen Jahrtausenden — eine grundlegende klimatische Veränderung tritt sehr langsam ein. Es sei übrigens bemerkt, daß sich bei unsachgemäßer Anwendung der Technik durch den Menschen viele gefahrvolle Prozesse in der Natur beschleunigen können. Alljährlich treten aus verschiedenen Industrieeinrichtungen 6 Milliarden Tonnen Kohlendioxid in die Atmosphäre. Dieses Gas spielt die Rolle einer Decke — es verhindert die Wärmeabgabe von der Erde in den Weltraum. Wenn das Wachstum der Industrie sich in demselben Tempo vollzieht wie bisher, so erhöht sich bis zum Jahre 2080 die mittlere Erdtemperatur um 2,2 grd. Würde das Tempo sogar noch anwachsen, so bestünde die Gefahr, daß das Antarktiseis schon in dem nächsten Jahrhundert schmilzt.

Man kann errechnen, daß bei einem Absinken der mittleren Temperatur der Erde um 4 bis 5 grd eine neue Eiszeit eintritt. Der Eispanzer würde dann fast ganz Nordamerika, Europa, Sibirien und China bedecken. Anders gesagt, die Veränderung der mittleren Temperatur um einige Grad kann entweder der Erde eine neue Eiszeit bringen oder, im Gegensatz dazu, fast ihre ganze Oberfläche mit einem Ozean bedecken.

Jetzt wird schon von der Wissenschaft anerkannt, daß es in der Erdgeschichte oftmals Eiszeiten und auch andere Perioden gab, die grundlegend das Antlitz des Planeten veränderten. So traten Erwärmungsperioden ein, in denen die Antarktis vom Eis befreit war und unsere Erde den Namen „Planet Ozean" verdient hätte. Diese äußerst langsamen, jedoch in ihren Auswirkungen gewaltigen klimatischen Veränderungen wurden von der Amplitude nach kleineren, aber häufigeren und schnelleren Veränderungen des Klimas überlagert, aus denen sich im Wechsel sowohl Eiszeitperioden als auch Wärme- und Feuchtigkeitsperioden ergaben.

Denken Sie nicht, der Autor würde sich wiederholen und von neuem über das sprechen, worüber schon im vorigen Kapitel gesprochen wurde. Nein, wir betrachten jetzt die Klimaschwankung als gewaltige, als wahrlich astronomische Zeitspanne.

Unter den Geologen gibt es bis jetzt keine einheitliche Meinung über die mittlere Zeitspanne zwischen den benachbarten Eiszeiten oder Eisperioden. Außerdem treten auch hier in der Natur nicht genaue Perioden, sondern Zyklen auf. Es ist jedoch möglich, auf Grund der Untersuchungen von Eiszeitablagerungen einige mittlere Intervalle angenähert zu bestimmen. So wiederholen sich nach den Untersuchungen des sowjetischen Geologen *G. F. Lungershausen* die Eiszeitepochen in der Geschichte der Erde alle 180 bis 200 Millionen Jahre. Die Intervalle zwischen den Eiszeitperioden sind bedeutend kürzer und liegen im Mittel in der Nähe einiger zehntausend Jahre.

Unsere Generation lebt in einer Zwischeneiszeitepoche. Die letzte Eiszeitepoche endete ungefähr vor vierzigtausend Jahren. Wenn diese Vorstellung richtig ist, war die Antarktis wahrscheinlich vor Hunderttausenden von Jahren oder Millionen von Jahren eisfrei.

Möge der Leser nicht über die Unmöglichkeit einer exakten Bestimmung der Zeiträume und der damit zusammenhängenden charakteristischen Ereignisse klagen. Die Schwierigkeiten, die vor den Geologen stehen, sind groß. Die genaue und chronologisch richtige Analyse der Geschichte der Erde, die sich über Milliarden von Jahren erstreckt, ist eine Aufgabe außerordentlicher Kompliziertheit. Es besteht jedoch kein Zweifel, daß neben den Klimaschwankungen, die sich über Jahrzehnte erstrecken, auch äußerst langzeitige, aber dafür grundlegende klimatische Veränderungen existieren, deren Dauer Millionen von Jahren beträgt. Bildlich gesprochen, es gab in der Erdgeschichte viele Male kosmische Winter, die sich über Zehnmillionen von Jahren erstreckten. Diesen folgten jeweils unvermeidlich mit ähnlicher Dauer das kosmische Frühjahr und Sommer. Diese Veränderungen ergriffen die ganze Erde, und schwerlich kann man bezweifeln, daß die Ursache des Wechsels der Eiszeitepochen im Kosmos zu suchen ist. Außerdem findet man Spuren der Vereisung sogar in den archäischen, also ältesten Schichten der Erdrinde. Welche irdische Ursache könnte so lange und so beständig wirken?

Über die Ursache des Wechsels der Eiszeitepochen gibt es viele Hypothesen. Einige Wissenschaftler glauben, daß die allgemeine Sonnenausstrahlung periodisch nachläßt. Aber dies stimmt nicht mit den vieljährigen Messungen der sogenannten Sonnenbeständigkeit überein, der Größe, die die allgemeine Sonnenausstrahlung, d. h. aller Strahlen, charakterisiert. Sie ist tatsächlich konstant, und es gibt keine ersichtliche physikalische Ursache, die sie veranlassen würde, periodisch zu schwingen.

Im interstellaren Raum beobachten die Astronomen eine große Anzahl sogenannter dunkler Nebelflecken — gigantische Wolken kosmischen Staubes und Gases. Womöglich taucht die Sonne mit den Planeten beim Flug um das Zentrum unseres Sternsystems der Galaxis in solche Nebelflecken, und das spiegelt sich im Wärmeregime der Erde wider. Dazu ist zu sagen, daß erstens auf dem galaktischen Wege der Sonne keine Nebelflecken feststellbar sind, die fähig wären, die Rolle eines Dunkelfilters zu spielen. Zweitens, und das ist die Hauptsache, sind die dunklen Staubnebel so dünn, daß die Sonne, würde sie in diese eintauchen, nach wie vor blendend hell erstrahlte.

Die Periode zwischen den Eiszeitepochen (180 bis 200 Millionen Jahre) entspricht etwa der Periode des Umlaufes der Sonne um das Galaxiszentrum. Erleidet vielleicht die Sonne jedesmal, wenn sie sich dem galaktischen Zentrum nähert, eine erhöhte Einwirkung des Gravitationsfeldes des Zentrums, oder, einfacher gesagt, seiner Anziehungskraft?

Doch die galaktische Umlaufbahn der Sonne unterscheidet sich wenig von einem Kreis. Außerdem verleiht das Gravitationsfeld des galaktischen Kerns allen Teilen der Erde die gleiche Beschleunigung, was aber bedeutet, daß es keine Störungen im Festkörper der Erde oder in ihrer Atmosphäre hervorrufen kann. Ähnlich diesem Vorgang wird sich die starke Schwerkraft des Jupiters den künftigen Kosmonauten, die nahe dem Jupiter fliegen, nicht bemerkbar machen. Anders ist es, wenn sie auf seiner Oberfläche landen.

Es wurde auch noch eine Reihe anderer, aber weniger wahrscheinlicher Hypothesen aufgestellt, auf die hier nicht eingegangen werden soll. Es ist nicht notwendig, irgendwelche besonderen Ursachen für die klimatischen Veränderungen großer Zeiträume zu suchen. Beschäftigen wir uns vielmehr mit der begründeten Meinung des bekannten sowjetischen Astronomen *M. S. Eigenson*, wonach alle Klimaschwankungen (sowohl kleine als auch große, sowohl schnelle als auch äußerst langsame) durch eine Ursache hervorgerufen werden — durch die verschiedenen Zyklen der Sonnenaktivität. Bislang wissen wir nicht, in welcher Erscheinung auf der Sonne sich der 1800jährige Zyklus äußert, um so weniger wissen wir das natürlich von den Zyklen, die Zehntausende oder Millionen von Jahren dauern. Jedoch in der Erdrinde, in ihren Ablagerungen, aber auch in anderen Erderscheinungen sind sowohl kurzzeitige als auch langzeitige Zyklen fixiert, die einen fast ebenso genau wie die anderen. Von den kurzzeitigen Zyklen ist zuverlässig bekannt, daß sie durch die Sonne hervorgerufen werden. Ist es nicht folgerichtig, die Sonne auch für den „Schuldigen" an allen übrigen, sogar an den überlangen Zyklen zu halten? Dann würden die Eiszeitepochen und Eiszeitperioden in jene Zeit fallen, in der die Sonne (in dem entsprechenden Zyklus) die jeweilige passive Phase durchmachte. Mit dem Übergang zur Aktivität, und zwar wieder äußerst langsam, würde die Sonne die Erdatmosphäre erregen. Die meridionale Übertragung würde sich verstärken, die Erdatmosphäre intensiver durchmischen, und so würde die nächste Epoche der Feuchtigkeit und Erwärmung eintreten. Im allgemeinen wiederholt sich demnach ein und dasselbe viele Male — vom 11jährigen leicht erkennbaren Zyklus bis zum kosmischen Zyklus mit einer Dauer von 200 Millionen Jahren, dessen Spuren man nur in den geologischen Ablagerungen finden kann. Die Dauer ist verschieden, aber die physikalischen Mechanismen sind einheitlich — der periodische Wechsel der Zirkulation der Atmosphäre mit allen seinen Folgen. Alles das erinnert an einen Film, der viele Male „abläuft", aber mit unterschiedlichem Tempo — hochtourig bis langsam.

Die Periodizität der Sonnenaktivität ist eine Tatsache, die heute keinerlei Widerspruch mehr hervorruft. Allerdings sind die Gründe, die zu diesen vielperiodischen Schwankungen führen, noch unbekannt. In der Monographie des sowjetischen Forschers *I. Witinski* „Die zyklischen Schwankungen der Sonnenaktivität und ihre Vorhersage" (1973) sind die verschiedenen Hypothesen ausführlich dargestellt. Unter ihnen ist die sogenannte Gezeitenhypothese weit verbreitet, die den 11-Jahres-Zyklus mit einer Gezeitenwirkung des Jupiters auf das Sonneninnere und die Sonnenatmosphäre erklärt. Tatsächlich scheint die Übereinstimmung zwischen der Rotationsdauer des Jupiters um die Sonne und der Dauer des bekannten Zyklus der Sonnenaktivität nicht zufälliger Natur zu sein. Berücksichtigt man noch den

Der Begründer der Heliobiologie Prof. *Alexander Leonidowitsch Tschishewski*

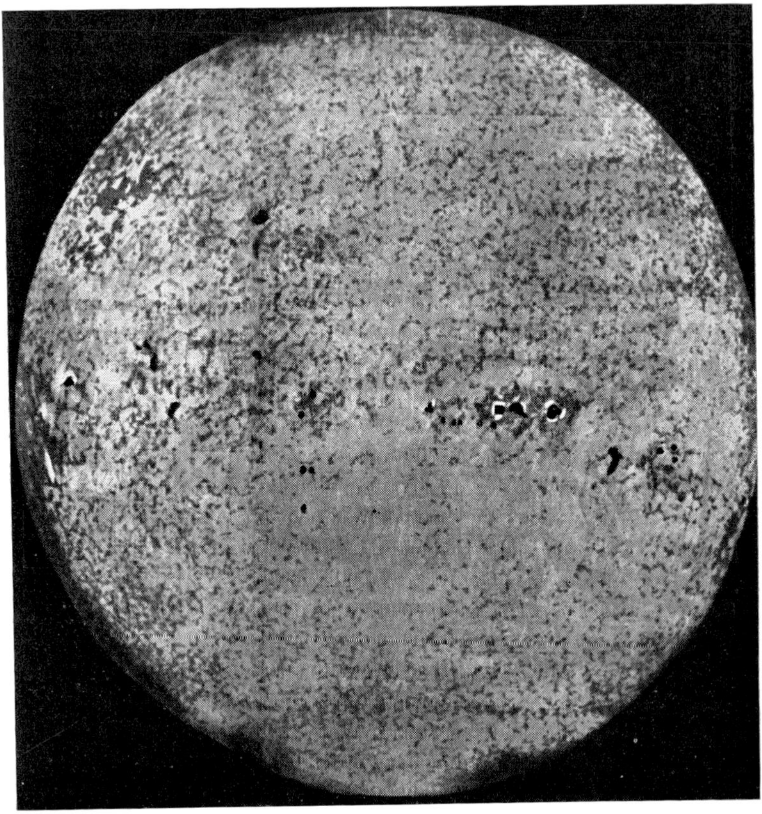

Gesamtansicht der Sonne mit Flecken und Flocculi (Spektroheliogramm)

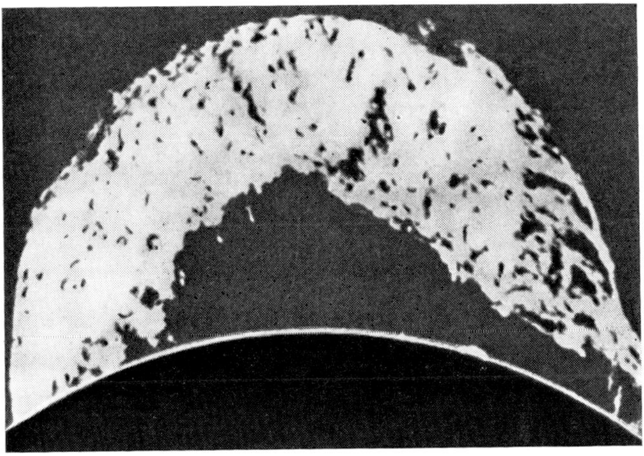

Riesenprotuberanz im Jahre 1956

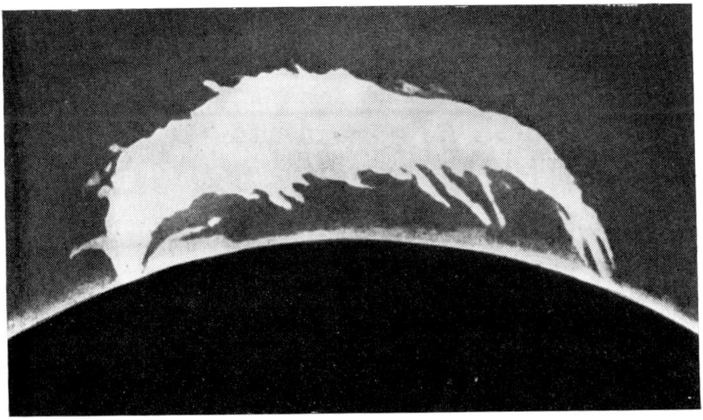

Protuberanz, deren Form einem Ameisenbär ähnelt

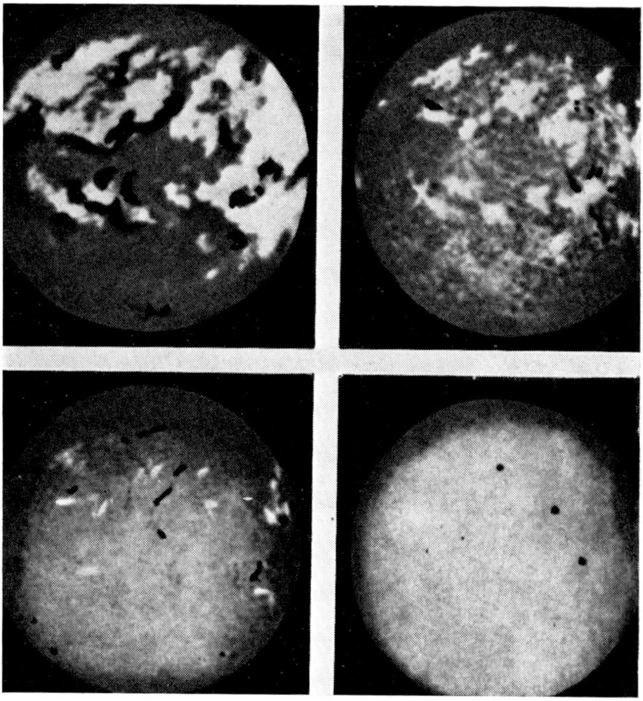

Verschiedene Aufnahmen der Sonne im ultravioletten Licht

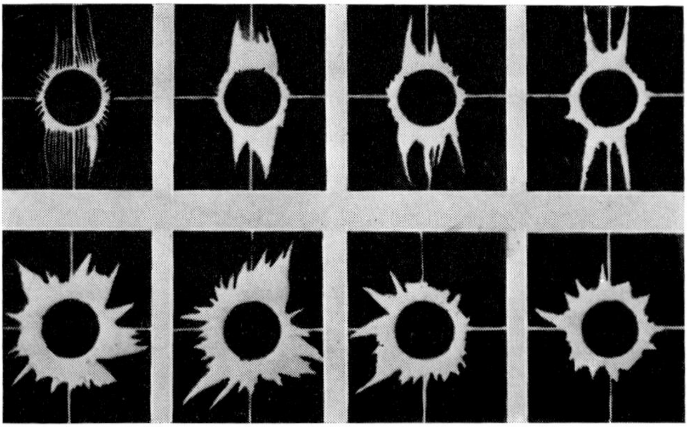

Formen der Sonnenkorona in verschiedenen Phasen der Sonnenaktivität

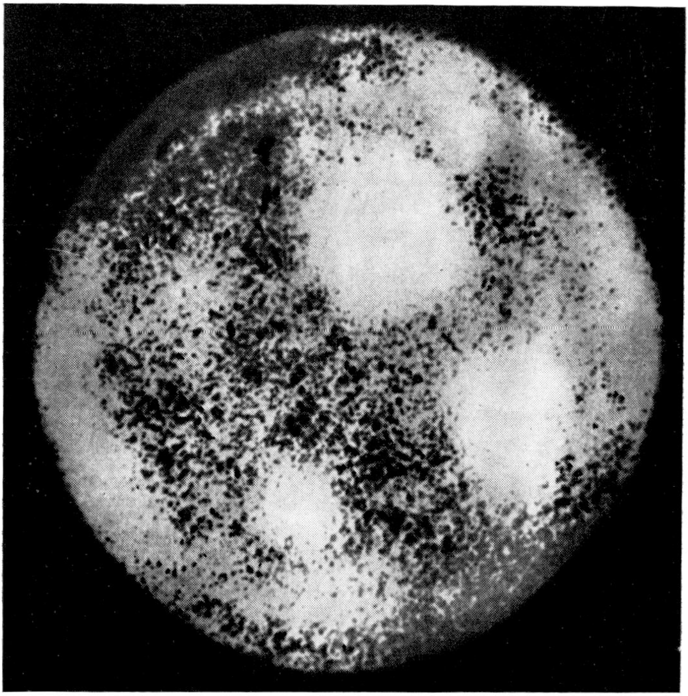

Eine Röntgenaufnahme der Sonne

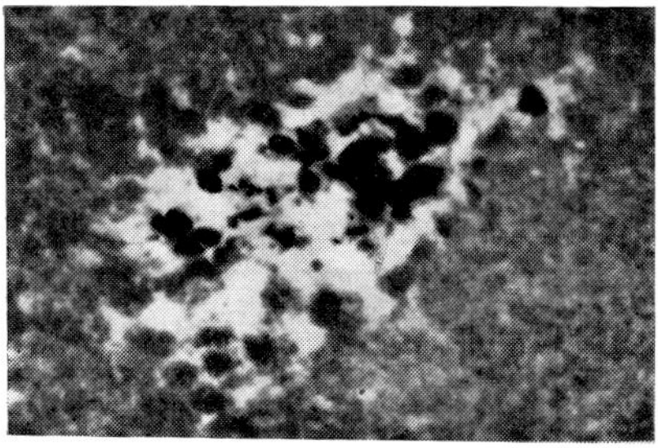

Eine Chromosphäreneruption

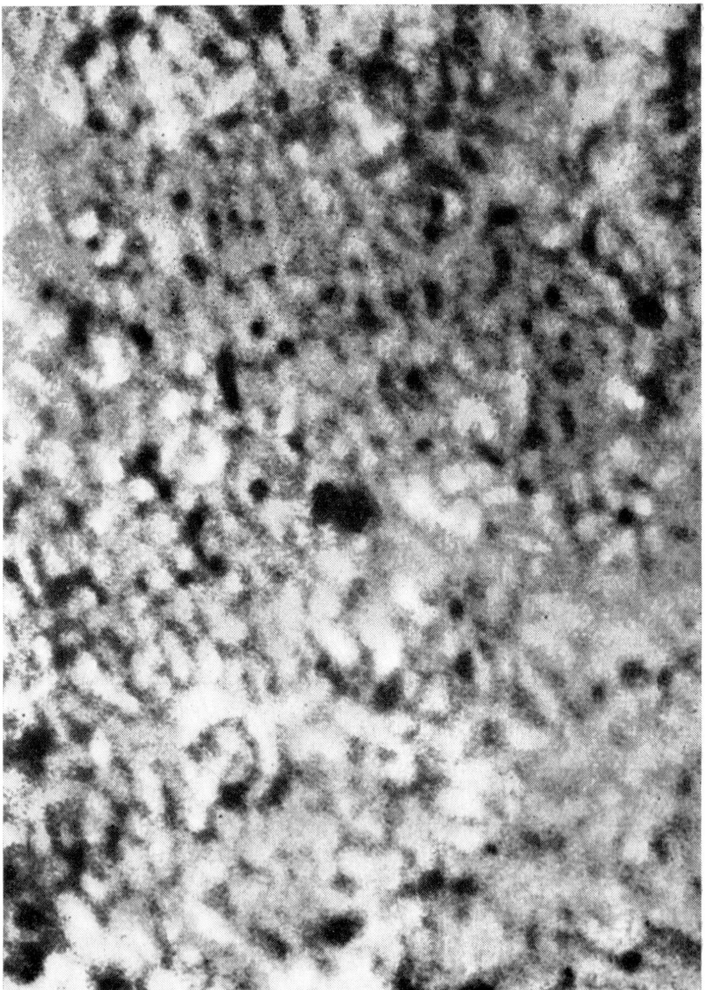

Granulation der Photosphäre

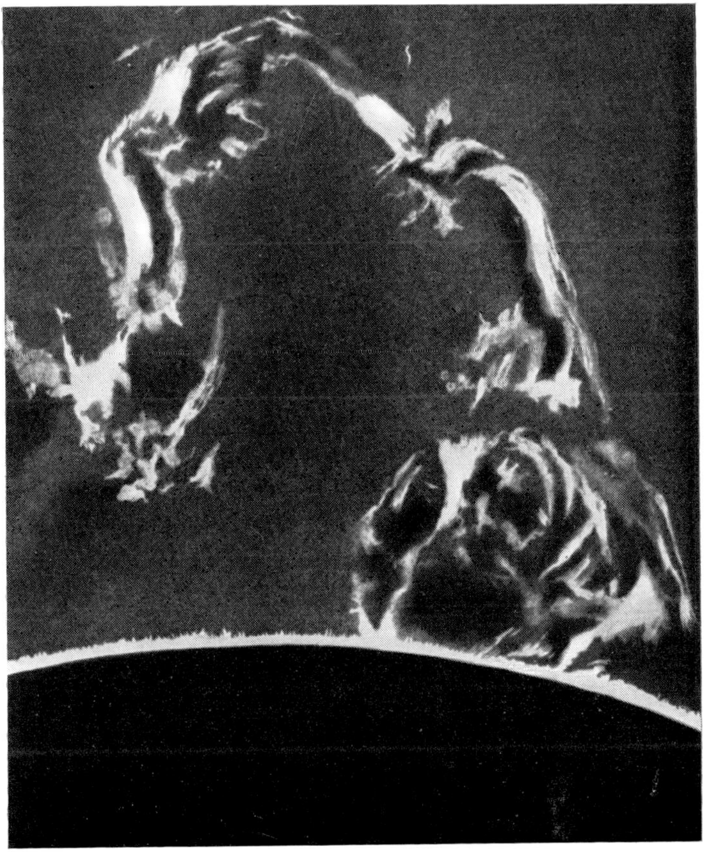

Protuberanz, Chromosphäre und Filamente

Typen von Wasserstoff-Protuberanzen

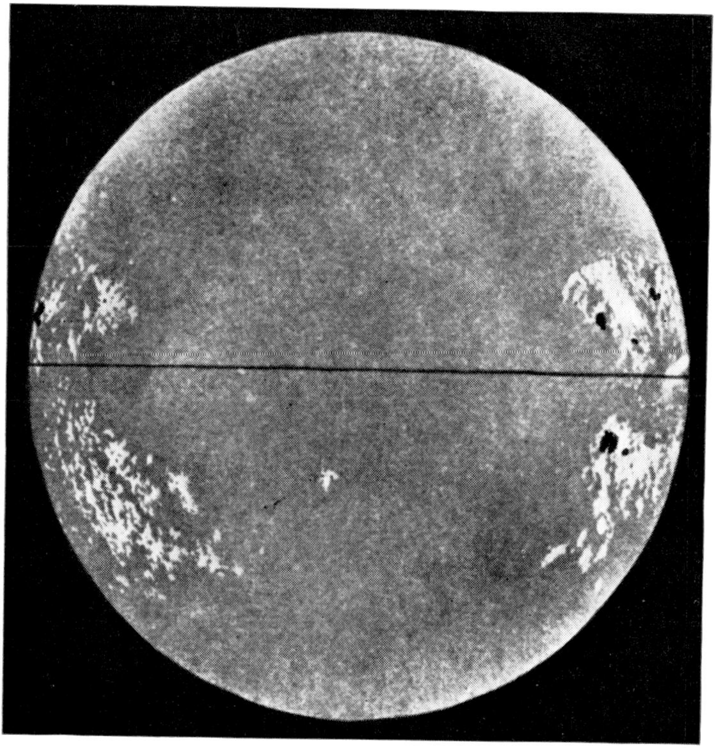

Sonnenfackeln

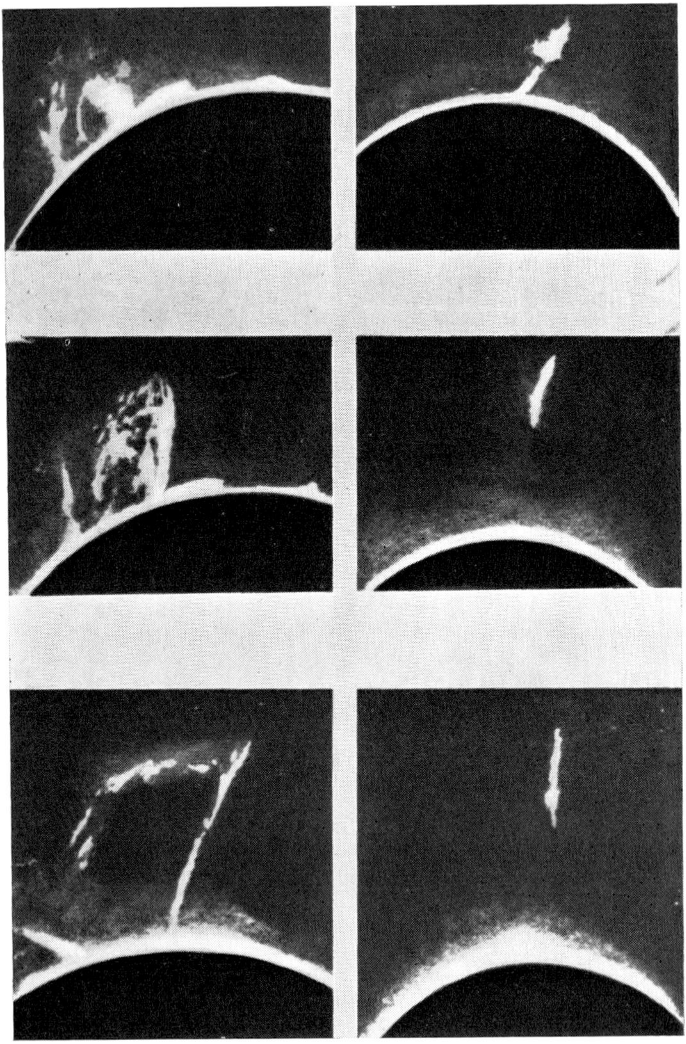

Eruptive Protuberanzen

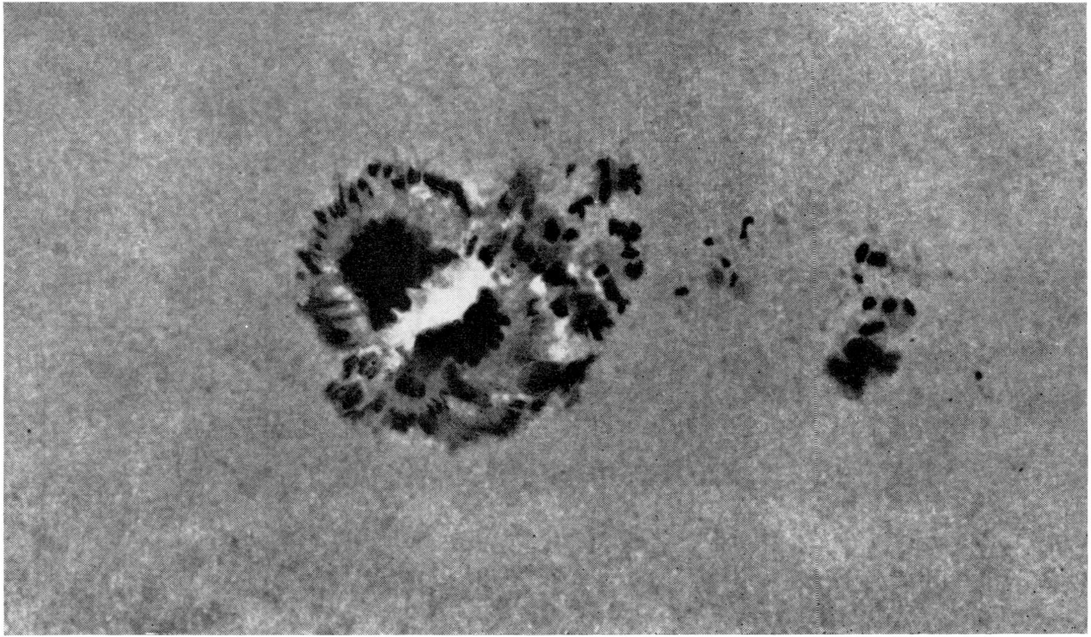

Aufnahme eines großen Sonnenflecks

Fächerförmiges Polarlicht

Bandförmiges Polarlicht

Radioteleskop des Observatoriums in Pulkowo bei Leningrad

Aufnahme der Erde aus Mondnähe durch „Sonde 7“

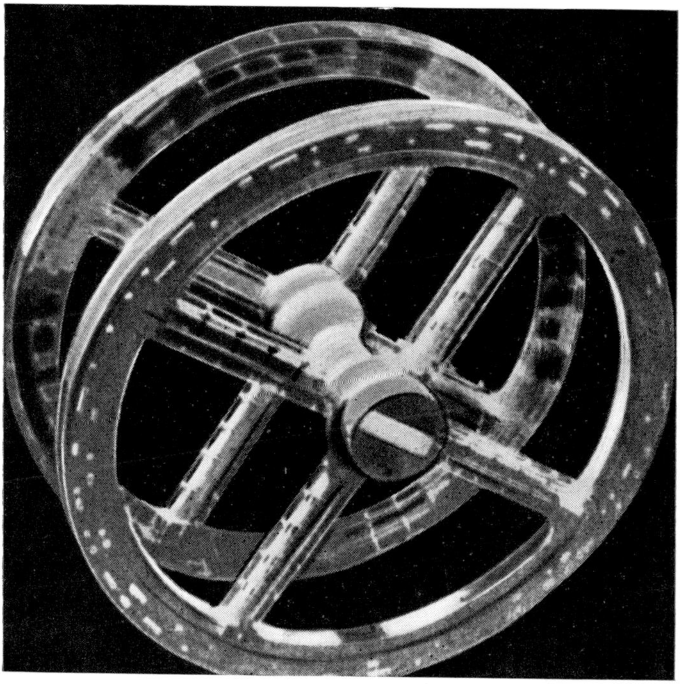

Orbitalstation der Zukunft

Einfluß der anderen großen Planeten, könnte es den Anschein haben, daß die Addition (Superposition) der „Gezeitenwirkungen“ auf die Sonne nicht nur den 11jährigen Zyklus bewirkt, sondern auch die übrigen Zyklen.

Bei näherer Betrachtung erscheint diese Hypothese jedoch sehr unwahrscheinlich. Es konnte gezeigt werden, daß die Höhe der „Flutwellen“ in der Atmosphäre der Sonne, das heißt die „Flut“, die durch den Jupiter und die anderen Planeten ausgelöst wird, einige Millimeter (!) nicht überschreitet. Es ist kaum einzusehen, daß solch eine geringfügige „Flutwelle“ das Sonneninnere erfassen bzw. sogar die gesamte Sonne beeinflussen kann. Aus diesem Grunde wird der Autor in den weiteren Ausführungen von der Hypothese *M. S. Eigensons* ausgehen, da diese wesentlich wahrscheinlicher erscheint. Der Leser sollte aber nicht vergessen, daß auch diese Hypothese nur eine von vielen ist, und daß das Problem der Klimabeeinflussung durch die Sonnenaktivität bei weitem noch nicht endgültig gelöst ist.

Wenn die Hypothese *M. S. Eigensons* der Wirklichkeit entspricht, dann erhält man kein sogenanntes Kräuseln der Wellen, sondern irgendein vielstufiges System von Wellen, von denen jede im Verhältnis zur vorigen (oder folgenden) ein Kräuseln ist. Wie bringt es die Sonne fertig, gleichzeitig mit verschiedenen Amplituden und Perioden zu schwingen? Ist so etwas möglich?

In der Macht der Sonne

Wissen Sie, wie eine Saite schwingt? Eine beliebige, gewöhnliche, zum Beispiel die einer Gitarre?

Erfassen wir die Saite in der Mitte und lassen wir sie los! Die Schwingung der Saite, verstärkt durch den Resonator, erzeugt den Ton. Aber die Bestandteile dieses Tons sind nicht einfach. Es erweist sich, daß nicht nur die ganze Saite, sondern auch gleichzeitig ihre Einzelteile schwingen.

Die Saite als Ganzes gibt den Hauptton. Die Hälften der Saite geben, da sie schneller schwingen, einen höheren Ton — den sogenannten ersten Oberton. Aber auch die Hälften der Hälften oder, anders gesagt, jeder der Vierteile der Saite schwingen selbständig, geben einen noch

Bild 15. Die Schwingungen der Sonnenaktivität enthalten, wie auch die Schwingungen der Geigensaite, Obertöne

höheren Ton — den zweiten Oberton. Theoretisch kann man diese Überlegungen bis in die Unendlichkeit fortsetzen. Es ist wichtig, daß der volle Saitenton sich nicht nur aus dem Hauptton, sondern auch aus allen Obertönen, dem ersten, zweiten, dritten usw., zusammensetzt. Je größer jedoch die Nummer des Obertons ist, desto geringer ist die Amplitude der Schwingung des entsprechenden Teiles der Saite, das bedeutet — der Ton ist um so leiser.

Diesen kleinen Ausflug in die Theorie der Saiteninstrumente haben wir nicht ohne Grund unternommen. Die Sache ist die, daß nach der Hypothese *M. S. Eigensons* sich unsere Sonne in gewissem Sinne ähnlich einer Saite verhält.

Erklären wir, was darunter zu verstehen ist. Irgendwann, vor Milliarden von Jahren, begann im Sonneninnern jener Proton-Protonen-Zyklus der Kernreaktionen zu wirken, der die Strahlung der Sonne auch in unseren Tagen aufrechterhält. Der Übergang zu diesem Zyklus wurde unzweifelhaft von irgendeinem inneren Umbau begleitet. Von ihrem früheren Zustand des Gleichgewichts ging die Sonne sprunghaft in einen neuen Zustand über. Das blieb nicht ohne Folge! Die Sonne ertönte gewissermaßen wie eine Saite, die aus dem Zustand der Ruhe herausgeführt wird. Natürlich ist das Wort „ertönen“ nur in dem Sinne zu verstehen, daß in der gigantischen Masse der Sonne irgendwelche Schwingungs- und rhythmischen Prozesse entstanden sind. Es begannen nach Vermutung *M. S. Eigensons* zyklische Übergänge von der Aktivität zur Passivität und zurück. Diese bis in unsere Tage wirksamen, aber schon vor langer Zeit entstandenen Schwingungen drücken sich in den Zyklen der Sonnenaktivität aus. Es besteht kein Zweifel, daß es mehr Sonnenzyklen gibt, als wir jetzt annehmen können. Bemerkenswert ist aber, daß sie anscheinend alle in einem einheitlichen System zusammengefaßt werden können. Tatsächlich kann man den Briknerschen 33jährigen Zyklus als verdreifachten 11jährigen Zyklus betrachten. Das ist völlig logisch — wirkt doch auf die Sonne ein 22jähriger, verdoppelter Zyklus. Der hundertjährige Zyklus (80 Jahre) liegt in der Nähe des siebenfachen 11jährigen Zyklus usw. Selbstverständlich sind hier die Verhältnisse nicht völlig exakt. Aber die Sonne ist ja auch nicht völlig einer Saite gleich. Alle Schwingungen der Saite besitzen eine genaue Periode. Die Sonnenschwingungen sind zyklische Rhythmen, in denen sich ein Zyklus stark von einem anderen unterscheiden kann, und erst im Durchschnitt wird die Gesetzmäßigkeit sichtbar.

Wenn man die verlockende und sehr glaubwürdig erscheinende Hypothese *M. S. Eigensons* akzeptiert, so erhalten alle Sonnenrhythmen eine allgemeine und überzeugende Erklärung. In der Tat, wenn die Sonne einer Saite ähnelt, bedeutet das, daß sie sofort und gleichzeitig mit den verschiedensten Perioden schwingen kann.

Die Periode der 200 Millionen Jahre, als Abstand zwischen den benachbarten Epochen der Vereisung, spielt wahrscheinlich in den zyklischen Schwingungen der Sonnenaktivität die Rolle des Haupttons. Die Veränderungen sind in diesem Fall äußerst langsam, aber dafür ist die Amplitude der Schwingung des Erdklimas sehr groß. Die Zyklen mit einer Dauer von 1800, 80, 33, 22 und schließlich 11 Jahren — das sind einige der Obertöne, die die Hauptschwingung ergänzen, gewissermaßen das kleine Kräuseln unterschiedlicher Größe auf der Hauptwelle. In allen Fällen ist die Hauptursache der Klimaschwankungen der zyklische Wechsel der atmosphärischen Zirkulation. Sie werden zustimmen, daß das entworfene Bild durch seinen klaren Aufbau und die Einheit des Planes besticht.

Bis jetzt beschränkten wir uns, als wir über die Beeinflussung der Erde durch die Sonne sprachen, nur auf die äußeren Hüllen des Planeten — auf seine Magnetosphäre und Atmosphäre. Indessen ist zuverlässig festgestellt worden, daß die Sonne buchstäblich die ganze Erde erregt — sowohl die Ozeane, die Erdrinde als auch schließlich die Erdkugel in ihrer Gesamtheit.

Der sowjetische Forscher *I. W. Maximow*, über dessen Arbeiten wir schon sprachen, entdeckte als einer der ersten, daß in den Veränderungen des Niveaus des Weltozeans ein 11jähriger Rhythmus feststellbar ist. Später fand man, daß der Ozean auch auf den 100jährigen Rhythmus der Sonne fein reagiert. Ebenso aufmerksam folgt auch die Temperatur des Ozeanwassers dem Sonnenrhythmus. So erhöhte sich zum Beispiel in der Färöer-Schottland-Meerenge im Verlaufe der letzten 6 Jahrzehnte mit dem Wachstum der Sonnenaktivität jedesmal auch die Temperatur des Wassers. Es änderten sich, im Rhythmus der Sonne, die Intensität und die Lage verschiedener Meeresströmungen, darunter des Golfstromes. Insgesamt erregt sich in den Perioden der Sonnenaktivität auch der Ozean — es verstärkt sich die Wasserzirkulation, es erhöhen sich seine Temperatur und das Niveau.

Es könnte der Eindruck entstehen, daß die feste Hülle der Erde, ihre Lithosphäre zu fest ist, um auf die Sonnenaktivität zu reagieren. Aber das ist nicht so. Zwischen der Atmosphäre, der Hydrosphäre und der Lithosphäre gibt es keine unüberbrückbaren Grenzen. Alle diese Hüllen stehen untereinander in Wechselwirkung. Veränderungen in der Atmosphäre und im Ozean wirken sich unmittelbar auf die Erdrinde und sogar auf die Tiefen der Erde aus. Ein einfaches Beispiel soll diesen Gedanken erklären.

Die gegenwärtige allmähliche Erwärmung der Arktis bewirkt auch ein Schmelzen der skandinavischen Gletscher. Das Schmelzwasser fließt in den Ozean, aber die erleichterte skandinavische Halbinsel taucht langsam aus jener plastischen Masse von Stoffen auf, auf der alle Kontinente schwimmen. Das langsame Anheben der skandinavischen Halbinsel ist den Geologen schon lange bekannt. Aber auch diese geologischen Ereignisse werden letzten Endes durch die Veränderungen der Sonnenaktivität hervorgerufen.

Es ist bekannt, welche bedeutende Rolle die Prozesse

des Verwitterns bei der Ausbildung der Erdoberfläche haben. Aber Winde und Niederschläge hängen vom Charakter der Zirkulation der Atmosphäre ab, das letztere ist direkt verbunden mit den Sonnenrhythmen.

Schon 1858 gelang es erstmals, eine auf den ersten Blick seltsame Beziehung festzustellen. Es erwies sich, daß Erdbeben um so stärker und häufiger waren, je mehr Flecken sich auf der Sonne befanden. Zunächst schien das ein zufälliges Übereinstimmen zu sein, mehr nicht. In Wirklichkeit kann auch diese Beziehung physikalisch vollkommen erklärt werden.

Erinnern Sie sich an einen virtuosen Eisläufer, einen Meister des Kunstlaufens. Auf einer Stelle dreht sich der Sportler um seine Achse. Solange er die Arme eng anlegt, dreht er sich rasch. Hebt er jedoch die Arme zur Seite, verringert sich seine Umdrehungsgeschwindigkeit.

Hier wirkt ein bekanntes Gesetz der Mechanik. Je näher sich die Masse an der Umdrehungsachse konzentriert, um so größer ist die Winkelgeschwindigkeit der Drehung. Die Masse des sich drehenden Körpers bleibt dabei konstant, es verändert sich, wie der Physiker sagt, nur das Trägheitsmoment — die Größe, die die Verteilung der Masse im Verhältnis zur Drehachse charakterisiert. Die Sonne bringt die Erdatmosphäre in Aufruhr, daraufhin erfolgt eine Umverteilung der Luftmassen. Folglich verändert sich auch die Lage dieser Massen im Verhältnis zur Umdrehungsachse der Erde. Es ist nicht erstaunlich, daß die Erde sofort darauf reagiert und die Umdrehungsgeschwindigkeit verändert. Manchmal vollziehen sich diese Übergänge fließend, manchmal heftig. Aber wahrscheinlich wirken sich diese Veränderungen der Umdrehungsgeschwindigkeit der Erde auch immer auf die Verteilung der inneren Massen aus. So wie die plötzlich bremsende Straßenbahn die stehenden Fahrgäste in Bewegung bringt, so führen die „Rucke" in der Erdumdrehung zur Entstehung von Rissen in der Erdrinde, zum Erwachen bisher ruhender Vulkane. So — wenn auch nur in allgemeinen Zügen — läßt sich die Beziehung von Sonnenaktivität und Erdbeben erklären.

Die Erdpole bleiben nicht an einem Platz. Wie bekannt ist, sind sie unaufhörlich in Bewegung und zeichnen auf der Erdoberfläche eine komplizierte Kurve. Das „Wandern" der Pole ist aber sehr begrenzt und überschreitet nicht die Grenzen eines Gebietes von einigen hundert Quadratmetern. Die Bewegung der Pole wird dadurch hervorgerufen, daß die Drehachse der Erde ihre Lage im Planetenkörper verändert. Dafür gibt es mehrere Ursachen. Insbesondere zeigt es sich, daß die Saisonumverteilung der Luftmassen in der Erdatmosphäre nicht nur die Umdrehungsgeschwindigkeit unseres Planeten, sondern auch die Lage seiner Pole beeinflußt.

Es ist bemerkenswert, daß *I. W. Maximow* in der Bewegung der Erdpole unverkennbare Spuren eines 11jährigen und eines 100jährigen Zyklus aufdeckte. Daraus folgt, daß die Sonnenaktivität nicht nur alle Erdhüllen, sondern auch sogar die Erde als Ganzes — diese unvorstellbar große Kugel mit einer Masse von 10^{21} Tonnen — erregt.

Bevor dieses Kapitel endet, müssen wir noch eine Bemerkung machen, die ein wenig dazu beitragen sollen, daß ein übertriebener Eindruck von der Allgewalt der Sonne ein wenig gemäßigt wird. So hatten wir, als wir über die Sonnenrhythmen in den Klimaschwankungen sprachen, den Blick nur auf die Hauptursachen solcher Schwankungen gerichtet. Es gibt naturgemäß auch andere Ursachen. Zum Beispiel besteht zwischen dem radioaktiven Zerfall, der sich im Innern der Erde in verschiedenen Gesteinsschichten vollzieht, und der Sonne auf keinen Fall eine Beziehung.

Die kosmischen Beziehungen der Biosphäre

Das Wort „Biosphäre“ ist ein Begriff, der bereits Ende vorigen Jahrhunderts von dem österreichischen Geologen *E. Süß* in die Biologie eingeführt wurde. In der wörtlichen Übersetzung bedeutet es „Sphäre des Lebens“. Eine umfassende Theorie über die Biosphäre wurde durch den bedeutenden sowjetischen Mineralogen und Geochemiker *Wladimir Iwanowitsch Wernadski* ausgearbeitet.

Leben trifft man auf der Erde buchstäblich überall an. Die Sporen von Bakterien und Pilzen fliegen weit in die Stratosphäre, bis in eine Höhe von mehr als 20 km. Festland und Ozean wimmeln förmlich von Lebewesen. In der Erdrinde, in Schächten mit einer Tiefe von etwa 3 km, befinden sich anaerobe Bakterien, die bei völligem Fehlen von Sauerstoff voll lebensfähig sind. Kurz gesagt — in der Lithosphäre, der Hydrosphäre und der Atmosphäre, wohin der Mensch auch dringen mag, fast überall trifft er Leben an. Nur in sehr großen Höhen der Atmosphäre und in der Tiefe der Erdkugel herrschen Bedingungen, die das Leben ausschließen. Im übrigen bedarf, so scheint es, sogar diese einleuchtende Behauptung einer experimentellen Überprüfung.

Das Leben existiert auf der Erde mindestens 3 Milliarden Jahre. In dieser Zeit erfolgte die Evolution von den einfachsten Organismen bis zu den vernunftbegabten Wesen. Nach Meinung Professor *Wernadskis* ist „die Entstehung des Lebens das Produkt eines komplizierten kosmischen Prozesses, ein notwendiger und gesetzmäßiger Teil eines geordneten kosmischen Mechanismus“. Das Leben ist nicht nur eine irdische, sondern auch eine kosmische Erscheinung. Das bedeutet, daß sich das Leben auf der Erde von den ersten Schritten an bis in unsere Tage nicht isoliert von der kosmischen Umwelt entwickelt hat, sondern im

Gegenteil ständig in Wechselwirkung mit ihr steht. Die Einwirkungen des Kosmos beeinflussen alle Lebewesen der Erde, die die jetzige Biomasse im Gewicht von 1000 Billionen (10^{15}) Tonnen bilden.

Wenn die kosmischen Rhythmen alle nichtorganischen Schichten der Erde und sogar die gesamte Erdkugel erfassen, dann kann man um so mehr annehmen, daß sich diese Rhythmen im Leben aller Bewohner unseres Planeten widerspiegeln. Sie können nicht der physikalischen Umwelt gegenüber indifferent bleiben. Aber unter der *äußeren Umwelt*, wie es vor vielen Jahren *A. L. Tschishewski* ausdrückte, „müssen wir die ganze uns umgebende Welt mit der großen Vielfalt der verschiedenen Arten von Reizursachen verstehen".

„Wir haben das Recht, die gesamte organische Welt unseres Planeten als Widerspiegelung, als Schöpfung eines kosmischen Prozesses, der Hunderte von Millionen Kilometer von uns entfernt vor sich geht, zu betrachten", erklärte *A. L. Tschishewski*. „In diesem Sinne können wir das Leben als eine kosmische Erscheinung, als Produkt kosmischer Kräfte betrachten."

Die Fakten zeigen, daß in der Tat die Biosphäre ungewöhnlich sensibel auf alle kosmischen Rhythmen reagiert. Wir werden nicht darüber sprechen, wie die Lebewesen auf den Wechsel von Tag und Nacht oder auf den Wechsel der Jahreszeiten reagieren — diese Tatsachen sind allgemein bekannt. Unser Ziel ist es, den Leser mit einigen viel weniger bekannten Fakten der kosmischen Beziehungen der Biosphäre vertraut zu machen.

Die Sonnenrhythmen der Pflanzen

Schon im 3. Jahrhundert v. u. Z. richtete der römische Schriftsteller *Caton der Ältere* die Aufmerksamkeit darauf, daß in der Periode „der Verfinsterung der Sonne" die Getreidepreise sich bemerkbar verminderten. Im 17. Jahrhundert spricht *Batista Balliani*, ein Zeitgenosse und Freund von *Galilei*, in einem seiner Briefe an den großen italienischen Astronomen die Vermutung aus, daß die Sonnenflekken abkühlend auf die Erde wirken, und daß das wiederum Einfluß auf die Pflanzenwelt des Planeten habe. Schwerlich wußte *Friedrich Wilhelm Herschel*, der berühmte englische Astronom (1738—1822), von diesem Brief *Ballianis*. Aber auch ihn interessierte der Einfluß der Sonnenflecken auf die Pflanzen. In dieser Zeit war der 11-Jahres-Zyklus noch nicht bekannt, aber die Astronomen wußten, daß in verschiedenen Jahren die Fleckenhäufigkeit auf der Sonne unterschiedlich ist.

Herschel sammelte die Beobachtungen über die Sonnenflecken von fast 2 Jahrhunderten und stellte sie dem Marktpreis des Weizens gegenüber. Der Zusammenhang konnte als bewiesen gelten. Je fleckenreicher die Sonne war, desto billiger war der Weizen. Uns ist der Zusammenhang verständlich. In Jahren mit hoher Sonnenaktivität befeuchtet der Regen reichlich die Erde. Man erhält eine reiche Ernte, der Marktpreis des Weizens fällt entsprechend.

Später unterzogen viele Wissenschaftler diesen augenscheinlichen Zusammenhang zwischen Ernte und Sonnenflecken einer Überprüfung. So folgten beispielsweise in Frankreich die Preisveränderungen für den Wein unmittelbar den Schwankungen der Sonnenaktivität, d. h., der Ernteertrag des Weines stieg ebenso wie beim Weizen insbesondere dann, wenn die Sonne mehr Flecken hatte.

Unlängst, im Jahre 1969, stellten die Leningrader Biologen *I. I. Minkewitsch*, *T. I. Sacharowa* und *N. A. Schibkowa* fest, daß ein enger Zusammenhang zwischen der Sonnenaktivität und einigen Krankheiten landwirtschaftlicher Kulturen (z. B. Weizenbrand u. a.) existiert. Es ist sicher, daß in verschiedenen Zonen der Erde die Sonnenaktivität den Ernteertrag unterschiedlich beeinflußt. In einigen erhöht sie die Fruchtbarkeit, in anderen demgegenüber die Schädlichkeit der Pflanzenkrankheiten. Es scheint, daß diese Unterschiede durch die Verschiedenheit der örtlichen klimatischen Bedingungen hervorgerufen werden. Jedoch ist der Zusammenhang zwischen den Sonnenflecken und dem Ernteertrag unleugbar.

Bereits im Jahre 1892 lenkte der russische Gelehrte *F. N. Schwedow* die Aufmerksamkeit auf den Einfluß, den der Sonnenrhythmus auf die Dicke der Jahresringe der Bäume nimmt. Die Untersuchungen von *Douglas*, die wir schon erwähnten, waren im wesentlichen nur eine Weiterentwicklung und Verallgemeinerung der Arbeiten *Schwedows*.

In den Jahren 1948 bis 1949 fand der sowjetische Biologe *M. P. Skrjabin* Auswirkungen des hundertjährigen Sonnenzyklus auf die Substanz der Wälder, wie z. B. auf den Wechsel der Gehölzarten. Der Leser wird darüber nicht erstaunt sein, wenn er erfährt, daß Waldbrände in einigen Bezirken um so häufiger sind, je größer die Sonnenaktivität, d. h. die entsprechende Trockenheit ist. Das spiegelt sich im Leben des Waldes im 33jährigen Briknerschen Zyklus wider.

Der Mechanismus all dieser Zusammenhänge unterliegt keinem Zweifel. Die Sonne beeinflußt das Klima, die Veränderung des Klimas äußert sich im Wachstum der Pflanzen und in anderen Besonderheiten. Aber leider sind nicht alle Sonne-Erde-Beziehungen so leicht erklärbar.

Es ist bekannt, daß alle Pflanzen durch die Wurzel verschiedene organische Verbindungen — Aminosäuren, Zukker u. a. — in den Boden ausscheiden. Um aus der Pflanzenzelle in den Boden zu gelangen, müssen diese Verbindungen eine natürliche Barriere überwinden, die Zellmembran. Es erwies sich, daß die Stabilität dieser Barriere zu verschiedenen Zeiten unterschiedlich ist.

Der Moskauer Biologe *A. P. Dubrow* entdeckte überraschend die erstaunliche Tatsache, daß sich nach Sonnenausbrüchen die Menge der pflanzlichen Wurzelausscheidungen stark erhöht. Daraus folgt, daß sich die Durchlaßfähigkeit der Membran der pflanzlichen Zelle stark erhöht hat.

Im Oktober 1968 gelang es, ein einzigartiges Experiment durchzuführen. Im Verlauf von 2 Tagen wurde gleichzeitig in Moskau, Irkutsk, Swerdlowsk, Minsk, Tallinn und Florenz die Intensität der Wurzelausscheidungen von Gerste registriert. Ein Vergleich der Resultate ergab, daß sich die Kurven überall erstaunlich ähnlich waren. Das bedeutet, daß die Wurzelausscheidungen der Pflanzen nicht durch örtliche Bedingungen, die gewiß an vielen Plätzen unterschiedlich sind, sondern durch die für die gesamte Erde gleichen kosmischen Ursachen beeinflußt werden. Es erwies sich, daß solche Ursachen z. B. in Schwankungen der Intensität des Magnetfeldes der Erde zu suchen sind. Aber diese Schwankungen sind eine der unmittelbaren Folgen der Sonnenaktivität. Es zeigte sich, daß, je höher die Sonnenaktivität ist, um so intensiver organische Verbindungen durch die Pflanzen in den Boden ausgeschieden werden.

Wie dies in den Einzelheiten erfolgt, ist nicht einfach zu erklären. Allen ist bekannt, daß ein Magnet Eisenstaub anzieht. Aber noch niemandem gelang es, mit einem Magneten ein zu Boden gefallenes Blatt Papier aufzuheben. Es scheint, als ob uns die gesamte Erfahrung der Menschheit bewiesen hätte, daß Magnetkräfte niemals auf Pflanzen einwirken können. Aber das ist ein Irrtum. Sehr schnell wird sich der Leser davon überzeugen, daß alles Lebende auf die Wirkung von Magnetkräften reagiert.

Das Bioteleskop — das astronomische Instrument der Zukunft

Außer den Menschen sowie einer großen Anzahl von Pflanzen und Tieren bewohnen unseren Planeten noch zahlreiche andere, unsichtbare Organismen. Nur mit Hilfe des Mikroskops kann man sich mit dem erstaunlichen Leben dieser kleinsten lebenden Wesen — der Bakterien — vertraut machen. Fast alle Bakterien gehören zur Pflanzenwelt. Einige von ihnen erinnern tatsächlich äußerlich an Stäbchen — so ist auch die buchstäbliche Übersetzung des griechischen Wortes b a k t e r i o n.

Im sowjetischen „Kleinen Wörterbuch der kosmischen Biologie und Medizin" („Medizina" 1967) wird erläutert, daß Bakterien die niedrigsten pflanzlichen Organismen sind. Weiterhin wird beschrieben, daß Bakterien eine Zellwand, aber keinen ausgeprägten Zellkern und kein Chlorophyll, jene Verbindung, die der gewöhnlichen Pflanze die grüne Farbe verleiht, besitzen (mit Ausnahme der Purpurbakterien). Im Mittel beträgt ihr Durchmesser nur einige Mikrometer. Das stört übrigens nicht ihre ungewöhnliche Lebens- und Vermehrungstätigkeit. Es ist berechnet worden, daß, wenn sich einige Bakterien völlig ungehindert vermehren würden, sie innerhalb von 24 Stunden eine Biomasse bilden würden, die der Masse der Erdkugel vergleichbar wäre. Zu den Bakterien gehört auch die Mehrzahl der schädlichen, krankheitserregenden Organismen.

Reagieren nun die Mikrolebewesen auf kosmische Erscheinungen? Wenn ja, wie reagieren sie? Kann man vielleicht im Leben der Bakterien Sonnenrhythmen feststellen?

Der erste, der vor fast einem halben Jahrhundert diese Probleme formulierte und darauf eine Antwort zu geben versuchte, war *Alexander Leonidowitsch Tschishewski*. In dieser Zeit lebte er in Kaluga, und bei all seinem wissenschaftlichen Suchen beriet er sich ständig mit seinem

Freund und Lehrer *Konstantin Eduardowitsch Ziolkowski*. Der große Begründer der Kosmonautik erwies sich auch auf diesem Gebiet als außergewöhnlich scharfsichtig, als er den von *Tschishewski* ausgearbeiteten Versuchsprogrammen zustimmte.

Mit *Ziolkowskis* Hilfe verschaffte sich *Tschishewski* Blei und errichtete aus sehr dicken Bleiplatten eine Bleikammer. In dieses Bleihäuschen brachte *Tschishewski* einige Bakterien, einige Stückchen einer Krebsgeschwulst in Nährlösung und schließlich keimende Pflanzensamen hinein.

Neben der Bleikammer errichtete er ein Holzhäuschen mit denselben Abmessungen und denselben „Bewohnern". Von allen Seiten mit einer Schicht Erde von 75 cm Dicke beworfen, diente das Holzhäuschen als Kontrolle. In die Bleikammer konnten nach Meinung der Experimentatoren keine kosmischen Strahlen eindringen. Demgegenüber waren die Lebewesen im Holzhäuschen den unsichtbaren kosmischen Strahlen ausgesetzt. Die Dächer beider Häuschen und der Erdschutz für das Holzhäuschen isolierten ihre Bewohner von der direkten Sonnenbestrahlung und von krassen Schwankungen der Temperatur. Natürlich lassen die Versuche *Tschishewskis* und *Ziolkowskis* vom Gesichtspunkt moderner Anforderungen bezüglich der Exaktheit des Experiments zu wünschen übrig. Aber es waren dem Wesen nach die ersten Schritte auf einem neuen Gebiet der Wissenschaft — der kosmischen Mikrobiologie.

Drei Monate dauerte ein Versuch. Seine Resultate waren unerwartet. In dem Bleihäuschen wuchsen die Bakterien, die Pflanzensamen und die Krebsgewebe bei weitem besser als in dem Kontrollholzhaus. Die Experimentatoren zogen daraus den Schluß, daß die unsichtbaren kosmischen Strahlen lebende Organismen unterdrücken, ihr Wachstum hemmen.

Etwas später als *Tschishewski* und ohne Kenntnis seiner Versuche konstruierte der Lehrer des Tomsker medizinischen Institutes, *Pjotr Michailowitsch Nagorski*, ein Biotron — eine Bleikammer, deren Inneres von den kosmischen Einflüssen isoliert wurde. Wie schon *Tschishewski*, so brachte auch der Tomsker Arzt in sein Biotron die verschiedenartigsten „Bewohner" hinein — Mikroorganismen, Kartoffelknollen, Hydromedusen, Planarien, Daphnien, Kaulquappen mit abgehackten Schwänzen, Frösche und Ratten.

Die erhaltenen Resultate stimmten mit denen von *Tschishewski* überein. In der Kolonie der Mikroorganismen wurde im Vergleich zum Kontrollversuch eine Beschleunigung des Wachstums beobachtet. Schneller als normal wuchsen die Schwänze der Kaulquappen, heilten Wunden bei den Fröschen und den Ratten. Es ergab sich daraus die Schlußfolgerung, daß sich ohne Kosmoseinfluß alle Lebewesen bei weitem besser „fühlen", als unter gewöhnlichen, der Natur entsprechenden Umständen.

Die Versuche *Nagorskis*, ungeachtet der negativen Einstellung seiner Institutskollegen zu ihm, wurden von den Mitgliedern der Akademie *W. I. Wernadski* und *P. P. Lasarew* gebilligt. Jetzt, da kosmische Raketen zu Versuchen Mikroorganismen, gewissermaßen „Mikrokosmonauten" in den Kosmos bringen, da der Einfluß der kosmischen Bedingungen auf das Leben der kleinsten Lebewesen auf breiter Basis untersucht wird, ist es völlig am Platze, sich der ersten, sehr zaghaften Schritte der kosmischen Mikrobiologie zu erinnern. Im wesentlichen bestätigen die jetzigen Versuche die Schlußfolgerungen *Tschishewskis* und *Nagorskis*. Die Mikroorganismen erweisen sich allen Veränderungen der kosmischen Bedingungen, allen Launen des sich verändernden sogenannten kosmischen Wetters gegenüber als sehr sensibel. Doch wenn es so ist, kann man dann die Mikroorganismen nicht als astronomische Beobachter ausnutzen? Kann man nicht ein originelles lebendes astronomisches Instrument — ein Bioteleskop — bauen?

Nach den ersten erfolgreichen Resultaten entschloß sich *A. L. Tschishewski*, seine Experimente mit den Mikroorganismen fortzusetzen. Beginnend mit dem Jahre 1927, zeigte er in einer Reihe von Versuchen, daß die Bakterien auf Schwankungen der Sonnenaktivität sehr empfindlich reagieren. Diese Befunde interessierten auch den Arzt *Sergej Timofejewitsch Welchower*, der in diesen Jahren in Kasan die Klinik für Infektionskrankheiten leitete. Er ging noch weiter als *Tschishewski* und erhielt bemerkenswerte Resultate. Den Bakteriologen sind die Erreger der Diphtherie schon lange bekannt — kleine Mikroorganismen, die Löfflersche Stäbchen genannt werden. Zu diesen Stäbchen existiert eine Zwillingserscheinung — äußerlich ihnen ganz ähnliche, aber völlig unschädliche diphtherioide Corynebakterien. Diese besitzen sogenannte Volutingranula, die unter dem Einfluß einiger chemischer Substanzen

(Methylenblau) eine rötliche Farbe bekommen. Die Löfflerschen Stäbchen besitzen diese Eigenschaft nicht. Es zeigt sich, und das ist dem Wesen nach eine Entdeckung *Welchowers*, daß die rötliche Färbung der Corynebakterien Saisonschwankungen unterliegt und, was noch wichtiger ist, daß sie sich mit Erhöhung der Sonnenaktivität vertieft. Mehr als 85 000 sorgfältig durchgeführte Beobachtungen stützen diese Schlußfolgerung. Und, das ist das Bemerkenswerteste, Corynebakterien begannen sich manchmal mehrere Stunden, häufig sogar mehrere Tage vor dem nächsten Sonnenausbruch rötlich zu färben. Es ergibt sich daraus, daß man nach der Färbung der Corynebakterien das Auftreten eines Ausbruches auf der Sonne vorhersagen kann.

Kürzlich, im Jahre 1969, wurde dieser Tschishewski-Welchower-Effekt durch neuere Untersuchungen der sowjetischen Biologen *M. M. Gorschkow* und *M. G. Dawydowa* bestätigt.

Nur kurz war die enge schöpferische Zusammenarbeit *A. L. Tschishewskis* und *S. T. Welchowers*. Der Ausbruch des Krieges und der Tod des Kasaner Bakteriologen im Jahre 1942 zerstörten die Fortsetzung der interessanten Forschungen. Aber noch am Vorabend des Krieges, 1940, konstruierte *A. L. Tschishewski* das erste Bioteleskop — ein Gerät, in dem Corynebakterien frühzeitig Sonnenausbrüche anzeigen. 23 Jahre vergingen, bis 1963 auf der Allunionskonferenz der Flug- und kosmischen Medizin *A. L. Tschishewski* einen Vortrag über das Bioteleskop und die Perspektiven seiner Anwendung für die Bedürfnisse der Kosmonautik hielt. Ein solches Gerät ist unbedingt notwendig.

Sonnenausbrüche sind die markantesten und mächtigsten Erscheinungen der Sonnenaktivität. Sie dauern einige Minuten bis zu einigen Stunden. Jeden Ausbruch kann man als mächtige Eruption betrachten, die der gleichzeitigen Explosion von Millionen Wasserstoffbomben entspricht. Aller Wahrscheinlichkeit nach geht hier ein eigenartiger elektrischer Durchschlag vor sich, der durch den besonderen Zustand des Sonnenplasmas hervorgerufen wird. Durch die Stärke des Stromes und die starke Kompression des Plasmas erhöhen sich die Temperaturen der Sonnengase im Ausbruchsgebiet bis zu einigen Millionen Grad Celsius. Der Ausbruch „schießt" einen Korpuskelstrom in den Weltraum, dessen energiereichste und schnellste Teilchen die Erde schon nach 20 Minuten erreichen.

Die Beobachtungen zeigen, daß im Endeffekt die Sonnenmagnetfelder als Energiequelle dieser Sonnenausbrüche dienen. Vor dem Beginn des Ausbruches erlangen die Magnetfelder im aktiven Gebiet eine besonders komplizierte Struktur und eine große Intensität. Das bedeutet, daß man nach der Veränderung des Magnetfeldes auf der Sonne einige Tage im voraus das Auftreten von Sonnenausbrüchen vorhersagen kann, wobei sich die im Moment noch nicht völlig sichere Vorhersage in 80 von 100 Fällen bewahrheitet.

Nicht nur die Magnetfelder künden von Sonnenausbrüchen. Das aktive Gebiet sendet vor Ausbrüchen besondere, nur für diesen Fall charakteristische Radiozentimeterwellen in den Raum.

Das bedeutet, daß sich an dem Ort der Sonne, wo der Ausbruch vor sich gehen muß, schon einige Tage vor dem Ausbruch die Magnetfelder und die Radioausstrahlung der Zentimeterwellen verstärken. Als ob die Sonne es selbst signalisieren wollte, so benachrichtigt sie die Astronomen über bevorstehende Verschlechterungen des kosmischen Wetters.

Während solcher Tage ist der Flug von Kosmonauten sehr gefahrvoll. Die mächtigsten Sonnenausbrüche können gegen die Kosmonauten eine Strahlungsdosis von einigen tausend Röntgen ausstrahlen, während schon bei Dosen von 400 bis 600 Röntgen ein tödlicher Ausgang unvermeidlich ist. Natürlich besteht ein gewisser Schutz für die Kosmonauten durch die Wand des Raumschiffes. Wenn sich hinter jedem Quadratzentimeter der Wand etwa 20 bis 30 g eines Schutzstoffes befinden, ist der dadurch erhaltene Schutz zuverlässig. Aber leider erschwert ein vollkommener Schutz übermäßig die Konstruktion der Raumschiffe und übersteigt bisher die Möglichkeiten der modernen Technik.

Es gibt zudem organische Heilpräparate, die prophylaktisch vor Strahlenkrankheiten schützen oder wenigstens ihren Verlauf mildern. Sie können manchmal genutzt werden. Aber leider bleiben viele Probleme des Schutzes vor mächtigen Sonneneruptionen vorerst noch ungelöst.

Eruptionen außergewöhnlicher Mächtigkeit wiederholen sich im Mittel alle 3 bis 4 Jahre, größere etwa einmal im Jahr. Dafür wiederholen sich in Perioden erhöhter Sonnenaktivität gewöhnliche Sonnenausbrüche jeden Monat oder sogar öfter. Auch diese sind für die Kosmonauten gefährlich, besonders für jene, die während solcher Tage das Raumschiff verlassen und in den offenen Kosmos aussteigen oder sich auf der Mondoberfläche bewegen.

Das Bioteleskop soll uns ermöglichen, Sonnenausbrüche zuverlässig vorherzusagen. Sein Hauptteil besteht, anstelle der Linsen und Spiegel der gewöhnlichen Teleskope, aus einem Gefäß mit Corynebakterien oder anderen Mikroorganismen, die, analog diesen, auf kommende Sonneneruptionen reagieren. Die Farbveränderung der Bakterien wird am besten mit Hilfe eines einfachen physikalischen Gerätes, eines Kolorimeters, ausgewertet. Es ist dann möglich, Voraussagen nicht nur 3 oder 4 Tage, sondern eine Woche vorher zu treffen. Nicht bekannt ist, welche Sonnenausstrahlungen auf die Corynebakterien einwirken. Erfassen möglicherweise diese Mikroorganismen für uns unbemerkbare Erhöhungen des Stromes der Radiowellen unserer Sonne? Oder reagieren sie noch sensibler auf Magnetfelder der aktiven Gebiete der Sonne? Oder schließlich, wie *A. L. Tschishewski* meinte, entstehen etwa im Sonneninneren lange vor einer Eruption irgendwelche geheimnisvollen Z-Strahlen, die von den Bakterien wahrgenommen werden?

Die Zukunft wird diese Probleme lösen. In jedem Fall ist es jetzt schon angebracht, Bioteleskope zu benutzen, um mit ihrer Hilfe zu versuchen, die für Kosmonauten gefährlichen Tage vorherzubestimmen.

Veränderte Verhaltensweisen der Tiere

Es geschah Anfang Mai 1929. Unweit von Kuschka, dem südlichsten bewohnten Ort unseres Landes, an der Grenze zu Afghanistan, erschienen kilometerweit „Wolken" von Heuschrecken. Sie flogen mit großer Geschwindigkeit, schnell verdunkelte sich der ganze Himmel, so daß selbst die Sonne verschwand. Aus den Wolken ergoß sich eine unsagbare Anzahl der gefährlichen Insekten. Sie bedeckten Wege und Brücken, Felder und Bäume. Die Insekten hüpften auf der Erde, krochen auf die Hausdächer, die Heuschreckenweibchen legten im Umkreis von vielen Kilometern in den Boden Eier ab. Die Heuschrecken erreichten den Aralsee und das Ferganatal, allen Pflanzenwuchs auf einer Fläche von eineinhalb Millionen Hektar vernichtend. Ebenso wurden 1929 außer der Sowjetunion noch 10 Staaten Opfer der Heuschreckeninvasion.

Bild 16. Heuschrecken — die schlimmsten Feinde der Landwirtschaft

Von altersher hielt man die Heuschreckenüberfälle für eine schreckliche Naturkatastrophe. Die fürchterlichen Überfälle dieser schädlichen Insekten erschütterten von Zeit zu Zeit die Völker aller Kontinente. So ist über die Heuschrecken in einer alten arabischen Handschrift zu lesen: „Und es setzte sich eine gewaltige Heerschar in Bewegung. Sie kann die ganze Erde bedecken und alles, was es auf der Erde gibt, verschlingen. Wenn sie dahinstürmt, verdunkelt sie die Sonne, und die Gestirne verlieren ihren Schein. Sie hat den Kopf eines Löwen, den Hals eines Büffels, die Brust eines Pferdes, die Flügel des Adlers, den Bauch des Skorpions, die Schenkel eines Kamels und die Augen des Straußes.“ Man sagt ja, die Angst habe große Augen. Die einzelne Heuschrecke ist ihrer Größe nach ein bescheidenes Insekt. Furchtbar wirkt nur ihre Vielzahl. Abdrücke von heuschreckenartigen Insekten befinden sich in Lehmschichten der Steinkohle und weisen ein Alter von mehr als 250 Millionen Jahren auf. Sie bewohnen demnach die Erde seit undenklichen Zeiten. In der gegenwärtigen Zeit unterscheidet man ungefähr 10 000 Arten heuschreckenartiger Insekten.

Nikolai Sergejewitsch Stscherbinowski, den seine Kollegen im Scherz „König der Heuschrecken“ nannten, kannte von den sowjetischen Entomologen die Heuschrecken und ihre Gewohnheiten am besten. Er widmete dem Studium der Heuschrecken Jahrzehnte seines Lebens, begab sich in dieser Zeit in viele Länder Asiens und Südamerikas. Aber uns interessiert nur eine sehr wichtige Entdeckung des sowjetischen Forschers.

Stscherbinowski bemerkte, daß die Überfälle der Heuschrecken regelmäßig vor sich gehen, daß sie sich etwa alle 11 Jahre wiederholen. Solch einem Zyklus folgt im Mittel auch eine besonders starke Vermehrung der Heuschrecken. Nachdem er diese Entdeckung gemacht hatte, konnte *Stscherbinowski* ohne weiteres die nächsten besonders gefährlichen Überfälle der Heuschrecken vorhersagen. Jedesmal bewahrheiteten sich die Prognosen.

Also wiederum der gut bekannte 11jährige Sonnenzyklus? Ja, natürlich, gerade er reguliert auf irgendeine nicht völlig bekannte Weise die Vermehrung der Heuschrecken. Und nicht nur die der Heuschrecken.

Ein 11jähriger Zyklus wurde bei der Vermehrung der Dorsche, der Heringe, der Hausen, der Bleie und anderer gewerblich wichtiger Fische festgestellt. Einmal in 11 Jahren ist der Fang besonders ergiebig. Dieser kommt besonders deutlich auch in der Vermehrung einiger giftiger Spinnen zum Ausdruck. In Jahren des massenhaften Auftretens dieser schädlichen Spinnentiere sterben an ihren Bissen viele andere Tiere, manchmal sogar Menschen.

Ungefähr einmal in 11 Jahren vermehren sich die südafrikanischen Antilopen besonders stark. Und dann, ohne sichtbare Ursache, verlassen sie ihre günstigen Weidegründe, und unzählige Herden ziehen in trockene und unfruchtbare Gebiete, in denen sie vor Hunger umkommen. Augenzeugen berichteten, daß ein Löwe, der zufällig in eine Ansammlung solcher Antilopen geriet, umkam, weil er nicht die Kraft hatte, der Herde zu entkommen.

Auch bei den Eichhörnchen gibt es derartige Perioden der Massenwanderungen, wobei sich in den „Zügen" Hunderte Millionen vereinen. Übrigens sei gesagt, daß der 11jährige Sonnenrhythmus mit überraschender Deutlichkeit sich in der Vermehrung vieler Nagetiere widerspiegelt. Noch ein aktuelles Beispiel für diese veränderten Verhaltensweisen einiger Tiere während der Periode hoher Sonnenaktivität:

Es war im Sommer des Jahres 1970. In vielen Zeitungen

wurde folgende Mitteilung publiziert. „Im Norden Skandinaviens erhöht sich in bedrohlichem Maße die Zahl der Lemminge (nordische Wühlmäuse, d. Übers.), die auf ihrem ununterbrochenen Todesmarsch alles im Umkreis überfluten. Hunderttausende dieser schwarzrötlichen arktischen Tiere bewegen sich in unendlichen Zügen nach Süden. Auf dem Wege sterben sie zu Tausenden in den Seen, Flüssen und schließlich im Meer.

Solch ein Marsch der Lemminge, der einem Selbstmord gleichkommt, findet fast regelmäßig einmal in einigen Jahren statt. Die gewöhnlich furchtsamen, still dahinlebenden Tiere werden zu außerordentlich aggressiven Räubern, die auf ihrem Wege alles und jedes vertilgen. Das Verhalten dieser todbringenden Wühlmäuse hat nichts Vergleichbares. Die mächtigsten Züge der Lemminge wurden in den Jahren 1918 und 1938 beobachtet. Erst vor wenigen Jahren erregte wieder ein ähnlicher Zug, bei dem die Lemminge massenweise auftraten, die Aufmerksamkeit der beunruhigten skandinavischen Regierungen. Überall waren Haufen verwesender Tierleichen zu beseitigen, um die akute Gefahr einer Epidemie zu bannen.

Die Wissenschaftler erklären die ‚periodischen großen Züge' der Lemminge so: in bestimmten Perioden erhöht sich die Anzahl der Tiere derart, daß die Pflanzenwelt der Berge, die ihnen als Nahrung dient, nicht mehr imstande ist, alle zu ernähren. Dann beginnt mit Eintritt des Sommers eine panische, spontane Flucht, die zu bremsen unmöglich ist. Die Massen der Lemminge begeben sich auf eine Route, die zum Meer führt. Sie überschwemmen Städte und Siedlungen, vernichten die Saat, beschmutzen die Gegend und verseuchen Flüsse und Seen."

Ungewollt drängt sich beim Vergleich mit der Periodizität der Eindruck auf, daß die augenscheinliche Verhaltensänderung der Tiere durch die Sonne hervorgerufen wird. Sie wirkt tatsächlich auf die Nerven — darüber wird noch später in einem entsprechenden Abschnitt des Buches die Rede sein. Dann werden wir uns der Frage zuwenden, auf welche Art und Weise man dieses Verhalten der Tiere erklären kann. Der Vollständigkeit halber sei erwähnt, daß in einigen Fällen (z. B. für den Schwammspinner Lymantria dispar) die Schwankung der Individuenzahl einer bestimmten Art in keiner Weise mit der Sonnenaktivität gekoppelt ist. Aber uns sollen jetzt die Fälle interessieren, wo eine solche Korrelation zweifellos gegeben ist und besonders dann, wenn diese Wanderungen von Tieren die Gesundheit und das Leben des Menschen gefährden.

Encephalitis bedeutet in der Sprache der Medizin Gehirnentzündung. Die Zeckenencephalitis ist eine der schwersten Gehirnerkrankungen. Sie bedroht die Kranken fast immer entweder mit dem Tode oder mit irreversiblem, lebenslänglichem Dahinsiechen. Die gewöhnliche Zeckenencephalitis ist eine Frühjahrs- bzw. Sommerkrankheit. In den dreißiger Jahren litten die Bewohner der Neubaugebiete Sibiriens und des Fernen Ostens sowie die Eroberer der Taiga unter dieser Epidemie.

Der Virus dieser Krankheit wird von Tieren auf die Menschen durch die blutsaugenden Taigazecken übertragen. Seit langem war der Erreger der Zeckenencephalitis in den allgemeinen Zügen bekannt, waren prophylaktische Maßnahmen ausgearbeitet. Das Ungünstige war, daß sich mit jeder neuen Welle der Epidemie — und sie wiederholt sich in der Regel alle 11 Jahre — auch der Charakter der Krankheit völlig wandelte. Das erschwerte die Arbeit der Ärzte außerordentlich. Um alle Rätsel der Zeckenencephalitis zu analysieren, begaben sich zwei junge sowjetische Ärzte, *J. W. Alexandrow* und *W. N. Jagodinski*, in die fernöstliche Taiga auf Zeckenfang. Tagtäglich fingen sie Hunderte von Parasiten, danach untersuchten sie im Laboratorium, welche von ihnen durch den Encephalitisvirus infiziert waren. Sie taten es viele Jahre. Es war eine heroische Arbeit, die nicht nur Wissen und Beharrlichkeit, sondern auch großen Mut erforderte. Die Ergebnisse rechtfertigten die Bemühungen.

Es wurde vor allem geklärt, daß ihr „Virusfang“ in verschiedenen Jahren im Ergebnis sehr unterschiedlich ausfiel. Es gab solche Perioden, in denen sich die Zecken fast als unschädlich erwiesen. Demgegenüber erreichte ungefähr einmal in 11 Jahren die Zeckeninfektion ein Maximum. Als *Alexandrow* und *Jagodinski* die Krankheitskurven der Encephalitis im Fernen Osten mit der Sonnenaktivitätskurve verglichen, war die erhaltene Ähnlichkeit einfach erstaunlich, die Maxima der einen und der anderen Kurve fielen zeitlich zusammen.

Im Jahre 1956, in dem eine außerordentlich hohe Sonnenaktivität festgestellt wurde, kam es im Amurgebiet zu einer noch nie dagewesenen Überschwemmung. Es ist wahr-

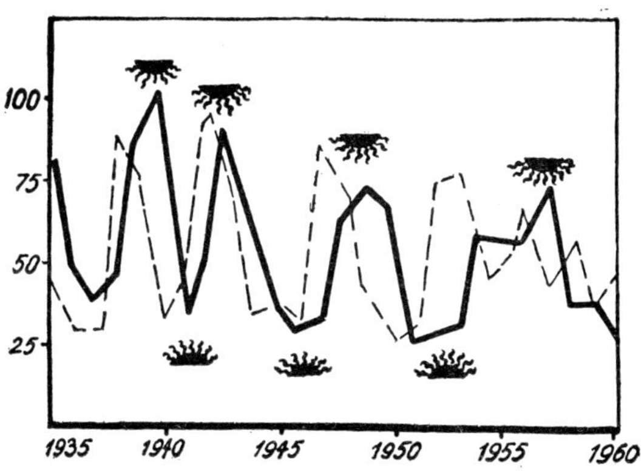

Bild 17. Die Anzahl der Zeckenencephalitiserkrankungen (punktierte Kurve) und die Sonnenaktivität (ausgezogene Kurve)

scheinlich, daß sie zu dem plötzlichen Aufbruch der Eichhörnchen, die sich im selben Jahr sehr stark vermehrt hatten, zu ihrer Wanderung führte. Ungezählte Scharen verhaltensgestörter Eichhörnchen begaben sich nach Norden, wo sie Kälte, Hunger und Tod erwarteten. Sie überquerten den über die Ufer getretenen Amur, überwanden hohe Berge und versuchten sogar, den Tatarensund schwimmend zu durchqueren. Sie wanderten immer in ein und derselben Richtung, weder Menschen noch Hindernissen irgendeine Aufmerksamkeit schenkend. Durch einige Siedlungen zogen bis zu 300 Eichhörnchen in der Stunde. Sie bewegten sich mit einer Geschwindigkeit von etwa 30 km je Tag. Jedes Eichhörnchen trug auf sich Hunderte von Zecken, die mit dem Encephalitisvirus infiziert waren.

Im folgenden Jahr, 1957, brach im Primorsker Gebiet eine Encephalitisepidemie aus — die durch die Eichhörnchen verschleppten Zecken befielen die Menschen. Und im Grunde war daran die Sonne schuld. Die hohe Sonnenaktivität führte zur Vermehrung der Eichhörnchen, vermehrte und aktivierte die Encephalitisviren, und danach verbreiteten die unter der Wirkung der Sonne in ihrem Verhalten gestörten Eichhörnchen die Krankheit in weite Territorien. Man kann daraus schließen, daß ursächlich die Sonne an der Verbreitung der gefährlichen Epidemie schuld ist. Das ist leider nicht der einzige Fall. Der Urheber ist bekannt, aber man weiß noch nicht, wie er wirkt. Vielleicht spielen Magnetfelder dabei eine Rolle?

Erste Schritte der Magnetbiologie

Magnetische Eigenschaften einiger Körper waren schon den alten Ägyptern und Chaldäern bekannt. Da sie weder die Ursachen des Magnetismus noch den Mechanismus der Wirkung des Magneten kannten, schrieben sie den Magneten die phantastischsten Eigenschaften zu. Einige meinten, daß ein Magnet ein starkes Gift und daß das beste Gegenmittel Knoblauchsaft sei, andere behaupteten, daß man mit Hilfe des Magneten die Unsterblichkeit erhalten könne.

Heilende Eigenschaften schrieben den Magneten die berühmten Gelehrten des Altertums *Aristoteles* und *Plinius* zu. Der Begründer der Medizin im 3. Jahrhundert u. Z., der römische Arzt *Galen*, empfahl sogar den Magneten als ausgezeichnetes Abführmittel.

Unter diesen naiven Irrtümern lenken die Erklärungen des tadshikischen Gelehrten *Avicenna* (11. Jahrhundert) und des europäischen Gelehrten *Albertus Magnus* (13. Jahrhundert) die Aufmerksamkeit auf sich. Ersterer behauptete, daß ein Magnet heilkräftig bei Erkrankungen der Milz wirke. Nach Meinung des zweiten wird, wenn man den Magneten an der linken Hand als Armband trägt, der Schlaf ruhiger. Völlig modern klingt die Behauptung des französischen Arztes *Marcella* aus Bordeaux (4. Jahrhundert), daß ein Magnet Kopfschmerzen lindert.

Der Streit über die heilenden Eigenschaften des Magneten zog sich über viele Jahrhunderte hin. Dieses Thema interessierte auch den bekannten *Gilbert*, einen englischen Gelehrten des 17. Jahrhunderts, der oft in Physikbüchern erwähnt wird. Mit dem Namen des österreichischen Arztes *Mesmer* (18. Jahrhundert) sind verschiedene erstaunliche Heilungen durch den Magnetismus verbunden. *Mesmer* führte als erster den etwas ungenauen Terminus „menschlicher Magnetismus“ ein, wobei er darunter in der Hauptsache den hypnotischen Einfluß eines Menschen auf einen anderen verstand.

Die Pariser Akademie beeilte sich im Jahre 1784 zu erklären, die Lehren über den Magnetismus in Tieren seien unwissenschaftlich, und *Mesmer* selbst sei ein Scharlatan.

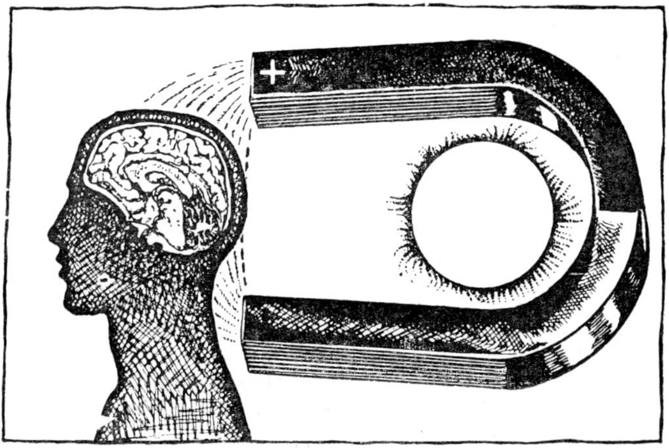

Bild 18. Magnetfelder beeinflussen das Nervensystem des Menschen

Übrigens sei erwähnt, daß gleichzeitig dieselbe Akademie erklärte, daß „Steine nicht vom Himmel fallen können", womit sie die Erzählungen von Augenzeugen eines Meteoritenfalls als falsch hinstellte.

Die Autorität der Wissenschaftler wurde immer sehr hoch eingeschätzt, leider sogar dann, wenn sie sich irrten. Es vergingen mehr als 100 Jahre, bis von neuem Untersuchungen über die Heilwirkung des Magnetismus unternommen wurden. Übrigens gab auch zu dieser Zeit die Pariser Akademie der Wissenschaften zu, daß die Verurteilung des Mesmerismus und auch die Negierung der Meteoriten falsch gewesen seien.

Am Ende des vergangenen Jahrhunderts waren unter den Gelehrten, die sich mit dem Studium der heilenden Eigenschaften der Magneten befaßten, solche medizinischen Autoritäten wie *Botkin* und *Scharko*. Sie unternahmen selbst Versuche, die sie von der unzweifelhaften Wirkung der Magnetfelder auf den Organismus überzeugten.

In einigen Fällen verursachten die Magneten eine Juckempfindung, ein „Ameisenkribbeln", in anderen Fällen eine Anregung oder eine Schmerzberuhigung. Es gab auch solche Fälle, in denen Magneten Paralyse und Krämpfe heilten. Dabei wirkten permanente Magneten ebenso günstig, wie ihnen an Stärke vergleichbare Elektromagneten.

Dieser sehr kurze Ausflug in die Geschichte der Wissenschaften zeigt, daß die Wirkung der Magnetfelder auf den Organismus die Wissenschaftler schon immer beschäftigte. Wenn in allen vorangegangenen Jahrhunderten das Wissen auf diesem Gebiet gering blieb und es im wesentlichen nur zu einer Anreicherung von zum Teil sehr widersprüchlichen Fakten kam, so lag das an der Kompliziertheit des Problems. Deshalb macht die Magnetbiologie — die Wissenschaft von der Wirkung der Magnetfelder auf den Organismus — ungeachtet der langen Geschichte auch heute im wesentlichen noch die ersten Schritte.

In unseren Händen befindet sich ein gewöhnlicher Magnet. Wir bringen ihn an Eisenmetallstaub heran, und der Staub haftet an den Polen des Magneten, nachdem dieser vom Tisch abgehoben wurde. Die physikalischen Beweggründe dieses allen bekannten Versuches sind offensichtlich. Bei Annäherung des Magneten magnetisieren sich die Metallstaubkörper, d. h., sie werden damit selbst zu kleinen Magneten. Die Energie der magnetischen Wechselwirkung zwingt den Staub, die Anziehungskräfte zu überwinden und am Magneten fest zu haften. Daraus folgt, daß die Ursache aller beschriebenen Erscheinungen die Energie des Magnetfeldes ist.

Hier noch ein anderes Beispiel. Sie drücken den Knopf einer elektrischen Klingel an einer Eingangstür. Die elektrische Leitungskette schließt sich, der Elektromagnet beginnt zu arbeiten und versetzt das Läutwerk in Schwingung. Niemand wird sagen, daß in diesem Fall die durch den Knopfdruck Ihrer Finger aufgewandte Energie in die Schwingungsenergie des Klingelläutewerkes überginge. Sie drückten ja nur sehr schwach auf den Klingelknopf — die Energie Ihres Druckes war augenscheinlich nicht ausreichend, um den erhaltenen Effekt zu erreichen. Indem Sie den Knopf drückten, gaben Sie ein Signal an den elektrischen Mechanismus der Klingel, aber diese klingelte nicht durch die Energie Ihres Druckes, sondern auf Grund eigener innerer Energiequellen, genauer gesagt, auf Kosten der Energie des Elektronetzes.

Ich brachte dieses Beispiel nicht ohne Grund. Wenn ein Magnetfeld auf den Organismus wirkt, und solche Einwirkungen erfolgen tatsächlich, ist eine zweifache Erklärung dieses Effektes möglich — entweder wird dann ein Effekt als Resultat der unmittelbaren Wirkung der Energie des Magnetfeldes hervorgerufen, oder aber das Magnetfeld spielt die Rolle eines Signals, indem es die inneren Energiequellen des Organismus zu einer Wirkung veranlaßt. Kurz gesagt — man kann anscheinend eine Auswahl zwischen den beiden Erklärungen treffen: der Biomagnetismus (d. h. die Wirkung des Magnetfeldes auf den Organismus) hat eine energetische oder eine informationelle Natur.

Die Tatsachen zeigen, daß es mit der energetischen Hypothese nicht möglich ist, viele unleugbar reale Erscheinungen zu erklären. Es erweist sich, daß äußerst schwache Magnetfelder sehr bemerkenswerte Effekte hervorrufen, während der Organismus stärksten Magnetfeldern gegenüber mitunter teilnahmslos bleibt. Es drängt sich folgende Analogie auf: bei einem sehr starken Ton würde das Trommelfell platzen und der Mensch taub werden, während leise Töne schöner Melodien bei ihm angenehme Empfindungen hervorrufen.

Alles, was bisher über die Magnetbiologie gesagt wurde, war eigentlich die Einleitung. Machen wir uns jetzt sehr kurz mit einigen unbestreitbaren Tatsachen, die durch die Magnetbiologie ermittelt wurden, bekannt, und versuchen wir, für sie eine verständliche Erklärung zu finden. Danach wollen wir sehen, welche Beziehungen dies alles zur Heliobiologie hat.

Beginnen wir mit sehr starken Magnetfeldern, deren Feldstärke Hunderte und Tausende Oersted (Oersted: Einheit der magnetischen Feldstärke, ein $Oe = 10^3/4\pi A/m$) mißt. Die beste Methode zu überprüfen, ob solche Felder auf den Organismus wirken, ist die, zu versuchen, den Tod von Versuchstieren durch diese Magnetfelder hervorzurufen.

Versuche solcher Art gelangen mehrmals. Bei Magnetfeldern einer Feldstärke von etwa $3{,}2 \cdot 10^6$ A/m starben Fruchtfliegen (Drosophila). Ein Viertel dieser Energie erwies sich als ausreichend, um junge Mäuse zu töten. Erwähnenswert ist dabei weiterhin, daß mächtige Magnetfelder am stärksten auf das Zentralnervensystem, die Nieren, die Lunge und einige andere Organe wirken.

Berechnungen zeigen, daß Magnetfelder einer Feldstärke von etwa $1{,}6 \cdot 10^7$ A/m die Blutzirkulation des Menschen um 50 Prozent hemmen, bei einer Feldstärke von rund $1{,}6 \cdot 10^8$ A/m wird der Blutkreislauf fast vollständig unterbrochen.

Starke Magnetfelder können unter besonderen Umständen auch eine günstige Auswirkung auf Lebewesen haben. So hemmten z. B. Felder von einigen zehntausend A/m die Entwicklung bösartiger Geschwülste bei Mäusen. Wenn Magnetfelder einer Feldstärke von $24 \cdot 10^3$ bis $48 \cdot 10^3$ A/m mit der Wirkung von Radiozentimeterwellen kombiniert wurden, verschwanden Krebsgeschwülste bei Versuchsratten innerhalb einiger Tage. Bemerkenswert ist auch, daß Menschen, die in starken Magnetfeldern arbeiten, seltener als andere an Krebs erkranken.

Es stimmt allerdings auch, daß Marineangehörige, die auf Minensuchbooten dienen, sich beklagen, daß die starken Magnetfelder innerhalb des Schiffes bei ihnen Kopfschmerzen und Schlaflosigkeit hervorrufen. Bekannt sind auch andere Fälle, daß Menschen, die sich während der halben Arbeitszeit in Magnetfeldern mit einer Feldstärke von Tausenden Ampere/Meter befanden, den Appetit verloren, schnell ermüdeten und über Schmerzen in der Herzgegend klagten.

Starke Magnetfelder wirken auch auf die genetischen Anlagen von Pflanzen und Tieren. Es verändert sich dabei die Anzahl der Nachkommen, die Nachkommen selbst erlangen neue Eigenschaften, die den Eltern fehlen.

Die durchgeführten Experimente zeigen, daß die Beeinflussung des Organismus durch starke Magnetfelder unleugbar ist. Leider ist der Mechanismus dieser Einwirkung nicht geklärt. Es ist möglich, daß der Effekt zu einem Teil durch Umwandlungen der Energie des Magnetfeldes, zum anderen Teil durch die Informationswirkung hervorgerufen wird.

Betrachten wir nun, wie schwache und überschwache Magnetfelder auf den Organismus einwirken.

Die Erdkugel ist ein schwacher Magnet. Die Feldstärke des Erdmagnetfeldes erreicht insgesamt einige zehn A/m. Das ist anscheinend völlig ausreichend für die Orientierung der Vögel und anderer Tiere.

Allen sind die Gewohnheiten der Zugvögel bekannt. In jedem Herbst verlassen sie die Brutgebiete, fliegen Tausende von Kilometern, um im Frühling nicht nur in dasselbe Land oder dasselbe Gebiet, sondern sogar bis zum selben Nistplatz zurückzukehren. Wie finden die Vögel den richtigen Weg, wie orientieren sie sich beim Flug? Mehr als hundert Jahre bemühen sich die Wissenschaftler vergeblich um die Lösung dieses Problems. Augenscheinlich gibt es bei den Vögeln verschiedene Mittel der Orientierung. Einige Versuche, die in Planetarien durchgeführt wurden, zeigten, daß sie sich während des Fluges nach den Gestirnen orientieren. Aber der Hauptfaktor, der den Vögeln den richtigen Weg weist, ist das für uns Menschen nicht fühlbare, aber von ihnen wahrgenommene Erdmagnetfeld.

An Tauben befestigte man kleine Magneten. Die davon ausgehenden „Störungen" verwirrten die Vögel. Sie gerieten sofort vom richtigen Weg ab, viele von ihnen kehrten nicht nach Hause zurück. Wenn man einige Vögel in ein künstliches Magnetfeld von ungefähr 80 A/m hineinbrachte, erhöhte sich merklich ihre Bewegungsaktivität. Folglich reagieren die Vögel auf schwache Magnetfelder, aber nicht nur Vögel.

Unlängst wurde eine Vielzahl von Versuchen durchgeführt, die zeigten, daß sich Einzeller, Würmer und Mollusken nach dem Magnetfeld der Erde orientieren. Bemerkenswert ist, daß diese primitiven Organismen unmittelbar auf eine Veränderung des künstlichen Magnetfeldes um 4 A/m reagierten. (In dieser Größe bewegen sich die Veränderungen des Erdmagnetfeldes bei Magnetstürmen.) Bei Schwankungen um mehr als das Zehnfache reagierten dagegen solche Lebewesen langsam und, wie es schien, ungern.

Im Erdmagnetfeld orientieren sich Käfer, Mücken, Heuschrecken und andere Insekten. Sogar die Pflanzen reagieren auf den schwachen Erdmagnetismus.

Im Jahre 1960 bemerkten die sowjetischen Biologen *A. W. Krylow* und *G. A. Tarakanowa* eine sonderbare Erscheinung. Wenn man Mais in der Dunkelheit bei Temperaturen von 18 bis 25 °C ankeimt und ihn dabei mit den Wurzeln zum südlichen Magnetpol ausrichtet, so keimt er 24 Stunden früher als ohne diese Voraussetzungen und wächst dann schneller als Keimlinge, deren Wurzeln zum nördlichen Magnetpol ausgerichtet waren.

Es existiert für die Pflanze irgend etwas Anziehendes am südlichen Magnetpol. Keimwurzeln von Samen, die zum nördlichen Magnetpol der Erde ausgerichtet werden, krümmen sich während des Wachstums um 180° und wachsen in die entgegengesetzte Richtung. Diese Erscheinung, die nicht nur bei Maiskörnern beobachtet wurde, sondern auch bei Samen und Früchten anderer Pflanzen, erhielt die Bezeichnung Magnettropismus der Pflanzen. Wenn auch die

Experimente von neuem zeigten, daß die Pflanzen auf schwache Magnetpole reagieren, so ist der Mechanismus dieser Wirkung einstweilen noch unbekannt.

Die Magnetbiologie ist ein neues und sich entwickelndes Gebiet der Naturwissenschaft. Sie sammelt zur Zeit in der Hauptsache Fakten und, wo es möglich ist, sucht sie theoretische Erklärungen. Das zweite gelingt zur Zeit seltener als das erste. Das ist nicht erstaunlich, begann die stürmische Entwicklung der Magnetbiologie doch erst vor etwa zehn Jahren. Für das Grundanliegen dieses Buches ist die Tatsache wichtig, daß schwache Magnetfelder Organismen sichtbar beeinflussen.

Jetzt wollen wir uns den sehr schwachen Magnetfeldern zuwenden, die im Leben der Tiere und Menschen jedoch eine große Rolle spielen. Es geht um die Magnetfelder des Herzens und des Gehirns. Diese Felder gestatten es dem Arzt, Kardiogramme und Encephalogramme aufzunehmen, die die Arbeit des Herzens und des Gehirns registrieren.

Die Intensität des Magnetfeldes des menschlichen Herzens ist um 1 millionstelmal kleiner als die des Magnetfeldes der Erde, d. h., es beträgt insgesamt $8 \cdot 10^{-6}$ A/m. Es ist veränderlich, und diese Veränderung ruft die Herzpulsation hervor. Noch schwächer sind die Magnetfelder des menschlichen Gehirns, seine Intensität beträgt $8 \cdot 10^{-8}$ A/m. Für solche Felder sind Schwankungen um 0,8 A/m (es sei nochmals an die Magnetstürme erinnert) eine sehr große Veränderung. Auf den ersten Blick scheint es, daß Magnetstürme auf das Nerven- und das Herzkreislaufsystem einwirken müssen — bei Menschen und Tieren.

Noch eine Tatsache zieht die Aufmerksamkeit auf sich — im Gebiet der Kursker Magnetanomalie beobachtet man eine erhöhte Flugaktivität der Vögel. Es muß auch erwähnt werden, daß in den Perioden der Magnetstürme sich die Bewegungsaktivität der Insekten erhöht. Von neuem liegt die Folgerung nahe, daß Magnetstürme auf die ganze organische Welt der Erde einwirken.

Manchmal, bei dem Versuch den Mechanismus der Wechselwirkung zwischen Magnetkraft und Organismus zu enträtseln, steigen — bildlich gesprochen — einige Forscher auf das Niveau der Zelle oder sogar noch tiefer auf das molekulare und atomare Niveau hinunter. In den Zellen, den Molekülen und Atomen versuchen sie die Lösung der geheimnisvollen Erscheinung zu finden. Es wurde aber festgestellt, daß die größte Sensibilität gegenüber einem Magnetfeld der ganze Organismus hat, weitaus weniger seine Organe und Zellen und am wenigsten seine Moleküle und Atome. Wie schon seit langem festgestellt wurde, ist jeder Organismus immer mehr, als die einfache Summe der Teile, aus denen er zusammengesetzt ist. Insbesondere in dieser Eigenschaft liegt der grundlegende Unterschied zwischen dem Lebenden und dem Nichtlebenden. Das ist die Enträtselung der auf den ersten Blick vielleicht unverständlichen Tatsache, daß Magnetfelder, die auf den Organismus als Ganzes wirken, manchmal keine Spuren auf molekularer und sogar zellulärer Ebene hinterlassen.

Keinesfalls konnte mit diesen Darlegungen das interessante Thema der Magnetbiologie erschöpfend umrissen werden. Wir müssen es abschließen, um nicht von unserem Hauptthema, den Einflüssen der Sonne, abzukommen.

Für interessierte Leser sind zwei Buchhinweise auf sowjetische Literatur dem Verzeichnis [4] [5] zu entnehmen.

Erinnern wir uns an die Magnetstürme und ihre Auswirkungen! Diese Auswirkungen werden verständlicher, wenn man sich in einigen ungewöhnlichen Eigenschaften des Wassers auskennt, dieser, wie wir annehmen, uns allen so gut bekannten Flüssigkeit.

Der Kosmos in einem Wassertropfen

Oberflächlich betrachtet erschienen die Versuche unsinnig: Täglich zu ein und derselben Zeit und mit derselben Menge Wasser wurden einige Wismutverbindungen gelöst. Der Experimentator, der Professor der Florentiner Universität *Giorgio Piccardi*, verfolgte die Ausfällungsreaktion von in Wasser gelösten Substanzen. Das Tag für Tag und Jahr für Jahr im Laufe einiger Jahrzehnte.

Diese seltsamen Experimente begannen im Jahre 1951. Anfangs arbeitete *Piccardi* ohne fremde Hilfe. Aber später, auf seine Bitte hin, wurden genau dieselben Experimente unter denselben physikalischen Bedingungen von Wissenschaftlern vieler Länder durchgeführt. Schließlich näherte sich die Zahl der Experimente der Million, und fast die ganze Erdkugel verwandelte sich in ein gigantisches Laboratorium zur Durchführung der etwas unverständlichen Versuche. Waren etwa bei strenger Beachtung der einheitlichen Bedingungen die Versuchsresultate wirklich jedesmal unterschiedlich? Aber wenn sie übereinstimmten, warum dann das Experiment?

Professor *Piccardi*, der Landsmann von *Galilei*, beschäftigte sich in keiner Weise unsinnig. Selbstverständlich ist es unmöglich, absolut genau einen beliebigen Versuch zu wiederholen — hier gibt es unvermeidliche und zufällige, wenn auch sehr kleine Fehler. Aber gerade weil diese Fehler zufällig sind, hat ihre Abweichung vom Programm sowohl zu dieser als auch zu jener Seite die gleiche Wahrscheinlichkeit. Das bedeutet, daß bei einer sehr großen Versuchsanzahl eine wechselseitige Kompensation, eine Aufhebung der Fehler, eintritt, und man im Durchschnittsversuch einunddieselben Resultate bekommt. Die Ergebnisse waren in der Tat unterschiedlich und ließen sich nicht durch Zufälligkeit erklären. Mehr noch, die Versuchsresultate von *Piccardi* und der Vielzahl seiner Kollegen hingen, und dies war nicht überraschend, von der Sonnenaktivität und anderen kosmischen Faktoren ab. Die Ursache dafür ist, daß das Wasser, das gewöhnlichste, uns allen bekannte Wasser, sich als sehr komplizierter Stoff erwies, der sehr sensibel auf kosmische Prozesse reagiert. Schon im Jahre 1933 stellten *John Bernal* und *Fowler* die Hypothese auf, daß das Wasser eine pseudokristalline Struktur besitzt und gewissermaßen aus flüssigen Kristallen besteht.

Wie gewöhnlich erschien vielen die neue Idee absurd, es war bei weitem vertrauter, das Wasser als eine chaotische Ansammlung von Teilchen anzusehen. Aber später wurde die Hypothese über die pseudokristalline Struktur des Wassers auch experimentell bestätigt. Es stellte sich heraus, daß diese Struktur sehr labil und in gewöhnlichem Wasser fast nicht nachweisbar ist. Aber wenn Wasser, wie die Physiker sagen, aktiviert wird, d. h., in ein Magnetfeld gebracht wird, so erlangt es eine verhältnismäßig stabile pseudokristalline Struktur und im Zusammenhang damit auch neue und ungewöhnliche Eigenschaften. Die Aktivierung des Wassers selbst ist eine einfache Sache. Es ist ausreichend, eine Glasröhre mit einem Durchmesser von, sagen wir, einigen Millimetern zwischen die Pole eines Magneten zu bringen und in diese gewöhnliches Wasser zu geben. Dieses Wasser wandelt sich in aktiviertes um.

Auf den ersten Blick schien es, als ob keine Veränderung im Wasser vor sich ginge. Dieselbe chemische Zusammensetzung, dasselbe äußere Aussehen. Aber das magnetisierte Wasser ergibt beim Kochen weniger Rückstände als das gewöhnliche Wasser. Diese Eigenschaft wird bereits in der Technik ausgenutzt. Es verändern sich die elektrischen Eigenschaften des Wassers, seine Permeabilität. Die Permeabilität ist am größten bei einer Behandlung des Wassers im Magnetfeld bei einer Feldstärke von etwa $12 \cdot 10^4$ A/m. Aktiviertes Wasser adsorbiert das Licht ein wenig anders als gewöhnliches. Das Interessanteste ist, daß alle Lebewesen auf magnetisiertes Wasser sehr empfindlich reagieren. Führen wir nur einige Beispiele an.

Wenn man Saatgut von Sonnenblumen, Mais und Sojabohnen mit aktiviertem Wasser befeuchtet, erfolgt das Wachstum in einem beschleunigten Tempo. Bei Mäusen, die magnetisches Wasser tranken, vergrößerten sich die Nebennieren und verkleinerte sich die Milz. Meerschweinchen verloren schnell an Gewicht. Das Bemerkenswerteste ist, daß der Einfluß des aktivierten Wassers auf lebende Organismen in Perioden erhöhter Sonnenaktivität am spürbarsten ist.

Aber kehren wir jetzt zu den Versuchen *Piccardis* zurück. Jedesmal nahm er zwei gleichartige Reagenzgläser, füllte sie mit der gleichen Menge Wasser und löste im Reagenzglas die gleiche Menge von Wismutoxidchlorid. Aber in einem Reagenzglas war gewöhnliches Wasser, im anderen aktiviertes. Außerdem isolierte er manchmal die Reagenzgläser voı den kosmischen Einflüssen durch einen dünnen Metallschirm. Dann wurde die Grafik angefertigt, auf der horizontalen Achse Tage und Jahre, auf der vertikalen die Geschwindigkeit des Ausfällens der gelösten Wismutsalze. Die erhaltenen Resultate waren sehr überraschend.

Ungefähr in 70 von 100 Fällen führte die Isolation der Reagenzgläser zu einer Beschleunigung der Fällungsreaktion. Bei den übrigen unter den gleichen Bedingungen in aktiviertem Wasser durchgeführten Versuchen erfolgte dieselbe Reaktion bei weitem schneller als in gewöhnlichem Wasser. Besonders beschleunigten sich diese Prozesse in den Tagen und Jahren der aktiven Sonne. Dieses Ergebnis erhielt nicht nur *Piccardi*, sondern auch alle seine Kollegen.

Wie schon gesagt wurde, äußert sich die Sonnenaktivität vor allem in Veränderungen des Erdmagnetfeldes. Aber wenn Wasser auf Magnetfelder reagiert und wenn diese

Felder seine innere Struktur verändern, so ist es offensichtlich, daß die Veränderung des Erdmagnetfeldes auf das Wasser nicht ohne Einfluß bleibt. Das gegenüber beliebigen Magneteinflüssen empfindliche Wasser wird mit Erhöhung der Intensität des Erdmagnetfeldes, grob gesagt, kristalliner, und das beschleunigt in erster Linie das Ausfällen der in Wasser gelösten Stoffe.

Das ist natürlich nur ein grobes, annäherndes Schema, tatsächlich ist alles komplizierter und subtiler. Um eine genaue Theorie aufzubauen, braucht man Versuche und nochmals Versuche. Aber schon in den ersten Experimenten von *Piccardi* erwies es sich unerwartet, daß außer der Sonne auch andere kosmische Faktoren die Geschwindigkeit der Ausfällung sichtlich beeinflussen.

War es nicht verwunderlich, daß die geringste Geschwindigkeit der Ausfällung alljährlich im Frühling, im März und die größte im Herbst, im September, beobachtet wurde? Mit der Sonnenaktivität steht das in keiner Verbindung, denn diese hängt nicht von den Erdjahreszeiten ab. Es gibt auch keine Beziehung zur Bahnbewegung der Erde um die Sonne — unterscheidet sich doch die Erdbahn wenig von einer Kreisbahn. Und hier kam *Piccardi* ein kühner Gedanke — ist nicht etwa der beobachtete überraschende Effekt mit der Bewegung der Sonne und der Erde um das Zentrum der Galaxis verbunden?

Wir waren schon einmal, als wir uns mit den Schwankungen des Klimas befaßten, gezwungen, die Ursachen außerhalb des Sonnensystems zu suchen. Es war damals ausreichend, sich die galaktische Bahn der Sonne, eine komplizierte Kurve, annähernd als an eine Ellipse erinnernd vorzustellen. In dieser Kurvenbahn bewegt sich die Sonne im interstellaren Raum. Aber bei der Erdkugel ist die Flugbahn eine andere.

Die Bewegung der Erde im interstellaren Raum ist kompliziert. Sie setzt sich aus zwei Bewegungen zusammen: dem jährlichen Umlauf um die Sonne und dem gemeinsamen Flug zusammen mit dem ganzen Sonnensystem um das Galaxiszentrum. Mit anderen Worten — es vereinigen sich zwei Bewegungen, die rotierende und die vorwärts gerichtete. Als Ergebnis erhält man eine spiralähnliche Kurve, die helikoid genannt wird. Die Flugbahn der Erde um das Galaxiszentrum stellt ebenfalls eine derartige helikoide Bahn dar.

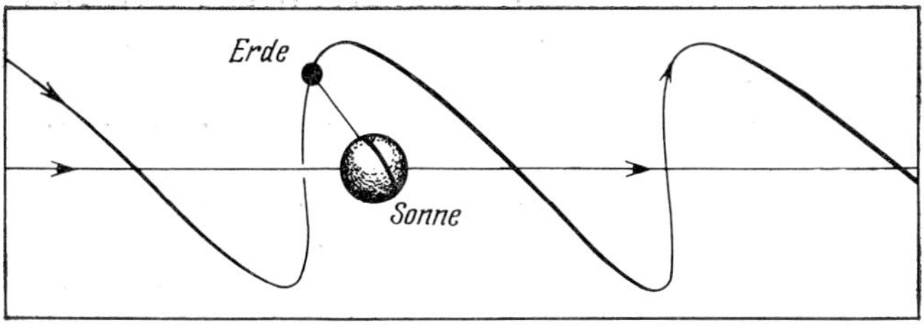

Bild 19. Der helikoide Weg der Erde im interstellaren Raum

Während der helikoiden Bewegung verändert die Erde ununterbrochen die Fluggeschwindigkeit und die Richtung dieser Geschwindigkeit in Beziehung zum Zentrum der Galaxis. Alljährlich im März fliegt die Erde fast direkt zum Galaxiszentrum mit einer Maximalgeschwindigkeit von 45 km/s. Im Herbst — im September — verläuft die Erdbewegung fast senkrecht zur genannten März-Richtung und erreicht dabei das Minimum mit einer Geschwindigkeit von 24 km/s. Und auf diesen grandiosen Wechsel reagierten in den Laboratorien der Physiker die Flüssigkeiten.

Heute ist es noch sehr schwer, alle diese erstaunlichen Tatsachen völlig zu erklären. Es ist anscheinend so, daß die Ursachen in der Einwirkung des Magnetfeldes der Galaxis auf die Erde zu suchen sind. Dieses ist sehr schwach, seine Feldstärke macht in der kosmischen Umgebung der Erde den geringfügigen Bruchteil einiger Ampere/Meter aus. Aber wahrscheinlich hat sich der Leser schon an die „homöopathischen" Dosen des kosmischen Einflusses gewöhnt.

Es ist bekannt, daß die Stromstärke in einem Leiter davon abhängt, unter welchem Winkel sich der Leiter zu den Kraftlinien eines Magnetfeldes bewegt. Gibt es hier nicht Analogien zu den von *Piccardi* bemerkten Erscheinungen? Im März, wenn sich die Erde zum Zentrum der Galaxis hin bewegt, kreuzt sie mit maximaler Geschwindigkeit die Magnetlinien des galaktischen Magnetfeldes. Im September beobachtete man das Gegenteil. Liegt hier etwa die Ursache der bis jetzt rätselhaften Reaktion chemischer Lösungen auf die galaktische Erdbewegung?

Es ist verblüffend — in einem Tropfen Wasser spiegelt sich der Kosmos wider! Es zeigten sich unbekannte Eigenschaften des Wassers, die ungewöhnlich empfindlich auf kosmische Prozesse reagieren. Aber das bedeutet, daß auch unser Organismus, der zu etwa 70 Prozent aus Wasser besteht, solchen Prozessen gegenüber nicht indifferent bleibt.

Das Leben entstand irgendwann im Wasser, und alle lebenden Organismen sind buchstäblich von Wasser durchdrungen. Dieses Hauptelement des Lebens spielt eine entscheidende Rolle bei den Lebensprozessen — es genügt, nur an die wäßrige Grundlage des Blutes zu erinnern. Über das Wasser (nicht nur!) steht der Mensch und stehen alle Lebewesen mit dem Kosmos in Beziehung. Nur wenn der Mensch die Mechanismen dieser kosmischen Zusammenhänge der Biosphäre enträtselt, vermag er sich und andere Lebewesen vor den schädlichen kosmischen Einflüssen zu schützen. Und daß das notwendig ist, wird der Leser aus den folgenden Abschnitten erfahren.

Geheimnisse der Epidemien

Das Wort Epidemie ist griechischen Ursprunges. Dem Wesen nach bezeichnet man eine Massenkrankheit, die eine große Anzahl von Menschen erfaßt, als Epidemie. Jedoch im Falle einer Pandemie verbreitet sich eine Seuche über viele Länder und Erdteile. Solche Erkrankungen fordern gewöhnlich viele Menschenleben.

Es gibt für das Entstehen von Epidemien und Pandemien verschiedene Ursachen. In Kriegsjahren wüten Typhus, Ruhr und andere Krankheiten. Das geschieht nicht zufällig, da massenhafte Ortsveränderungen der Menschen die Verbreitung der Infektion fördern. Im Mittelalter übertrugen muselmanische Pilger die Choleravibrionen fast um die ganze Erde. Ebenso wurden auf ähnlichem Wege aus Indien, wo es fast immer Herde der Pest und der Pocken gab, diese schrecklichen Krankheiten nach Europa getragen und riefen fast ständig Seuchen hervor.

Zur Epidemieverbreitung können die verschiedensten, mitunter zufälligen Ursachen beitragen, zum Beispiel Risse des Wasserleitungsnetzes und dessen Verunreinigung durch schädliche Mikroben. Eine große Rolle spielen die sozialökonomischen Bedingungen des Lebens der Menschen, die Organisation ihres Alltages und der medizinischen Hilfe. In solchen Fällen, in denen die Medizin die Ursachen der Erkrankung kennt und diese beseitigen kann, ist sie in der Lage, die Verbreitung der Epidemie aufzuhalten. All das ist unbestreitbar und im wesentlichen allgemein bekannt.

Hier sei auf etwas anderes hingewiesen. Ungeachtet der Vielzahl der Ursachen spielen bei der Entstehung der Epidemien und bei ihrer Verbreitung verschiedene Naturprozesse, darunter die Sonnenaktivität eine große Rolle. Nicht etwa, daß die Sonnenflecken die Quelle der Infektion wären.

Das ist völlig absurd. Aber die Erhöhung der Sonnenaktivität kann, wie wir gesehen haben, auf der Erde Bedingungen schaffen, die für eine weite Verbreitung von Krankheiten günstig sind. Dann, gemeinsam mit den übrigen Ursachen — in erster Linie den sozialökonomischen — wirkt sich im Verlauf der Epidemie auch der Einfluß der Sonne aus. Wenn die Medizin in der Lage ist, die Krankheit zu besiegen, so wird dieser Einfluß entfallen. Aber leider gelingt das gegenwärtig nicht immer, und deshalb sind wir berechtigt, die Sonne der indirekten, aber manchmal auch der direkten Mitwirkung an Epidemien und Pandemien zu beschuldigen.

Naturgewalten und Krankheiten

Schwerlich kann man den alten Gelehrten die Gabe der Beobachtung absprechen. Häufig bemerkten sie in der Natur Zusammenhänge völlig verschiedenartiger Erscheinungen, die ihnen geheimnisvoll vorkamen. Da sie die wahren Zusammenhänge nicht kannten, ersannen sie Erklärungen, die ihnen glaubwürdig erschienen. Manchmal erscheinen uns vom Blickpunkt des 20. Jahrhunderts aus diese Erklärungen als naiv. Aber es bleiben die festgestellten Tatsachen bestehen, und sie werden einer wissenschaftlichen Erklärung nicht entgehen.

Als wir über die Vorgänger *A. L. Tschishewskis* berichteten, erfuhren wir schon etwas über die merkwürdigen Zusammenhänge zwischen Krankheiten und Naturkatastrophen — Zusammenhänge, die schon von *Hippokrates*, *Thukydides*, *Suetonius* und vielen anderen festgestellt wurden.

Berichte über Epidemien finden wir in fast allen Werken der alten Schriftsteller. So bemerkt zum Beispiel schon *Sophokles* (5. Jahrhundert v. u. Z.), daß bei Epidemien die Krankheiten mit den Feldsaaten auf Tiere und Feten übertragen werden. Bei dem berühmten altrömischen Philosophen *Lucretius* gibt es genaue Beschreibungen von Seuchen in Attika. Nach Ansicht des römischen Dichters *Ovid*, der um die Zeitenwende lebte, erfaßt während der Epidemien die Krankheit nicht nur Menschen und Tiere, sondern sogar Pflanzen.

Die Epidemien verfolgten die Menschheit im Verlaufe ihrer ganzen Geschichte. Je mehr Menschen starben, desto stärker war gleichzeitig das Wüten anderer Naturgewalten festzustellen. Dazu noch ein Beispiel, das aus der Geschichte des Mittelalters bekannt wurde.

In der Mitte des 4. Jahrhunderts stürzte eine Serie von Katastrophen über die Menschheit herein. Schwere Erdbeben suchten im Verlaufe von 6 Jahren alle Küsten des Mittelmeeres heim. Dürren vernichteten die Ernten in vielen Ländern. Eine Vielzahl von Heuschreckenüberfällen wurde beobachtet. Die Fische vermehrten sich ungewöhnlich stark. Schließlich ging durch fast alle Länder Asiens und Europas die Pest. Der Historiker *Jewagrius*, Zeuge all dieser Ereignisse, beschreibt in seinen Werken, daß die Pestepidemien sich regelmäßig alle 15 Jahre wiederholten. Eine Vielzahl ähnlicher Beispiele kann man anführen. Es besteht aber keine Notwendigkeit, sich nur auf vergangene Zeiten zu beziehen. Den Zusammenhang von Naturkatastrophen und Epidemien kann man auch an den Ereignissen der letzten Jahre verfolgen. In den Jahren 1969 und 1970 erlebte man eine Periode stürmischer Sonnenaktivität mit ihrem fälligen Maximum. Das zeigte sich auffallend im ganzen Leben unseres Planeten. Erinnern wir uns: Die Zeitungen strotzten von Mitteilungen über ungewöhnliche Regengüsse, Überschwemmungen, Erdbeben, ausbrechende Vulkane, Dürren, stärksten Frost, Stürme, Orkane sowie andere Naturereignisse und -katastrophen.

Hier nur einige Beispiele: Im Mai 1970, als die Sonnenaktivität sehr hoch war, brach auf Island der Vulkan Hekla aus. Einige Tage später meldete sich auch der Karimsker Vulkan auf Kamtschatka und warf mehr als drei Millionen Tonnen Asche aus. In denselben Maitagen kam es in Rumänien zu einer ungewöhnlichen Überschwemmung. Vorher war in den Bergregionen drei Meter hoch Schnee gefallen, danach kam es zu Regengüssen, die länger als drei Wochen andauerten. Die Donau stieg um 9 Meter, trat über ihre Ufer. Häuser und Lebewesen wurden vernichtet. In der Türkei zerstörten mächtige Erdbeben die Ansiedlungen, und viele Menschen kamen ums Leben. Im November 1970 verwüstete ein starker Orkan die Küsten Ostpakistans. 500 Tausend Menschen waren verschollen, ungefähr 10 Millionen litten unter den Auswirkungen. Auch die Tierwelt war außer Rand und Band — es reicht aus, an das massenweise Auftreten und die Schäden durch Mäuse und andere Nagetiere, an die „Gruppenselbstmorde“ der Wale und an andere derartige, damals vielbesprochene Erscheinungen zu erinnern. In diesen Jahren wurde auch eine starke Verbreitung der Epidemien festgestellt.

Die Pandemie der Honkonggrippe begann schon im Sommer 1968 und entwickelte sich zu einer schweren Geißel für die Bewohner der ganzen Erde. Dank der unternommenen Maßnahmen waren tödliche Ausgänge eine Seltenheit. Das ist eindeutig ein Verdienst der Medizin. Noch 50 Jahre zuvor, von 1918 bis 1919, starben während der Grippepandemie mehr als 20 Millionen Menschen. Aber die Honkonggrippe war nur der Anfang der Massenerkrankungen.

1970 ging eine Choleraepidemie um die ganze Erde. Vor allem in Indien, Pakistan, Indonesien und Südkorea starben an dieser Krankheit unzählige Menschen. In Texas brach im gleichen Jahr eine Diphtherieepidemie aus, in England erkrankten wöchentlich 20 Tausend Kinder an Masern. Schließlich erhob sich ein fürchterlicher, der Menschheit schon seit alten Zeiten bekannter und gefürchteter Gast, die Beulenpest, die im Mittelalter der schwarze Tod genannt wurde. Erkrankungsfälle wurden bekannt aus den USA und aus Südvietnam. Die sowjetische Zeitschrift „Za rubeshom", die über diese Fakten berichtete (Jahrgang 1970, Nummer 38), schrieb, daß „im Jahrhundert der wundertätigen Arzneimittel und der nicht weniger effektiv wirkenden Impfungen gegen viele Erkrankungen einige Forscher vorhersagten, daß das Jahr 1970 in die Geschichte als das Jahr der großen Seuchen eingehen wird".

Die Schlußfolgerungen bieten sich von selbst an. Wenn in die Naturkatastrophen mitunter die Sonne mit verwikkelt ist, sich diese Katastrophen aber im Verlaufe der ganzen Menschheitsgeschichte mit Epidemien vereinigen, so ist es logisch zu schlußfolgern, daß bei den Epidemien die Sonne gewissermaßen die Hände im Spiel hat. Es ist dies um so natürlicher, als wenigstens in einem Fall (erinnern Sie sich an die Erzählung über die Zeckenencephalitis) die Verbreitung einer gefährlichen Krankheit, wenn auch nicht unmittelbar, sondern über Tiere, durch die Verstärkung der Sonnenaktivität verursacht wurde.

Der Weg der Cholera

Die Annahme, daß viele Epidemien mit der Sonne möglicherweise in Beziehung stehen, sprach zuerst *A. L. Tschishewski* im Jahre 1922 aus. Später, im Jahre 1930, schrieb er eine Monographie „Die epidemischen Katastrophen und die periodische Sonnenaktivität“. Dieses Buch ist fast in allen Einzelheiten nach wie vor aktuell. Es zwang viele Mediziner, sich von neuem mit der Sonne zu beschäftigen. In dieser Arbeit führte *Tschishewski* als erster den Terminus Astromedizin ein, der vielleicht heute noch ungewöhnlich klingt.

Im Jahre 1937 wurde von *Tschishewski* in Paris in französischer Sprache eine neue Monographie zur Problematik der Epidemien veröffentlicht. Die Zweitauflage dieser Monographie wurde mit Anmerkungen und erläuternden Bemerkungen in russischer Sprache 1973 unter dem Titel „Das Echo der Erde auf Sonnenstürme“ herausgegeben. Der Inhalt dieses Buches ist äußerst aktuell, und es hat den unmittelbaren Anschein, daß sich der Autor mit folgenden Worten an uns wendet: „Die in diesem Buch angeführten Probleme stellen die Epidemiologie und Mikrobiologie vor eine völlig neue Situation, die von der Wissenschaft unbedingt gemeistert werden muß. Es handelt sich dabei um die Bekämpfung der Epidemie, die in diesem Buch unter einem neuen, modernen Aspekt, der bisher den Epidemiologen und Mikrobiologen fremd ist, betrachtet wird.“

In dem Buch wird aufgezeigt, daß die heutige Epidemiologie nicht ohne die Astronomie auskommen kann. Sie kann es nicht, weil die Verbindung von Sonnenaktivität und Epidemie nachgewiesen ist. Zeigen wir das am Beispiel der Cholera.

Die Cholera ist eine gefährliche und sehr infektiöse Darmerkrankung. Ihre Erreger sind Mikroorganismen, die Choleravibrionen genannt werden. Besonders unter den Bedingungen unzureichender Hygiene sich schnell verbreitend, dringen die Choleravibrionen in den Magen und den Darm des Menschen ein. Hohe Temperatur, Durchfall, Erbrechen, Krämpfe, ein schneller Kräfteverfall und oft der Tod — das sind die Etappen der Krankheitsentwicklung. Die moderne Medizin kämpft erfolgreich mit der Cholera. Das Wichtigste ist strengste Hygiene.

Die ersten ausführlichen Beschreibungen der Choleraepidemie des Jahres 1031 findet man bei den indischen Schriftstellern. Ungefähr in dieser Zeit trat ein ungewöhnlich helles Polarlicht auf. Drei Jahrhunderte später, von 1364 bis 1376, wütete die Cholera in Asien, im Jahre 1370 bemerkten chinesische Astronomen beim Ausbruch der Epidemie, daß die Sonne derart mit Flecken übersät war, daß man dies mit bloßen Augen sehen konnte. Kurz vor der Eroberung von Byzanz durch die Türken (1453) erfaßte die Choleraepidemie Byzanz, Ägypten und Arabien. Auch in diesen Jahren war die Sonnenaktivität besonders hoch. Sind das zufällige Übereinstimmungen? Wir wollen nicht voreilige Schlüsse ziehen.

Im 18. Jahrhundert beschrieb der französische Reisende *Sonnerá* eine verheerende Choleraepidemie in Indien. Von 1768 bis 1771, das heißt, insgesamt in 3 Jahren, forderte sie Zehntausende von Opfern. In diesen Jahren wurden teleskopische Beobachtungen der Sonne schon regelmäßig durchgeführt, und die Astronomen stellten dabei eine nie dagewesene Fülle von Sonnenflecken fest.

Verfolgen wir weiter das merkwürdige Übereinstimmen im vergangenen Jahrhundert. Die erste Cholerapandemie trat in den Jahren 1816 bis 1823 auf. Sie erfaßte fast ganz Asien, gegen Ende 1823 trat sie in Astrachan auf. Innerhalb von 7 Jahren starben Hunderttausende von Menschen. Im Jahre 1816 war ein Maximum der Sonnenaktivität.

Eine weitere Cholerapandemie tobte 10 Jahre, von 1827 bis 1837. Das Unglück kam wiederum aus Indien, aber diesmal verbreitete es sich nicht nur in Rußland, sondern auch in Westeuropa. Als *A. S. Puschkin* im Jahre 1830 aus Boldino nach Moskau zu seiner Braut zurückkehren wollte, gelang ihm dies nicht — der Zugang nach Moskau war verboten.

1829, während des Höhepunktes der Epidemie, erreichte die Sonne das Maximum ihrer Aktivität. Es ist interessant, daß sich diese furchtbare Cholerapandemie bis zum nächsten Maximum hinzog, das vorzeitig im Jahre 1837 eintrat. (Der Leser wird nicht vergessen haben, daß die 11,1 Jahre den mittleren Zyklus der Sonnenaktivität darstellen.)

Im Verlaufe des vergangenen Jahrhunderts stellte man noch vier Choleraepidemien fest. Sie alle stimmten in mehr oder weniger starkem Maße mit den Jahren der erhöhten Sonnenaktivität überein. Die Erkrankungswellen folgten mit erstaunlicher Beständigkeit dem Sonnenrhythmus, als ob sie sich darin widerspiegeln würden.

Manchmal kann man diesen Zusammenhang sogar im Detail erkennen. So fiel zum Beispiel der Choleraausbruch in Hamburg im August 1892 mit einer starken Erhöhung der Sonnenaktivität im selben Monat zusammen. Statisti-

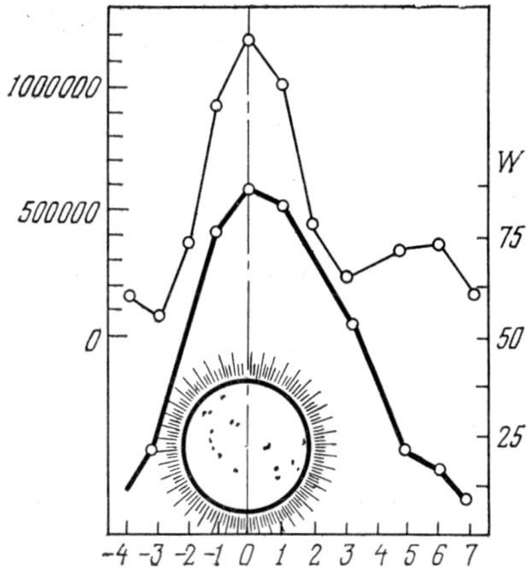

Bild 20. Häufigkeit der Choleraerkrankungen in Rußland von 1823 bis 1923 (obere Kurve) und der Verlauf der Wolfschen Zahl (untere Kurve)

ken berichten, daß Mitte August 1892 in Hamburg täglich tausend Menschen erkrankten.

Der Zusammenhang zwischen der Choleraepidemie und der Sonnenaktivität läßt sich, wie wir schon sahen, bis in die letzten Jahre verfolgen. Um diesen Zusammenhang offensichtlicher zu machen, führte 1930 *A. L. Tschishewski* einen interessanten Vergleich. Er verwendete die Daten der Sonnenaktivität (die Wolfsche Zahl) und der Choleraerkrankungen in Rußland (die Anzahl der Erkrankten) genau für 100 Jahre von 1823 bis 1923. Alle Sonnenzyklen in dieser Periode analysierte er und abstrahierte so einen gewissen mittleren Zyklus. Anders gesagt, er zeichnete eine Kurve, die im Durchschnitt den Anstieg und den Abfall der Sonnenaktivität charakterisierte. Genauso verfuhr er auch mit der Cholera.

Aber schauen wir jetzt auf Bild 20. Die Mittelwertskurve, die die Erkrankungswelle charakterisiert, und die Mittelwertskurve der Sonnenaktivität sind auffallend ähnlich. Das geht soweit, daß die Gipfel beider Kurven zeitlich zusammenfallen.

Es ist bekannt, daß bei der Berechnung der Mittelwerte zufällige Fehler sich gegenseitig kompensieren. Deshalb kommen nicht selten Gesetzmäßigkeiten zum Vorschein, die in einzelnen speziellen Fällen nicht unterschieden werden können. So auch hier. Die Ähnlichkeit der zwei Kurven zeigt anschaulich, daß die Sonnenaktivität auf irgendeine Art und Weise die Entstehung und Entwicklung der Choleraepidemien beeinflußt. Wie sie dies beeinflußt, darüber wollen wir später berichten. Wenden wir jetzt unsere Aufmerksamkeit auf ein interessantes Detail. Bei der oberen punktierten Kurve gibt es rechts einen zweiten kleinen Gipfel. Er folgt einem Minimum der Sonnenaktivität. Bedeutet das, daß man in Jahren eines Minimums auch eine gewisse Verstärkung der Epidemien beobachten kann, und wenn es so ist, warum?

A. L. Tschishewski schlug folgende Erklärung vor. In den Jahren des Minimums gibt es wenige Sonnenflekken. Dafür konzentrieren sie sich am Sonnenäquator. (Erinnern wir uns an das „Schmetterlingsdiagramm".) Aber dann, wenn sie sich mit der Erdbahnfläche überschneiden, „schießen" sie Korpuskeln und Quanten direkt auf die Erde. Dieser Vorgang tritt nicht bei polarnahen Sonnenflecken auf. Das schafft den zweiten, kleineren Gipfel der Kurve.

Der Schwarze Tod

Die Rede soll jetzt von der Pest sein. 1970 wurden in den USA insgesamt sieben Erkrankungsfälle dieser heute seltenen Krankheit registriert. In Südvietnam erwies sich die Pestepidemie als ernster — es gab 370 Fälle, von denen 18 tödlich endeten. Und das, obwohl es die moderne Medizin gelernt hat, mit Erfolg gegen die Pest zu kämpfen. Prophylaktische Maßnahmen und Antibiotika erwiesen sich als gute Hilfe. Nur in einzelnen, sehr seltenen und komplizierten Fällen führt die Pesterkrankung zum Tode. Aber früher, in vergangenen Jahrhunderten, war die Pest die größte Geißel der Menschheit. Epidemien dieser furchtbaren Krankheit brachten Millionen den Tod.

Die Erreger der Pest sind Pestbakterien. Nagetiere, in den Hafenstädten meist Ratten, sind ihre Träger. Durch Flöhe oder durch direkten Kontakt wird diese Krankheit auf den Menschen übertragen. Hohes Fieber, starke Kopfschmerzen, Bewußtlosigkeit, charakteristischer weißer Belag auf der Zunge — so etwa beginnt die Pest. An den vergrößerten Lymphknoten bilden sich Pestbeulen — schnell wachsende und sehr schmerzhafte Neubildungen. Nach einiger Zeit bilden sich aus den Pestbeulen eiternde Geschwüre, und wenn keine geeigneten Maßnahmen unternommen werden, stirbt der Kranke an einer allgemeinen Blutinfektion.

Unheimliche Erzählungen über verheerende Pestepidemien findet man schon in der Bibel und bei den alten Schriftstellern wie *Homer*, *Platon*, *Herodot*, *Thukydides*, *Hippokrates*. Auch das alte Rom wurde von der Pest gepeinigt. Darüber gibt es vielsagende Berichte von *Titus Livius*, *Tacitus*, *Vergil* und *Ovid*.

Im Mittelalter erschütterte die Pest regelmäßig Europa und Asien. Besonders verheerend war eine Pestepidemie im 14. Jahrhundert, die der Schwarze Tod genannt wurde. Sie brach in Mittelasien aus und wurde durch Handelskarawanen nach Europa eingeschleppt. Allein in drei Jahren (1348 bis 1351) starben in Europa 25 Millionen Menschen — ein Viertel der Bewohner des Kontinents — fast ebensoviel waren es in Asien. Zeitgenossen berichten von verwüsteten Städten, einer Vielzahl von Obdachlosen, von mit Pestleichen übersäten Wegen und anderen Schrecken, die der Schwarze Tod mit sich gebracht hatte.

Die Pest grassierte auch oft in Rußland. Im Jahre 1652 eroberte sie Pskow. Die Nachricht von dem Unglück war schnell bei den Nowgorodern angelangt, und dann erging nach Augenzeugenberichten eine Aufforderung an alle in Nowgorod befindlichen Pskowiter, sofort aus Nowgorod auszuziehen. Würde man am nächsten Tag noch Pskowiter in Nowgorod antreffen, so würden sie mit ihren Waren außerhalb der Stadt verbrannt werden. Eine Wache am Pskower Weg sicherte, daß niemand von Pskow her in die Stadt oder nach Pskow hinaus gelangen konnte.

Um die Periodizität der Pestepidemien aufzuklären, stellte *A. L. Tschishewski* nach historischen Quellen eine umfassende chronologische Tabelle zusammen. In ihr stimmten die Daten der grausamsten Pestepidemien (seit 430 v. u. Z. bis zum Ende des 19. Jahrhunderts) mit den Daten über die Maxima der Sonnenaktivität überein. Für die weit zurückliegenden Jahrhunderte bestimmte *Tschishewski* sie nur annähernd, doch seit der Erfindung des Teleskops wuchs die Genauigkeit der Bestimmung dieser Daten mit jedem Jahr.

Damit war der Zusammenhang zwischen Pest und Sonnenflecken sehr wahrscheinlich. In der Mehrzahl brachen Pestepidemien in den Jahren der erhöhten Sonnenaktivität aus. Vielleicht waren sie mit einer erstaunlichen Nagetiervermehrung in diesen Jahren verbunden, vielleicht erhöhte sich gleichzeitig damit die Ansteckungsgefahr durch Pestbakterien. Die Tatsache bleibt offenkundig — die Sonne dirigiert die Pest.

Wie schon im Fall der Cholera bemerkte *A. L. Tschishewski*, daß man in den Jahren des Minimums der Sonnenaktivität auch Pestepidemien öfter findet als in den gewöhnlichen, den sogenannten mittleren Jahren. Es ist möglich, daß die Ursachen dieselben sind, wie sie schon bei der Cholera angenommen werden mußten. Trotz dieser Besonderheit bleibt die Schlußfolgerung bestehen: es gibt eine Beziehung zwischen Pestepidemien und Sonne.

Beziehungen zwischen Grippe und Sonne

Im Vergleich zur Pest hält man die Grippe für eine noch gewöhnliche Erkrankung. In der Tat, wer von uns war recht nicht an Grippe erkrankt, meist sogar öfters! Kommt eine Grippewelle, so unterschätzen wir oftmals die Erkältungen und kommen auch leichtfertig mit Grippeerkrankten zusammen. Sogar die Erzählungen über die schrecklichen Geschehnisse der Jahre 1918 und 1919 lassen uns gleichgültig. Nur die Grippe, hört man sagen. Ist das etwa eine ernstzunehmende Krankheit? Ja, ernsthaft — bisweilen ist sie sogar sehr gefährlich. Die Medizin bändigte Cholera, Pest und andere verheerende Krankheiten. Aber die Grippe — wir müssen das bekennen — ist zur Zeit unbesiegt. Alljährlich sterben an der Grippe und ihren Auswirkungen noch Tausende von Menschen, und in den Epidemiejahren der Vergangenheit starben Millionen.

Die Ursache dafür ist, daß der Grippeerreger — der Grippevirus — sehr heimtückisch ist. Von einer zur anderen Epidemie erlangt der Virus neue Eigenschaften, und erprobte Gegenmittel werden dadurch unwirksam. In dieser Zeit hält dann auch eine natürliche nachgrippale Immunität nicht mehr an. Nicht immer helfen Gegenimpfungen, und sogar rigorose prophylaktische Maßnahmen versagen oftmals. Die Grippeviren, diese kleinsten Gebilde, über die

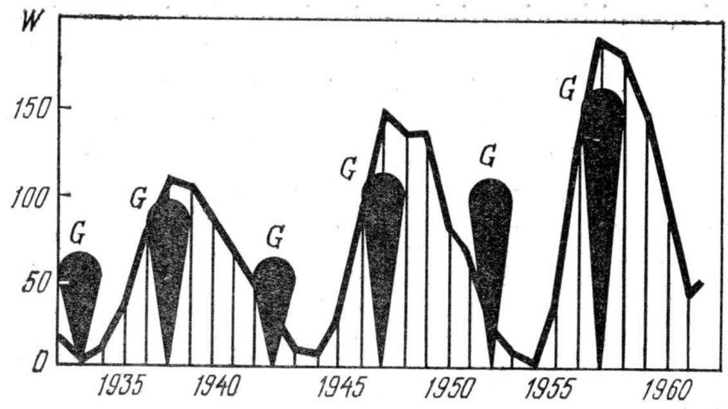

Bild 21. Das Auftreten neuer Grippeabarten (G) in Verbindung mit charakteristischen Perioden der Sonnenaktivität

bis jetzt der Streit geht, ob es sich um Lebewesen oder nur um chemische Verbindungen handelt, erwiesen sich als allgegenwärtig und bisher unausrottbar. Von neuem rollt, wie es auch im Jahre 1968 geschah, von Zeit zu Zeit eine Epidemie um den ganzen Erdball.

Gibt es nun eine Beziehung zwischen Grippe und Sonne? Diesem Problem widmete *A. L. Tschishewski* spezielle Untersuchungen. Ausgehend von historischen Chroniken, alten medizinischen Aufstellungen und anderen Dokumenten, in denen Angaben über die Grippe enthalten sind, stellte er die Daten der Grippeepidemien und der erhöhten Sonnenaktivität gegenüber.

In einer Reihe von Fällen erhielt er eine vollständige Übereinstimmung. Die erste Grippeepidemie des 15. Jahrhunderts begann im Jahre 1402. Im Jahre 1403 war das Maximum der Sonnenaktivität. Nach 11 Jahren wiederholte sich das Bild, von neuem erregte sich die Sonne, und über die Erde verbreitete sich die nächste Grippeepidemie. Es gibt Dutzende von derartigen Fällen. Das Übereinstimmen läßt sich im Verlaufe vieler Jahrhunderte bis zur Honkonggrippe des Jahres 1968 aufzeigen. Trotzdem ist die Beziehung Sonne—Grippe nicht so einfach, wie es zunächst erscheint.

Ein Teil der Epidemien brach in den Jahren des Minimums aus — ein uns bereits bekanntes Bild. Übrigens sei erwähnt, daß schon lange festgestellt wurde, daß Cholera- und Grippeepidemien nicht selten einander folgen. Aber im Unterschied zur Cholera fällt die Maximalentwicklung der Grippeepidemie nicht mit dem Maximum der Sonnenaktivität zusammen, sondern geht diesem Maximum ein wenig voraus. Ein Teil der Epidemien bricht in den Jahren aus, die dem Maximum folgen, d. h., in Perioden, in denen die Sonnenaktivität merklich abzufallen beginnt. Im Resultat der sorgfältigen Untersuchungen kam *A. L. Tschishewski* zu folgenden Schlußfolgerungen:

1. Die mittlere Periodenlänge zwischen den Grippeepidemien beträgt meist 11,1 Jahre.
2. Diese Epidemien (wieder im Mittel) treten im Zeitraum von 2,3 Jahren vor oder nach der maximalen Sonnenaktivität auf.
3. Über einen größeren Zeitraum folgt die Grippeepidemie dem Briknerschen Zyklus, d. h., die Grippeepidemie ist im Mittel nach 33 bis 35 Jahren besonders gefährlich.

Der Zusammenhang mit der Sonne ist augenscheinlich, aber Details dieses Zusammenhangs zu klären, ist zur Zeit schwierig. Das ist nicht erstaunlich, existiert doch die Epidemiologie erst seit einigen Jahrzehnten. Außerdem wurde der Zusammenhang von Sonne und Epidemie erst kürzlich festgestellt. Dennoch, auch das wurde schon gesagt, erlaubt es der Zusammenhang, Prognosen aufzustellen. So wurde zum Beispiel die Grippeepidemie des Jahres 1968 von *A. L. Tschishewski* und seinen Nachfolgern vorausgesagt. Wenn Ärzte einen solchen Termin frühzeitig erfahren, können sie sich auf die zu erwartende Epidemie vorbereiten. So geschah es auch 1968. In der Sowjetunion und anderen Ländern wurde rechtzeitig die Schutzimpfung der Bevölkerung vorgenommen, dadurch wurde der tödliche Verlauf bei den Erkrankungen auf ein Minimum gesenkt.

Was hat die Sonne damit zu tun?

Die Beziehung zwischen Sonne und Epidemie erschöpft sich nicht in den angeführten Beispielen. Es sollen hier nicht die Analysen aller infrage kommenden anderen Krankheiten folgen, sondern dem Gesagten soll nur einiges hinzugefügt werden, das für den Zusammenhang wesentlich ist.

Das Rückfallfieber (Rekurrensfieber) ist eine Krankheit, deren Auftreten vor allem durch schlechte hygienische Bedingungen begünstigt wird, so daß sie besonders oft

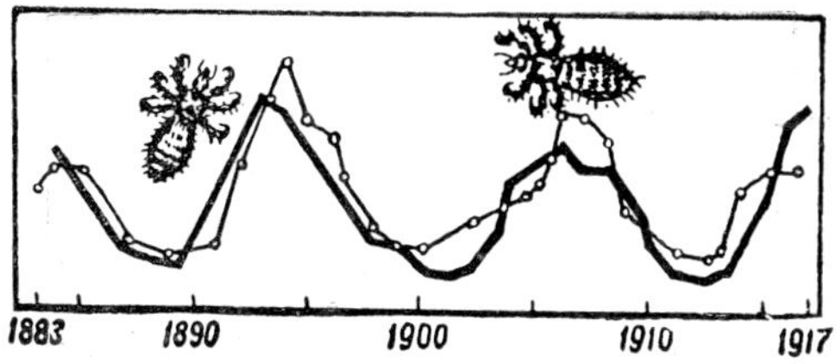

Bild 22. Die Beziehung von Erkrankungshäufigkeit an Rückfalltyphus in Rußland (dicke Kurve) und der Sonnenaktivität

mit sozialen Unruhen und Naturkatastrophen zeitlich einhergeht. Obwohl die sozialökonomischen Bedingungen im gegebenen Fall häufig die entscheidende Rolle spielen, äußert sich auch hier der Sonneneinfluß.

Im vergangenen Jahrhundert fielen die stärksten Epidemien des Rückfallfiebers mit den meisten Todesfällen in die Jahre des Maximums der Sonnenaktivität. Sorgfältige Untersuchungen, die *A. L. Tschishewski* durchführte, erbrachten interessante Details. Die größten Erkrankungszahlen traten nach den Jahren, in denen die Sonnenaktivität die allerhöchste Intensität erreichte, auf. Wenn man die Kurve der Erkrankungsfälle ein Jahr zurücksetzt, so deckt sich diese fast mit der Kurve der Schwankung der Sonnenaktivität.

Zu den Infektionskrankheiten gehört auch die cerebrospinale Meningitis, die Entzündung der Hirn- und Rückenmarkshüllen. Die Krankheit wird durch Mikroorganismen hervorgerufen und verbreitet sich zeitweise in der Art einer Epidemie. Die Auswirkungen können sehr schwer sein. Das effektivste Mittel gegen die cerebrospinale Meningitis ist eine hochdosierte Anwendung des Penicillins. Vor der Entdeckung des Penicillins „dirigierte" die Sonne ungehindert auch diese Krankheit.

Wie als erster *A. L. Tschishewski* feststellte, spiegelt sich die Sonnenrhythmik im Erkrankungsverlauf des Bauchtyphus, der Ruhr und der Lungentuberkulose bemerkbar wider.

Hier noch ein anderes Beispiel, und zwar das von der Diphtherie. Bevor es 1894 gelang, wirksame Gegenmittel im Kampf gegen die Diphtherie — die sogenannte Serotherapie — zu finden, folgte die Kurve der Diphtheriesterblich-

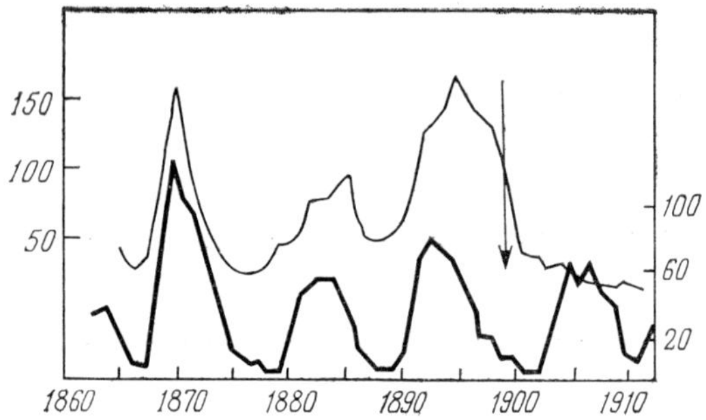

Bild 23. Die Beziehung zwischen der Häufigkeit der Diphtherie (schwach ausgezogene Kurve) und der Sonnenaktivität

keit exakt der Sonnenaktivitätskurve. Später hörte jeder Zusammenhang zwischen der Diphtherie und der Sonne auf. Der Mensch besiegte die Krankheit, und damit sank der schädliche Sonneneinfluß gewissermaßen auf Null, wurde gegenstandslos. Dasselbe kann man vom Scharlach sagen, einer in der Vergangenheit gefürchteten Krankheit, die ebenfalls mit der Sonne in Beziehung stand. Es gibt, wie gesagt, noch andere Beispiele.

Aber was macht denn nun die Sonne bei alledem? So wird der gewissenhafte und skeptisch eingestellte Leser fragen. Ist es nicht unnütz, der Sonne Wirkungen zuzuschreiben, die von ihr nicht ursächlich abhängen. Sollen

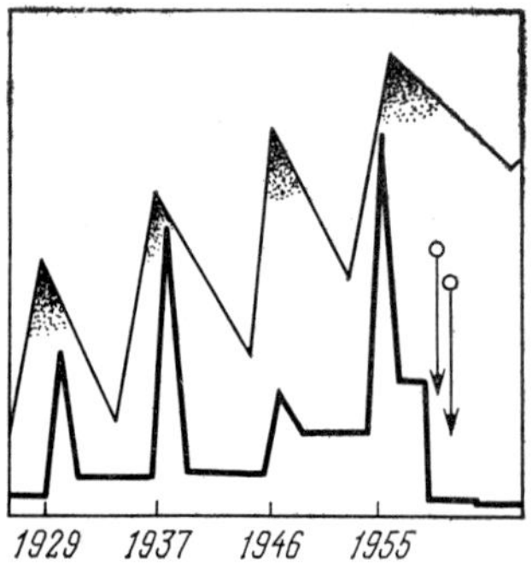

Bild 24. Die Beziehung zwischen der Häufigkeit der Poliomyelitiserkrankungen (untere Kurve) und der Sonnenaktivität

etwa die Sonnenflecken die Quellen der Infektionen und Epidemien sein?

Lassen wir *A. L. Tschishewski* zu Worte kommen: „Es ist natürlich unbegründet zu meinen", schrieb er im Jahre 1930, „daß ein gewisser Zustand der Sonnenaktivität die *Ursache* der epidemischen Verbreitung dieser oder jener Krankheit ist. Solche Art von Schlußfolgerung wäre grundfalsch. Die Tätigkeit der Sonne fördert aller Wahrscheinlichkeit nach nur die Epidemien, ihre schnellere Ausbildung und den intensiveren Verlauf. Man muß das in dem Sinne verstehen, daß die eine oder andere Epidemie aufgrund einer Reihe biologischer Faktoren auch ohne Einfluß der Sonnenfaktoren auftreten kann. Aber ohne letztere würden die Epidemien nicht in jenem Jahr, in dem sie tatsächlich auftraten, zum Ausbruch kommen, und die Stärke ihrer Entwicklung wäre nicht jene, wie sie es in der Tat ist. Daraus folgt, daß man die Rolle der periodischen Sonnentätigkeit als Rolle des Regulators für die zeitliche Ausdehnung, aber auch — und das ist sehr wichtig — für die Stärke der Entwicklung der Epidemien verstehen muß" [6].

Aber wenn die Sonne Regulator der Epidemien ist, ihr „Dirigent", auf welche Art und Weise gelingt es ihr dann konkret, diese Rolle zu erfüllen? Anders gesagt, welcher Mechanismus besteht in der Beziehung zwischen Sonne und Epidemie? Auf welche Art und Weise beeinflussen die Sonnenausstrahlungen die Mikroorganismen?

Wir haben uns schon überzeugt, daß viele Mikroorganismen der Sonne gegenüber nicht indifferent sind. In den Jahren einer hohen Sonnenaktivität vermehren sie sich verstärkt. Es ist sehr gut möglich, daß sich auch die Erreger der Epidemien so verhalten. Nicht ausgeschlossen ist, daß unter dem Einfluß irgendwelcher Sonnenausstrahlungen, verstärkt durch die Sonnenaktivität, die Epidemieerreger infektiöser werden. Vielleicht senkt die erhöhte Sonnenaktivität über irgendwelche zur Zeit noch nicht bekannten Ursachen auch die Widerstandsfähigkeit des Organismus gegen Infektionen. Zusammengenommen könnten alle diese Gründe den Zusammenhang zwischen Epidemien und Sonnenrhythmen erklären. Im übrigen sind das vorerst Hypothesen. Hier stehen noch sehr interessante Entdeckungen bevor.

Einfluß auf das Blut

In einem medizinischen Nachschlagewerk wird das Wort Blut als „flüssiger Inhalt des Herzens und aller Blutgefäße, der eine Reihe biologischer Eigenschaften besitzt" definiert. In dieser unzweifelhaft richtigen — allerdings sehr allgemeinen — Formulierung wird nicht die außerordentliche Rolle deutlich, die das Blut im Leben des Menschen spielt. Hier die wichtigsten Aufgaben, die das Blut auf dem Wege des Blutkreislaufs erfüllt: Es überträgt den Sauerstoff von der Lunge in die Gewebe und das Kohlendioxid von den Geweben in die Lunge und sichert damit die Atemfunktion.

Das Blut transportiert weiter Nährstoffe vom Verdauungstrakt in die Gewebe (Ernährungsfunktion), es entfernt sodann aus dem Organismus Abbauprodukte, die es von den Geweben zu den Ausscheidungsorganen transportiert, und vernichtet eingedrungene Fremdstoffe und -organismen. Außerdem unterstützt das Blut die Wasserbalance der Gewebe, gewährleistet die Konstanz der Körpertemperatur, reguliert den Hormonstoffwechsel. Mit einem Wort, ein Mensch, in dem das Blut nicht pulsiert, ist tot.

Die Zusammensetzung und die Struktur des Blutes sind sehr vielsagend. Aus ihnen kann der Spezialist nicht nur etwas über die Krankheiten des Menschen, sondern auch über sein Alter, seine Neigungen, Gewohnheiten und Verhaltensweisen erkennen. Das Bemerkenswerteste ist, daß das Blut und das Kreislaufsystem des Menschen — und nicht nur des Menschen — ungewöhnlich sensibel auf Schwankungen der Sonnenaktivität reagieren. In einigen Fällen ist dieser Einfluß nur mit Hilfe einer exakten Laboratoriumsanalyse zu beobachten, während in anderen Fällen eine starke Veränderung der Sonnenaktivität offensichtliche Katastrophen hervorruft, zum Beispiel Infarkte und Insulte (Anfälle, besonders Schlaganfall).

Es sei besonders unterstrichen, daß unter dem Einfluß der Sonne nur sehr kranke oder sehr alte Organismen sterben. Für Gesunde ist er unschädlich, sie reagieren nicht auf Schwankungen der Sonnenaktivität. Für alte und kranke Organismen sind starke Sonnenaktivitätsveränderungen oft der letzte Anstoß, den Organismus ungünstig zu beeinflussen. Es besteht hier eine völlige Analogie zu einer Schneelawine. Manchmal kann ein zufällig angestoßener Stein ihren Absturz hervorrufen. Die Ursache (der Stein) erscheint als unbedeutend im Vergleich zum Ergebnis (Lawine). Aber Tatsache ist, daß er gleichsam der letzte Tropfen war, um die Schale zum Überlaufen zu bringen. Schauen wir jetzt, wie das Blut auf die Sonne reagiert.

Das Rätsel der „Geldrollen"

Das Blut wird im Knochenmark des Menschen gebildet. Hier bilden sich ununterbrochen die Blutbestandteile, die Zellen: Erythrozyten, Leukozyten und Thrombozyten. An der Blutbildung sind auch die Milz und die Lymphknoten beteiligt. Die Lebensdauer der Blutzellen ist begrenzt. Erythrozyten leben 80 bis 120 Tage, Leukozyten 10 bis 12 Tage. Nach dem Zelltod werden die abgebauten Zellen ständig durch neue ersetzt. Die Blutbildung wird durch das Nervensystem reguliert. Sie hängt auch vom Vorhandensein von Vitaminen und vielen anderen Stoffen im Organismus ab. In jedem von uns zirkulieren ungefähr 5 bis 6 Liter Blut, das entspricht etwa 1/11 bis 1/12 des Körpergewichts eines Erwachsenen. Das Blut besteht nicht nur aus den festen Bestandteilen (Erythrozyten, Leukozyyte und Thrombozyten), sondern auch aus dem flüssigen Blntplasma (etwa 55 Prozent), in dem sich die zelligen, festen Bestandteile — die Blutkörperchen — bewegen.

Die Erythrozyten sind kleine rote Blutkörperchen mit einem Durchmesser von 7 bis 8 Mikrometer. Bei der Betrachtung im Mikroskop erscheinen sie als runde, an beiden Seiten eingedrückte Scheiben. In einem Blutvolumen von der Größe eines Stecknadelkopfes sind etwa 5 Millionen Erythrozyten enthalten. Leukozyten gibt es bei weitem weniger — auf jeweils 700 Erythrozyten kommt ungefähr 1 Leukozyt.

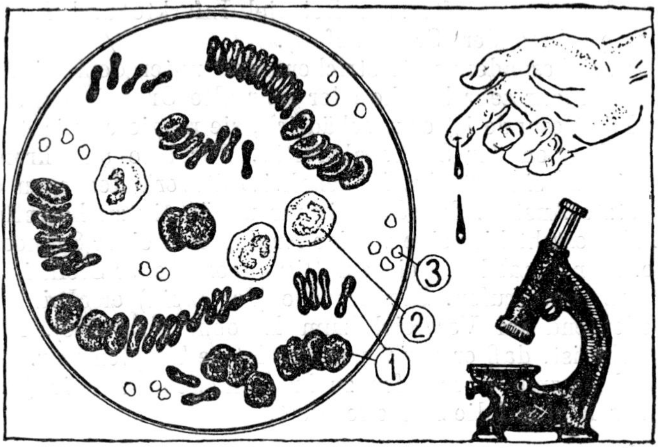

Bild 25. „Geldröllchen“ unter dem Mikroskop
1 Erythrozyten; *2* Leukozyten; *3* andere Blutbestandteile

Die Zusammensetzung des Erythrozyten ist kompliziert. Er besteht vor allem aus Hämoglobin — einer eisenhaltigen Eiweißverbindung, die dem Blut die charakteristische rote Farbe gibt. Außerdem gehören Vitamine, Fermente und verschiedene Salze zu den Bestandteilen der Erythrozyten.

Wenn ein Bluttropfen auf den Objektträger eines Mikroskops gebracht wird, ist das Gesichtsfeld von einer gewaltigen Menge Erythrozyten ausgefüllt. Aber es ist interessant — einige Erythrozyten sind nicht chaotisch verteilt, sondern erinnern nahezu an umgefallene oder an teilweise auseinandergefallene Geldrollen. Vielleicht spiegeln diese „Geldrollen“ irgendeine Strukturbesonderheit des Blutes wider? Oder bilden sich diese Erythrozytenketten zufällig?

Das Rätsel der „Geldrollen“, das lange Zeit die Mediziner bewegte, wurde durch *A. L. Tschishewski* geklärt. 1959 veröffentlichte der Verlag der Akademie der Wissenschaften der UdSSR den ersten Band seiner Monographie „Strukturanalyse des fließenden Blutes“. Die Arbeit wurde vom Mitglied der Akademie *A. N. Oparin*, dem korrespondierenden Mitglied der Akademie, *G. M. Frank*, von Prof. *P. A. Korshujew* und anderen bekannten sowjetischen Gelehrten hoch eingeschätzt. Nach Meinung der Hämatologen ist das, was *A. L. Tschishewski* schuf, der Entdeckung des Blutkreislaufes durch *Harvey* (18. Jahrhundert) gleichzusetzen. *Tschishewski* wandte bei der Analyse des fließenden Blutes die vollkommensten Methoden der modernen Physik und Mathematik an. Das Wesen dieser Arbeit, ihre Hauptidee und Resultate sind jedem verständlich. Alles, von dem hier die Rede sein wird, wurde nicht nur theoretisch von *Tschishewski* begründet, sondern von ihm in Tausenden von Laborversuchen überprüft.

1973 wurde in Kiew der 2. Band der Monographie *Tschishewskis* mit dem Titel „Elektrische und magnetische Eigenschaften der Erythrozyten" herausgebracht. Im Vorwort zu diesem Buch unterstreichen *M. J. Gurewitsch*, Doktor der medizinischen Wissenschaften, und *W. T. Tscherepin*, Doktor der physikomathematischen Wissenschaften, daß man sich bei der Einschätzung der Leistungen *Tschishewskis* „auf der Grundlage der Kriterien der modernen Naturwissenschaften leicht davon überzeugen kann, um wieviel dieser Wissenschaftler seiner Zeit voraus war. Seine Leistung besteht vor allem darin, daß er die grundlegenden Voraussetzungen angab, die für die Untersuchung des sich bewegenden Blutes als komplexes System wechselseitiger Abhängigkeiten und organisch koordinierter Prozesse, die sowohl in Raum und Zeit über physiologische, biochemische und biophysikalische Faktoren reglementiert werden, notwendig sind."

Worin besteht nun das Kernstück dieser Arbeiten von *Tschishewski*?

Früher meinte man, daß sich die Erythrozyten im Blutstrom völlig chaotisch bewegen. *Tschishewski* zeigte, daß dies nicht der Fall ist. Innerhalb der Blutgefäße bilden die Erythrozyten geordnete Ringe, deren Ebene senkrecht zur Gefäßachse verläuft.

In Bild 26 ist ein Querschnitt des Blutgefäßes dargestellt. Die schwarzen, abgeplatteten Körperchen in der Mitte sind die Erythrozyten (auch im Querschnitt gezeigt). Alle diese konzentrischen Ringe der Erythrozyten befinden sich in dem flüssigen, das ganze Gefäß ausfüllenden Blutplasma.

Jeder Erythrozyt ist einem winzigen Rädchen ähnlich. Er richtet sich so im Gefäß aus, daß er am besten vom Blutplasma umflossen werden kann, d. h. dem Strom entlang, parallel zur Gefäßwand. Um ihn herum sind flüssige Plas-

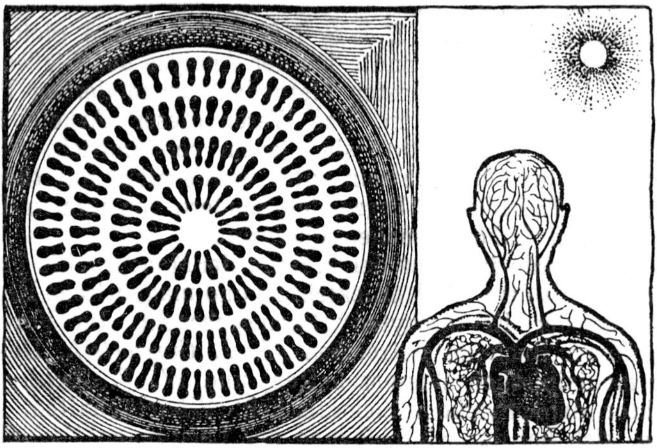

Bild 26. Erythrozytenringe in den Blutgefäßen des Menschen

maschichten, die sich, wie Wasser im Fluß, mit unterschiedlicher Geschwindigkeit bewegen — je näher der Gefäßwand, desto langsamer. Der Unterschied in den Geschwindigkeiten dreht die Erythrozyten und rollt sie dem Gefäß entlang. Aber was zwingt die Erythrozyten, sich in einem Ring zu vereinen? Wie erhält der Ring seine Struktur aufrecht?

Durch Reibung im Blutplasma und durch andere Ursachen erlangen die Erythrozyten eine elektrische Ladung. Wenn die Erythrozyten sich drehen, bildet diese Ladung einen Ringstrom, wobei sich ein Magnetfeld herausbildet. Folglich ist jeder Erythrozyt ein mikroskopisch kleiner Magnet. Dabei sind die Erythrozyten zueinander mit dem gleichnamigen Pol ausgerichtet, zwischen ihnen existiert eine Abstoßung. Aber, da jeder Erythrozyt seinen Nachbarn abstößt, erweist sich der Erythrozytenring als Ganzes stabil und elastisch. Nicht nur die elektrischen und magnetischen, sondern auch die hydrodynamischen Kräfte, die in dem sich bewegenden Blutstrom entstehen, fördern diese Ringbildung. In einem Modell unter dem Mikroskop, in dem der Druck das Blut bis in die dünnsten Glaskapillaren drückte, sah *Tschishewski* eine anschauliche Bestätigung seiner Theorie — den Erythrozytenring, die Drehung dieser Körperchen und andere theoretisch vorhergesagte Erscheinungen. Der Ring der Erythrozyten bewegt sich im Gefäß mit unterschiedlicher Geschwindigkeit — je näher der Gefäßachse, desto schneller. Bei Verzweigung der Gefäße wird dieser Ring zerstört, aber danach bildet er sich fast unverzüglich von neuem und setzt seine Bewegung fort. Bei den Leukozyten scheint es, daß sie chaotisch an der Peripherie des Blutstroms, an der Gefäßwand fließen. Alle diese Bewegungen werden vom Nervensystem gesteuert und kontrolliert.

So bewegt sich das Blut in den Gefäßen des gesunden Menschen. Wenn der Mensch ernsthaft erkrankt, wird der Erythrozytenring unelastisch. Solche äußeren Einwirkungen wie, sagen wir, starke Schwankungen des Erdmagnetfeldes (Magnetstürme), können den Ring so weit lockern, daß sich die Erythrozyten berühren, aneinanderkleben und Thromben bilden. Die Folge der Thrombenbildung ist aber, daß es zu Verstopfungen der Gefäße kommt, die äußerst gefährlich werden können.

Erfahrene Ärzte erkannten, daß das völlige Fehlen der sogenannten Geldrollen in analysierten Blutproben Symptom einer ernstzunehmenden Erkrankung ist. Beispielsweise ist das bei starker Blutarmut der Fall. Demgegenüber sind in den Blutproben völlig gesunder Menschen ganz gewiß dies Geldrollen vorhanden — die Reste der zerstörten Erythrozytenringe.

Die dynamische Hämatologie — so kann man diesen neuen Bereich der Medizin nennen — wurde durch die Arbeiten *Tschishewskis* geschaffen. Seine Anhänger und Schüler — insbesondere der Doktor der physikomathematischen Wissenschaften *W. I. Danilow*, setzten die Untersuchungen der Besonderheiten des fließenden Blutes fort. Es gibt hier noch viel Ungeklärtes.

Oft vergleicht man das Herz mit einer Pumpe. Dieser Vergleich ist aber ungenau. Wenn das Herz nur wie eine Pumpe arbeiten würde, müßte es in der Größe der Organe an der Spitze stehen. Da aber das Herz kleiner ist, könnte es kraftmäßig gar nicht das Blut durch die dünnsten Blutgefäße drücken. Aber es pumpt, und das regelmäßig über den Verlauf von Jahrzehnten. Das bedeutet, daß noch irgendwelche anderen Kräfte mitwirken. Man darf das menschliche Herz nicht nur als Pumpe betrachten, sondern auch als Generator elektrischer und magnetischer Felder — das ist der Standpunkt der Anhänger *Tschishewskis*. Denn das Herz bildet wie ein Magnetgenerator aus den Erythrozyten Magnetfäden des Blutes. Und diese Fäden, die eine sehr kleine Reibungszahl haben, gelangen leicht durch die engsten Blutgefäße. Vorläufige Berechnungen bestätigen diese kühne Hypothese.

Man kann das Herz in diesem Sinne auch für einen hochleistungsfähigen Motor halten, für eine komplizierte Maschine, in der die Dynamik einer Pumpe, eines Motors und eines Elektrogenerators vereint ist. Die elektrischen und magnetischen Kräfte, die durch den menschlichen Organismus geschaffen werden, sind sehr schwach, doch das mindert nicht ihre Bedeutung für das menschliche Leben. Wenn von solchen schwachen Kräften unsere Gesundheit und das Leben abhängen, um so verständlicher wird die Auswirkung der Schwankungen des Magnetfeldes der Erde und der Sonnenausstrahlungen auf den Menschen — beträgt doch die Feldstärke des Herzmagnetfeldes etwa 10^{-5} A/m, während demgegenüber die Schwankungen bei Magnetstürmen Hunderttausende Mal größer sind.

Der Rhythmus des Blutes

In Sotschi, dem größten Kurort der Sowjetunion, arbeitet schon viele Jahre einer der ältesten Ärzte des Kurortes, der Kandidat der medizinischen Wissenschaften *Nikolai Alexandrowitsch Schulz*. Schon 1957 entdeckte er die Beziehung zwischen den Sonnenflecken und der Leukozytenanzahl im menschlichen Blut. Seitdem wurden von ihm Hunderttausende von neuen Beobachtungen gesammelt. Seine Beobachtungen betreffen nicht nur die Menschen, die in Sotschi leben und sich erholen, sondern auch die Bewohner anderer Städte, Gebiete und sogar Kontinente. Deshalb sind die Schlußfolgerungen, mit denen wir jetzt den Leser bekannt machen, von hinreichender Gründlichkeit.

Wenn sich im Blute des Menschen die Menge der Leukozyten, der weißen Blutkörperchen, verringert, so gilt dies gewöhnlich als schlechtes Vorzeichen. Die Ärzte sprechen dann von einer Leukopenie. Das bedeutet, daß irgendwelche Infektionserkrankungen oder Anämien die normale Blutbildung beeinträchtigen. Möglicherweise ist der Organismus durch Gifte oder Strahlen geschädigt. Es ist verständlich, daß jede Leukopenie die Mediziner beunruhigt und sie veranlaßt, die Ursachen zu ergründen. *Schulz* war der erste, der einige Leukopenien (natürlich nicht alle) mit der Sonnenaktivität in Zusammenhang brachte. Die von ihm erarbeiteten Grafiken sind sehr aussagekräftig. Im Durchschnitt erhält man die Relation, daß, je aktiver die Sonne, um so häufiger die Leukopenie ist. Anders gesagt, mit wachsender Sonnenaktivität erhöht sich auch die Anzahl der Personen mit erniedrigten Leukozytenzahlen. Während sich in einem Kubikmillimeter Blut eines gesunden Menschen 6000 bis 8000 Leukozyten befinden, senkt sich bei der Leukopenie die Menge auf die Hälfte bzw. ein Drittel. Achten Sie darauf, daß die Kurve in Bild 27, die die Anzahl der Personen zeigt, bei denen eine Leukopenie festgestellt wurde, und die Kurve der Sonnenaktivität sehr ähnlich sind.

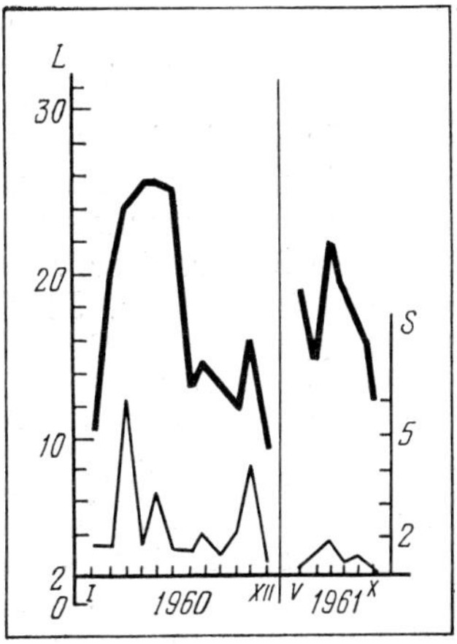

Bild 27. Beziehung zwischen der Anzahl der Leukopeniefälle (obere Kurve) und der Sonnenaktivität

Als im Februar 1956 auf der Sonne ein mächtiger Ausbruch erfolgte, wirkte sich das sofort auf das Blut der Erdbewohner aus. Im Gebiet Sotschi erhöhte sich die Anzahl der Menschen mit einer Leukopenie um das Doppelte. *Schulz* gelang es zu zeigen, daß in Polargegenden bei vielen gesunden Menschen die Anzahl der Leukozyten in einem Kubikmillimeter 3000 nicht überschreitet. Eine solche Norm rechnet bereits in den mittleren Breiten zu den Leukopeniefällen. Daraus ergibt sich die Schlußfolgerung, daß sich in Polargegenden, wo die Sonneneinwirkung besonders spürbar ist, die Menschen der Leukopenie anpassen und diese für sie zur Norm wurde.

Wir sind nicht in der Lage, die Entstehung der Magnetstürme oder sogar der Sonnenflecken bzw. der Sonneneruptionen zu verhindern. Wir haben aber die Möglichkeit vorherzusagen, wann die Sonne verstärkt auf das menschliche Blut einzuwirken beginnt; und es geht nicht darum, nur vorherzusagen, sondern auch die schädliche Sonneneinwirkung zu verhindern.

In Irkutsk arbeitet seit einigen Jahren das Laboratorium für Heliobiologie des sibirischen Instituts für Erdmagnetismus. Das Laboratorium leitet der Doktor der biologischen Wissenschaften *Ada Timofejewna Platonowa.* Sie und ihre Mitarbeiter erforschen den Mechanismus der Gerinnung des Blutes. Jeder von uns hat sich schon einmal in den Finger gestochen. Es tritt ein kleines Bluttröpfchen heraus und verdickt sich schnell, es gerinnt, wandelt sich in eine bräunliche, gallertähnliche Masse um. Es erweist sich, daß die Geschwindigkeit der Blutgerinnung von vielen Ursachen abhängt. Wenn der Mensch sehr erregt ist, gerinnt das Blut schlechter als gewöhnlich. Auf die Blutgerinnung wirken neben anderen Faktoren auch schwere physische Belastung und Temperatureinflüsse ein. (Es gibt im übrigen Menschen, bei denen das Blut fast nicht gerinnt — ihnen droht dann die gefährliche Bluterkrankheit.)

1949 fanden, basierend auf einem umfangreichen Material, *A. T. Platonowa* und ihre Mitarbeiter einen sicheren Zusammenhang zwischen der Gerinnungszeit des Blutes und der Sonnenaktivität. Es zeigte sich, daß das Blut um so schlechter gerinnt, je höher die Aktivität ist. Mit diesen Untersuchungen stimmen auch Befunde überein, die kürzlich von der Kandidatin der biologischen Wissenschaften *I. W. Galaktionowa* in Aschchabad erhalten wurden. Sie untersuchte die Besonderheiten des Blutes der dortigen Vorschulkinder. Sie gelangte dabei zu der Schlußfolgerung, daß, je höher die Sonnenaktivität, um so geringer nicht nur die Anzahl der Leukozyten, sondern auch diejenige der Erythrozyten ist. Es vermindert sich dabei auch die Hämoglobinmenge.

Die Schlußfolgerung aus allen diesen Tatsachen drängt sich von selbst auf: das Blut reagiert sehr sensibel auf Veränderungen der Sonnenaktivität.

Belebende Ionen

Das Blut überträgt den Sauerstoff von der Lunge in alle Körpergewebe. Durch das Blut atmen, d. h. leben wir. Aber einatmen kann man Verschiedenes. Genauer gesagt, davon, was der Mensch einatmet, hängt seine Gesundheit und manchmal auch sein Leben ab.

In den großen modernen Städten wie in London, New York oder Tokio ist es schwer, einen Platz zu finden, wo die Luft verhältnismäßig sauber ist. Staub, Rauch, Autoabgase und viele andere Beimengungen verunreinigen die Stadtluft. Wenn sich alle diese Beimengungen mit Nebel mischen, erhebt sich über der Stadt ein Schleier giftigen Smogs, der manchen Bewohnern Erkrankungen oder sogar den Tod bringt.

Außerhalb der Städte ist die Luft besser. Besonders rein und heilkräftig ist sie an den Meeresküsten und in den Bergen. Aber es zeigt sich, daß man ebensolche gesunderhaltende Luft bei sich zu Hause, in der Stadtwohnung schaffen kann. Dafür braucht man im wesentlichen nur elektrische Energie.

Leben und Elektrizität — sie begleiten sich anscheinend immer. Es ist gut möglich, daß sich die ersten organischen Verbindungen auf der Erde durch mächtige Entladungen der atmosphärischen Elektrizität bildeten. Die Elektrizität half, nichtlebende Materie in Leben zu verwandeln.

Wenn sich ein Gewitter entladen hat, wie leicht kann man dann atmen! Der Mensch fühlt sich frisch, voller Kräfte. Was ist das Geheimnis dieses neuen Zustandes? Warum wirken Entladungen der atmosphärischen Elektrizität so wohltuend auf den Menschen?

Vor mehr als einem halben Jahrhundert entdeckte *Tschishewski*, daß negativ geladene Ionen der Luft günstig auf den Organismus von Menschen, Tieren und Pflanzen wirken. Demgegenüber verschlechtern positiv geladene Ionen den Stoffwechsel, hemmen das Wachstum und unterdrücken allgemein die Lebenstätigkeit der Organismen.

Erinnern Sie sich eines einfachen Schulversuchs. Am negativen Pol eines Elektrophors einer Influenzmaschine bringt man eine Metallspitze an. Wenn man die Maschine dreht, beginnen aus der Spitze buchstäblich Elektronenlawinen auszutreten — ein kleiner elektrischer Wind. Die Sauerstoffmoleküle unterstützen diesen Prozeß. Sie ziehen Elektronen aus dem Metall an, und als Resultat erlangen einige Sauerstoffatome eine oder zwei zusätzliche Elektronen. Damit wandeln sie sich aus elektrisch neutralen in negativ geladene Sauerstoffatome um. *Tschishewski* schlug vor, diese negativ geladenen Sauerstoffatome als negative A e r o i o n e n zu bezeichnen.

So etwa ist auch das prinzipielle Schema der Ionisation der Luft. In der Praxis sind leistungsfähigere Aeroionisatoren als beim Schulversuch erforderlich, die äußerlich wie ein Kronleuchter mit vielen kleinen spitzen Nadeln konstruiert sein müssen. Durch diese Nadeln wird aus dem gewöhnlichen Stromnetz (selbstverständlich mit Hilfe eines Transformators und eines Gleichrichters) Strom mit einer Spannung von 50 Tausend Volt hindurchgeschickt. An den Nadeln treten unaufhörlich Elektronenlawinen aus und nach nicht allzulanger Zeit ist das Zimmer mit negativen Aeroionen gesättigt. Damit entsteht eine Luft, die der an den Meeresküsten oder der reinen, frischen Luft nach einem Gewitter ähnlich ist. Die negativ geladenen Aeroionen des Sauerstoffs entsprechen in ihren physikalischen Eigenschaften neutralen Fluoratomen. Schon seit langem ist bekannt, daß Fluorverbindungen zur Heilung bösartiger Geschwülste erfolgreich genutzt werden können. Das bedeutet — wie man erwarten könnte —, daß negative Aeroionen des Sauerstoffs auf den Menschen gleichfalls heilsam wirken. Die Wirklichkeit übertraf alle theoretischen Erwartungen.

Außerdem erwies es sich, daß negative Aeroionen wesentlich die Behandlung von Kranken mit Bronchialasthma, Hypertonien, Allergien, Grippe, Angina und Krankheiten des vegetativen Nervensystems günstig beeinflußten. Tierversuche ergaben, daß die Aeroionisierung der Luft das Wachstum und die Produktivität landwirtschaftlicher Nutztiere fördert und ihre Krankheitsanfälligkeit sehr stark senkt. Mit negativen Sauerstoffaeroionen gesättigte Luft wird bioaktiv, wirkt belebend. Diese Resultate wurden von *Tschishewski* auf 758 Seiten seiner ausführlichen Monographie „Die Aeroionisierung in der Volkswirtschaft" (1960) ausgewertet.

Am 10. Juli 1970 veröffentlichte die sowjetische Zeitung „Prawda" einen Artikel unter dem Titel „Belebende Ionen". In ihm wurde über die Arbeiten *I. A. Ostrjakows* berichtet, der die Forschungen *Tschishewskis* erfolgreich fortsetzt. Zusammen mit anderen sowjetischen Wissenschaftlern konnte er nachweisen, daß die Luft auch dann schon viel heilsamer als gewöhnlich ist, wenn sie nicht mit negativen Ionen übersättigt wird, sondern wenn man in ihr nur die Menge der positiv geladenen Sauerstoffionen vermindert. Es erwiesen sich dafür niedrigpotentielle Ionisatoren als ausreichend. (Im Zimmer *Ostrjakows* dient als Ionisator eine gewöhnliche Palme, aus deren Blättern Elektronen in die Luft fließen.)

Normale frische Stadtluft enthält in jedem Kubikzentimeter 700 bis 1500 negative Sauerstoffaeroionen. In den Küstenkurorten ist diese Zahl etwa 10mal größer. Aber im geschlossenen Zimmer sinkt die Anzahl der negativen Aeroionen gewöhnlich auf 25. Wir werden hier an die Zeilen aus der Erzählung „Das Glück" von *P. A. Pawlenko* erinnern: „Man muß sich völlig durchblasen, jede Zelle mit frischer Luft auswaschen. Lernen Sie zu atmen! Gewöhnen Sie sich daran, sich zur Luft zu verhalten wie zu einer Nahrung. Empfinden Sie sie durch Geschmack und Geruch, genießen Sie sie wie ein Feinschmecker. Trinken Sie nur frische Luft, halten Sie sich bei Ihren Krankheiten an die Politik der offenen Türen!"

Der kritische Leser wird denken: All das ist gut, aber was macht dabei die Sonne? Steht etwa die Sonnenaktivität auf irgendeine Art mit der Aeroionisierung in Beziehung? Kurz gesagt, ja, sie steht damit in Beziehung. Während der Periode der Sonnenaktivität erhöht sich die Anzahl der Gewitter, die Luft wird mit negativen Aeroionen angereichert, das Atmen wird leichter. Und jeder mächtige Sonnenausbruch erhöht, wenn auch unbedeutend und nur für kurze Zeit, die Ionisierung der Luft.

In den Arbeiten *Tschishewskis* und seiner vielen Anhänger wurden nicht nur die positiven, sondern auch die schädlichen Einflüsse der Sonne aufgedeckt. Doch die Aufgabe der Wissenschaft besteht nicht nur darin, festzustellen, wie und warum die Umwelt den Menschen schädigt. Die Wissenschaft muß den Menschen vor den schädlichen Einflüssen der Umwelt schützen, seine Gesundheit verbessern und sein Leben verlängern. Von diesem Gesichtspunkt aus ist das Interesse *Tschishewskis* an der Aeroionisierung völlig verständlich. Die Luft belebender zu machen, die Gesundheit des Menschen zu stärken — das bedeutet, ihm Hilfe zu geben im Kampf gegen die schädlichen Sonneneinwirkungen. Solch edles, tief humanitäres Ziel verfolgten *Tschishewski* und seine Anhänger, von denen besonders der Kandidat der biologischen Wissenschaften *G. N. Perlatow* zu nennen ist, der in schwersten Jahren erfolgreich dem Begründer der Heliobiologie half, eine völlig neue Lehre über das Blut und die Aeroionisierung zu schaffen.

Die Lehre über die Aeroionisierung, die von *Tschishew-*

ski geschaffen wurde, zwingt von neuem, den Weg der Evolution des Lebens auf der Erde einzuschätzen, wie es als erster der bekannte sowjetische Biologe Professor *Pjotr Andrejewitsch Korshujew* tat.

Warum können Tiere nicht über längere Zeit leben, ohne zu atmen? Warum gibt es in ihrem Organismus keine ausreichenden Reservoire an Sauerstoff, die für die Tiere oft äußerst nötig wären? Das Fehlen von Sauerstoffreservoiren ist um so unverständlicher, als die Nährstoffreserven bei den Tieren manchmal sehr bedeutend sind.

Die Ursache könnte die sein, meint *P. A. Korshujew*, daß die negativen Sauerstoffionen in solchen imaginären Sauerstoffreservoiren nicht länger als 10 Minuten existieren würden, danach würde der Sauerstoff seine Bioaktivität verlieren. Das bedeutet, daß die Evolution nicht den Weg der Bildung derartiger Reservoire ging, sondern den Weg der Atmung, der die Zellen immer wieder von neuem mit atmosphärischen, negativ geladenen Aeroionen versorgt. Wenn es nicht so gewesen wäre, hätte die Evolution auf der Erde bei weitem anders verlaufen können.

In der Zukunft wird, wie man den Aeroionisator nennen könnte, der Tschishewskische Leuchter unzweifelhaft breiteste Anwendung finden. Er säubert die Luft in Schächten, in Zimmern, in Laboratorien, in Werkhallen, Sälen — kurz gesagt, überall dort, wo Menschen arbeiten und sich erholen. Er hilft dem Menschen im Kampf gegen Krankheiten, stärkt seine Gesundheit, verlängert sein Leben. Er macht schließlich die Luft in Raumschiffen und sicherlich einmal in künftigen Mondbehausungen belebender. Dennoch schützt selbst die sauberste Luft den Menschen nicht vor einigen schädlichen Auswirkungen der Sonne.

Einwirkungen auf das Herz

Es ertönt das auf- und abschwellende Alarmsignal des Sanitätswagens. Irgendwo ist ein Unglück geschehen. Das Leben eines Menschen ist in Gefahr. Nicht selten entscheiden Minuten die Frage: leben oder nicht leben? Sehr oft befördert der Sanitätswagen Menschen mit Erkrankungen des Herzens oder des Herz-Kreislauf-Systems. Heute halten in den Statistiken der Todesursachen gerade die Herz-Kreislauf-Erkrankungen die traurige Spitze. An zweiter Stelle kommt der Krebs, an dritter stehen die zerebrovaskulären Krankheiten (darunter Gehirnbluten — der sogenannte Schlaganfall), und erst mit Abstand folgen Verkehrsunfälle, Tuberkulose und sodann Infektionskrankheiten vor sonstigen Ursachen. In der Statistik schlägt sich in der bedauerlich hohen Zahl der Infarkte und Schlaganfälle auch der Anteil der aktiven Sonne nieder.

Der Infarkt des Myokards — im weiteren wird von diesem Infarkt die Rede sein — wird durch einen Absterbeherd des Herzmuskels (Myokard) hervorgerufen. Er entsteht, wenn durch Pfropfen (Thrombose) die Herzkranzgefäße vom normalen Blutstrom ausgeschlossen werden. Eine große Rolle spielt dabei das Nervensystem — der sogenannte Herzschlag bei großer Angst —, aber die Hauptursache sind, wie man sagt, Verkalkungen, Gefäßverengungen durch Salze, die sich in den Gefäßen ablagern.

Der Schlaganfall tritt plötzlich als eine starke Störung (bzw. Aufhören) des Blutkreislaufs im Hirn auf, die gewöhnlich infolge Zerreißens eines Hirngefäßes von einem Bluterguß begleitet ist. Die Ursachen sind ähnliche wie beim Infarkt. Jugendliche haben in der Regel Infarkte und Schlaganfälle nicht zu fürchten. Für ältere Menschen sind sie jedoch eine Geißel, deren Schläge die heutige Medizin nicht immer fernhalten kann. Und wie es normalerweise ist, wirken bei derartigen Fällen auch äußere Kräfte, die Einflüsse der Umwelt. Wenn der Organismus alt und abgenutzt ist, sich am Rande der Katastrophe befindet, so ist oft ein relativ geringer Anlaß ausreichend, um dem Organismus den Tod zu bringen. Wenden wir uns nach dieser allgemeinen Einführung dem Kernproblem zu.

Vor ungefähr 60 Jahren bemerkten die Ärzte eine seltsame Erscheinung. An einigen Tagen war die Anzahl der Patienten besonders hoch. Das setzte sich über 2 bis 3 Tage fort, danach stellte sich die normale Situation wieder her. Es wurde auch festgestellt, daß damit übereinstimmend die Statistik des plötzlichen Todes durch Herzschlag und Schlaganfall ebenfalls einen seltsamen Gleichlauf, geradezu eine Gesetzmäßigkeit aufwies. Wodurch diese Häufungen hervorgerufen wurden, konnte zunächst niemand klären. Hier half etliche Jahre später ein Zufall.

In Nizza beobachtete man in der Arbeit der örtlichen automatischen Telefonstation serienmäßig Unterbrechungen — Lärm, Knistern, Verständigungsstörungen. Es gab

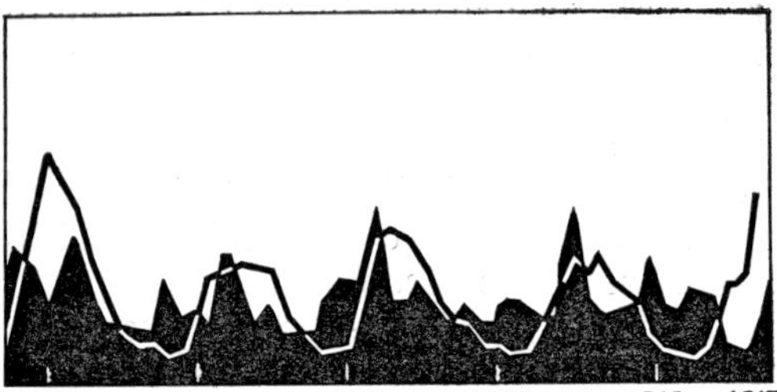

Bild 28. Die Sterblichkeitsschwankungen in Rußland von 1870 bis 1917 und die Schwankungen der Wolfschen Zahl (Kurve)

Tage, an denen diese Störungen derartig heftig waren, daß die Telefonverbindung für einige Stunden unterbrochen war. Wie groß war gleichermaßen das Erstaunen der Telefonisten und der Ärzte, als es sich herausstellte, daß sich die Erhöhung der Anzahl der Patienten und die Störungen des Telefonnetzes regelmäßig an ein und denselben Tagen wiederholten! Aber die Störungen der Arbeit des Telefonnetzes werden, wie wir wissen, insbesondere durch Magnet- und elektrische Stürme in der Erdatmosphäre hervorgerufen. Diese Stürme häufen sich und werden mächtiger in erster Linie mit dem Anwachsen der Sonnenaktivität. Das bedeutet, daß an diesen Serienerkrankungen der Menschen die Sonne schuld ist. Dieser Zusammenhang wurde in Frankreich als eine Erfahrungstatsache in den dreißiger Jahren unseres Jahrhunderts offenbar. Aber schon früher hatte *Tschishewski* in sehr genauen Untersuchungen die enge Verbindung zwischen der Sterblichkeit und der Sonnenaktivität aufgezeigt. Der Verlauf beider Kurven ist sehr ähnlich. Auf allen Grafiken, die von *A. L. Tschishewski* zusammengestellt wurden, stimmten die Jahre der maximalen Sonnenaktivität mit unheilkündenden Gipfeln bei der Kurve der allgemeinen Sterblichkeit überein.

Die französischen Wissenschaftler *M. Faure*, *G. Sardou* und *G. Balleaux* untersuchten im Verlauf von zwei Jahrzehnten (von 1922 bis 1942) sorgfältig die Beziehung zwischen der Sterblichkeit und der Sonnenfleckenlage auf der Sonnenscheibe. Die erhaltenen Resultate waren überzeugend. In 84 Prozent der unerwarteten Todesfälle mit Infarkten und Schlaganfällen als Ursache fielen diese mit dem Durch-

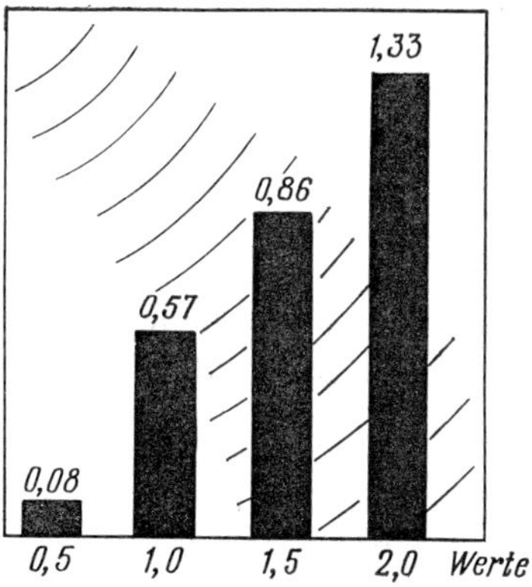

Bild 29. Die durchschnittliche Anzahl der Todesfälle je Tag bei Magnetstürmen unterschiedlicher Stärke

gang der Sonnenflecken durch den zentralen, in diesem Moment der Erde zugewandten Sonnenmeridian zusammen. Später wurde diese Schlußfolgerung durch französische Forscher, die Brüder *Dull*, *Pumaiaux* und *Viar*, auf der Basis von mehr als 200 Tausend Fällen bestätigt.

Die Beziehung zwischen Sonne und Herz, oder genauer, der Sonnenaktivität und der Herz-Kreislauf-Erkrankungen, wurde in der letzten Zeit auch von einer Reihe sowjetischer Wissenschaftler untersucht. Der Leningrader Forscher *B. A. Rywkin* begutachtete 8363 Myokard-Infarkt-Fälle, die in Leningrad von 1960 bis 1963 auftraten. Es zeigte sich, daß an Tagen hoher Sonnenaktivität auch die Infarktanzahl wuchs. Dabei war der Einfluß der Sonne in Abhängigkeit von der Jahreszeit — im zeitigen Frühjahr, im Herbst, aber auch im Winter — besonders deutlich. Noch ein anderes Detail: In der Periode des Anwachsens der Sonnenaktivität wurde ein Erkrankungsanstieg an Myokardinfarkten nur in den ersten 2 bis 4 Tagen beobachtet, danach stabilisierte sich die Lage ungeachtet der hohen Sonnenaktivität. Es scheint, daß auf die Infarktentwicklung nicht so sehr die Sonnenaktivität selbst wirkt, sondern die Stärke der Veränderung, der sich der Organismus im bestimmten Falle nicht anzupassen vermag.

Die sowjetischen Ärzte *K. F. Nowikowa*, *T. N. Panow* und *A. P. Schuschakow* führten 1961 in Swerdlowsk Beobachtungen an 455 Myokard-Infarkt-Kranken durch. Der Verlauf der Krankheit wurde den Angaben über den Zustand des Erdmagnetfeldes gegenübergestellt. Hier die Schlußfolgerung: in Magnetsturmperioden wuchs auch die Zahl der Infarktkranken, verschlechterte sich der Krankheitsverlauf. Je mächtiger der Sturm war, desto schädlicher erwies sich dessen Einfluß auf die Kranken. Die Resultate zeigten, daß bei starken Magnetstürmen Infarkte 11- bis 16mal häufiger zum Tode führten als an Tagen ohne diesen Einfluß.

Zu ungefähr denselben Schlußfolgerungen kam der Kiewer Arzt *W. P. Kolodtschenko*, der die Kiewer Infarktstatistik in den Jahren von 1963 bis 1968 bearbeitete. Auch der Dozent des Tomsker Medizinischen Institutes *W. P. Dessjatow* zeigte auf der Grundlage von 17jährigen Untersuchungen, daß die plötzlichen Todesfälle sich während der ersten drei Tage nach dem jeweiligen Sonnenausbruch häufen.

Nicht nur Infarkte und Schlaganfälle, sondern auch die Erhöhung des Blutdrucks (Hypertonie) wird nicht selten durch die Sonne, durch ihre wachsende Aktivität hervorgerufen. Es ist wahr, daß nicht alle Menschen auf die Sonnenaktivität reagieren, sondern nur die Schwerkranken — diese Schlußfolgerung erhärtete im Jahre 1967 *B. A. Rywkin* auf der Basis von mehr als 14 Tausend Beobachtungen.

Die Sonne beeinflußt das Herz. Sicherlich nicht immer und nicht bei allen Menschen. Doch das enthebt die Wissenschaft nicht der Aufgabe, die Geheimnisse des ungünstigen Einflusses zu enträtseln, um danach den Menschen vor diesen Wirkungen zuverlässiger zu schützen.

Existiert eine Z-Strahlung?

Auf welche Art und Weise die Sonne auf die lebenden Organismen einwirkt, bleibt trotzdem unklar. Vielleicht durch Magnetstürme, die auf der Erde entstehen? Ja, das ist unbestreitbar, aber die Details der Wechselwirkung von Erdmagnetfeldern und der lebenden Materie sind zur Zeit nicht völlig geklärt. Oder durch die ultraviolette Strahlung? Sie wird in bedeutendem Maße durch die Atmosphäre adsorbiert. (Die Erdatmosphäre ist für Strahlen mit einer Wellenlänge kleiner als 290 Millimikron undurchdringbar.) Oder durch Strahlen des sichtbaren Lichtes? Sie beleuchten und erwärmen alles Lebende, und ihre Wirkung ist allgemein bekannt.

Wirken auf die Biosphäre möglicherweise Radiostrahlungen der Sonne? Die Frage ist keineswegs absurd. Elektromagnetische Wellen mit einer Länge von 1,25 cm bis 30 m überwinden die Atmosphäre, während langwelligere Strahlen durch den Luft „panzer" der Erde aufgehalten werden. Aber können die Radiowellen irgendwie auf lebende Organismen wirken, sind diese elektromagnetischen Strahlen bioaktiv?

Es ist bekannt, daß die Radiowellen der Telegrafenanlagen auf kolloide Lösungen, die sich aus kleinsten Teilen fester oder flüssiger Stoffe zusammensetzen, nachweisbar einen Einfluß ausüben. Obwohl die Radiowellen der Telegrafenanlagen keine hohe Leistung haben, bewirken sie, daß in einigen Kolloiden die sich darin befindenden schweren Teilchen schnell absetzen.

Auch die Milch ist ein Kolloid — ein Gemisch von Wasser und Fetttröpfchen. Allen ist bekannt, daß während eines Gewitters die Milch gerinnt; sie wird sauer. Die Ursache ist, daß durch Blitze, die elektrische Entladungen darstellen, Radiowellen erzeugt werden, die ein Zerfallen der Milch in ihre Bestandteile — Fett und Wasser — bewirken.

In den Jahren 1932 bis 1933 untersuchte *Tschishewski* die direkte Einwirkung der Radiowellen auf lebende Organismen. Kaninchen wurde eine starke Giftdosis injiziert. Sie war so stark, daß sich die Tiere an der Todesgrenze befanden. Andere Tiere wurden mit sich schnell entwickelnden Infektionskrankheiten injiziert. Wenn *Tschishewski* solche sich an der Grenze zwischen Tod und Leben befindlichen Tiere einer kurzwelligen Radiostrahlung aussetzte, starben 80 Prozent der Tiere. Wurden im gleichen Ausgangszustand befindliche Tiere in eine geerdete metallische Zelle gebracht, in deren Inneres elektromagnetische Wellen nicht eindrangen, so überlebten alle.

Das Blut der Menschen und der Tiere, das Zellprotoplasma und die Lymphe (eine zwischenzelluläre Gewebsflüssigkeit) — das alles sind Kolloide. Ist nicht folgerichtig anzunehmen, daß während der Sonnenaktivitätsperioden, in denen die Radiostrahlung um das Tausend- und Millionenfache wächst, die Sonnenradiowellen Veränderungen in den

Kolloiden der lebenden Organismen hervorrufen, Veränderungen, die manchmal gering sein können, aber manchmal auch zum Tode führen?

In einer Broschüre, die die beiden sowjetischen Mediziner *J. W. Sebrant* und *M. P. Trojanski* schrieben, wird Genaueres über den Einfluß von Radiowellen auf lebende Organismen berichtet [7]. Es erwies sich, daß von allen Radiostrahlungen Wellen im Bereich von 1 mm bis 1 m durch den menschlichen Körper am stärksten adsorbiert werden, d. h., daß diese am bioaktivsten sind. Von diesen wiederum wirken in erster Linie die Dezimeterradiowellen am stärksten auf den Organismus. Die Versuche zeigten, daß Bestrahlungen mit solchen Radiowellen hoher Dosen eine Arhythmie des Herzens sowie eine Unterbrechung des Atemrhythmus und danach den Tod der Tiere hervorrufen.

Teilweise wird das durch Überhitzung des Organismus erklärt, doch nur teilweise. Es erwies sich, daß sogar sehr schwache Dezimeterradiowellen einen Zerfall der Kolloide in die Bestandteile bewirkten. Auf die Experimentatoren wartete aber außerdem eine Überraschung.

Es zeigte sich, daß Amöben, Infusorien und andere einfache Organismen auf irgendeine Weise Radiowellen fühlen und bei einigen Wellenlängen beginnen, sich völlig in ihrer Bewegung entsprechend dem Kraftlinienverlauf des Elektromagnetfeldes zu orientieren. So verhielten sich auch Ameisen, die mit Dreizentimeterradiowellen bestrahlt wurden — sie streckten dabei ihre Fühler entlang dem Feld aus, aber danach verloren sie durch irgendeine Ursache nach der Bestrahlung die Fähigkeit, Signale mit ihren Gefährten auszutauschen. Mehr noch, in einigen Versuchen veränderten die Radiowellen die Erbeigenschaften von Bakterien und Insekten, sie beschleunigten oder aber sie hemmten manchmal das Wachstum der Bakterien.

Es wurde bemerkt, daß Menschen, die ständig in der Industrie mit Radiowellen geringer Intensität bestrahlt werden, über Schädigungen des Nerven- und des Herz-Kreislauf-Systems klagen. Sie ermüden schnell, alles erregt sie, und sie leiden unter Kopfschmerzen.

Es ist möglich, daß bestimmte Radiowellen unmittelbar auf die Neuronen — die Nervenzellen — einwirken, indem sie die Erregbarkeit verändern. Diese Hypothese erhält mit jedem Jahr immer mehr Bestätigungen.

Da sie auf das Nervensystem wirken, können die Radiowellen bedeutende psychische Zerrüttungen bei höheren Tieren und beim Menschen hervorrufen. Die Effekte werden besonders deutlich, wenn ein konzentrierter Strom von Radiowellen auf den Hirnstamm von Menschen oder Affen gerichtet wird.

Bei Versuchen, die an Affen durchgeführt wurden, zeigte sich, daß die Tiere zunächst träge, danach aber stark erregt wurden. Sie schnitten Grimassen, atmeten heftig, und nach 5 Minuten starben sie unter Krämpfen und Zuckungen.

Es fanden sich Menschen, die sich freiwillig der Wissenschaft zur Verfügung stellten. Sie wurden durch schwache Generatoren (Leistung 1 Milliwatt, Frequenz 500 Megahertz) aus einer Entfernung von einigen Metern bestrahlt. Bei diesen Menschen machten sich Pulsierungen im Kopf bemerkbar, sie glaubten Laute zu hören, und sie hatten sogar den Wunsch, die Experimentatoren zu beißen!

Wie ist das alles zu erklären? Die Mehrheit der Wissenschaftler kam zu der Meinung, daß Radiowellen den Organismus auf zweierlei Art beeinflussen.

Erstens verändert sich durch die Energieadsorption der Radiowellen der molekulare Bau der lebenden Zellen (der sogenannte quantenbiologische Effekt). Zweitens verändern die Radiowellen die Prozesse der Erregung, der Leitfähigkeit und des Stoffwechsels in den Nervenzellen — von hier geht vor allem der schädigende Einfluß der Radiowellen auf das Zentralnervensystem aus.

Mit einem Wort, einige Radiostrahlungen sind sehr bioaktiv. Aller Wahrscheinlichkeit nach beeinflußt aus diesen Gründen die Sonne die Biosphäre nicht nur durch die Magnetfelder, sondern auch durch die Radiowellen.

Wie die Untersuchungen *B. M. Wladimirskis* (*Wladimirski, B. M.*: Erde und Universum 1974, Nr. 4.) ergaben, kann die Sonnenaktivität über ultraniederfrequente Radiowellen (unter 5 Hz) auf die Biosphäre einwirken. Diese Wellen werden vom angeregten Elektromagnetfeld der Erde ausgestrahlt. Man stellt sich dabei folgenden Ablauf vor: Zur Erde und in ihre Magnetosphäre dringt ununterbrochen korpuskulare Sonnenstrahlung, das heißt „Sonnenwind“, vor. Nach einer Sonneneruption erreicht der damit verbundene Teilchenausstoß die Erdumgebung und stört das elektromagnetische Feld der Erde bzw. regt es an. Die vertikale elektrische Komponente des pulsierenden Erdfeldes erreicht dabei eine beträchtliche Stärke (Hunderte Volt je Meter). Genaugenommen verwandelt sich damit das geomagnetische Feld in eine „natürliche“ Sendestation, und die von ihr ausgehenden Radiowellen üben ihrerseits einen merklichen Einfluß auf das Nerven- bzw. Herz-Kreislauf-System bei Menschen und Tieren aus. Dies konnte in Laborversuchen nachgewiesen werden.

Es sei noch erwähnt, daß entsprechend den Untersuchungen von *Wladimirski* das elektromagnetische Feld die Rolle eines Mittlers zwischen der Sonne und der Erdbiosphäre spielt. Abgesehen von der korpuskularen Strahlung wirken jedoch auf dieses Feld auch noch andere Faktoren ein. So verstärkten sich nach einer Sonneneruption z. B. auch die ultraviolette und die Röntgenstrahlung der Sonne. Diese kurzwellige Strahlung ionisiert die oberen Schichten der Erdatmosphäre. Dadurch wird das Gleichgewicht der Ionosphäre gestört, und es verändern sich die ionosphärischen Ströme, was wiederum unmittelbar zur Induktion von ultraniederfrequenten Radiowellen führt. Nach Meinung von *Wladimirski* ist es nicht unwahrscheinlich, daß das komplexe System durch atmosphärische Infralaute, deren Registrierung jedoch äußerst kompliziert ist, noch erschwert wird.

Ist nun die Korpuskularstrahlung der Sonne allein bioaktiv, ohne jene Magnetfelder, die diese selbst besitzt? Wirken auf den Menschen irgendwelche Sonnenprotonen, α-Teilchen und allgemein kosmische Strahlen? Außerhalb der Atmosphäre ist das unzweifelhaft. Es ist ausreichend, an die außerordentliche Gefahr jedes mächtigen Sonnenausbruches für die Kosmonauten zu erinnern. Aber die Erdatmosphäre schützt uns zuverlässig vor den kosmischen Strahlen der Sonne oder galaktischer Herkunft.

Es wurde schon dargestellt, daß die Neutrinoausstrahlung der Sonne sehr stark ist — sie hat insgesamt ein Drittel der Stärke der elektromagnetischen Ausstrahlung. Für die unfaßbaren, alles durchschlagenden Neutrinos sind menschliche Körper buchstäblich „leere Orte“. Wenn diese Teilchen unaufhaltbar sind, wenn sie durch kein Atom gehindert werden können und wenn sie durch eine Stahlplatte mit einer angenommenen Dicke Hunderter von Millionen Kilometern hindurchgehen — was ist für sie dann der Mensch? Wir stimmen sicher darin überein, daß es nicht möglich ist, über die biologische Wirkung dieser Neutrinos etwas auszusagen.

Vor hundert Jahren hatte niemand Kenntnis von diesen Ausstrahlungen. Vielleicht sind auch jetzt noch nicht alle Strahlen der Sonne bekannt? Und könnte es nicht unter diesen fast unbekannten geheimnisvollen Z-Strahlen (wie sie *Tschishewski* nannte) auch bioaktive geben?

Diese Annahme ist logisch. Sie entbehrt wahrscheinlich nicht einer Grundlage.

Seit 1935 nutzt der bekannte japanische Hämatologe Prof. *Maki Takata* für die Erforschung des Blutes kranker Frauen die von ihm entdeckte Reaktion aus. Jetzt wird diese spezielle Methode zu einer bestimmten Diagnostik in der ganzen Welt angewandt. Der Ablauf dieser Reaktion ist einfach: Durch Anwendung einiger chemischer Verbindungen isoliert *Takata* aus dem Blut Eiweiße (Albumine). Sie flocken aus und setzen sich auf dem Boden des Reagenzglases ab. Wegen dieser Flockenbildung wurde die Bezeichnung Reaktion F gewählt.

Es schien zunächst, als sei das nur für die Hämatologen interessant. Doch *Takata* entdeckte darüber hinaus — für ihn selbst überraschend —, daß der Verlauf der Reaktion F (mit der eine bestimmte Eigenschaft des Blutes erkennbar wird) von der Sonne abhängt. Die Versuche zur Feststellung des Sonneneinflusses auf die Reaktionseigenschaft wurden täglich im Verlauf von 19 Jahren durchgeführt. Jetzt werden sie von Wissenschaftlern vieler Länder unterstützt, und ihre Resultate sind unzweifelhaft. Auf den ersten Blick erscheinen diese unverständlich. *Takata* stellte vor allem fest, daß es bei der Reaktion F eine Tageszeitabhängigkeit gibt. Jeden Tag, bei beliebigem Wetter, 6 bis 8 Minuten vor Sonnenaufgang ist die Reaktion um 20 Prozent beschleunigt. Das war sogar dann festzustellen, wenn der Sonnenaufgangsort durch hohe Berge versperrt wurde.

Im Verlauf des Tages wächst die Geschwindigkeit der Reaktion F, nach Sonnenuntergang verringert sie sich unmittelbar. Wird sie in einem Flugzeug über der Erde durchgeführt, so erhöht sich die Geschwindigkeit der Reaktion, während sie sich bei einer Sonnenfinsternis erniedrigt. Sonderbar erschien es auch, daß der Reaktionsverlauf nicht davon abhängt, ob der Versuch im Freien oder inmitten eines Steinhauses durchgeführt wird.

Wenn am Zentralmeridian eine große Gruppe von Flekken auftrat, beschleunigte sich die Reaktion F fast jedesmal. Diese einfache Reaktion antwortet sensibel und praktisch

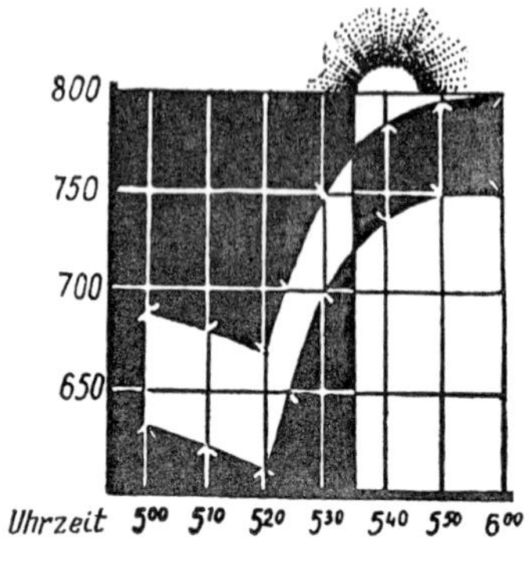

Bild 30. Die Abhängigkeit der Reaktion F von der Tageszeit (Abszisse: Reaktion F)

unverzüglich auf Sonnenausbrüche, auf das Erscheinen neuer Flecken und auf den täglichen Auf- und Untergang der Sonne. In der Reaktion F ist ein 27-Tage- und ein 11-Jahres-Rhythmus gut feststellbar.

Takata unternahm unzählige Laborversuche und überprüfte, wie auf die Reaktion Licht, ultraviolette und Röntgenstrahlen, Radiowellen und Neutronen wirken. Er kam zu dem Schluß, daß die Reaktionseigenschaften nicht durch eine der bekannten Sonnenausstrahlungen erklärt werden können. Diese Meinung wurde auch von *Tschishewski* geäußert.

Bedeutet das, daß eine geheimnisvolle bioaktive Sonnen-Z-Strahlung entdeckt ist? Das ist anzunehmen. In der sofortigen Wirkung ist sie dem Licht und den Radiowellen ähnlich, auf Grund der Durchdringungsfähigkeit den Neutrinos. Offenbar ist die vermutete Z-Strahlung weder das eine noch das andere. Was sie ist, wissen wir gegenwärtig noch nicht. Aber wir werden es mit großer Sicherheit bald erfahren.

Die Sonne wirkt auf die Nerven

Das Nervensystem ist eng mit dem Herz-Kreislauf-System verbunden. Bekannt ist auch, welche bedeutende Rolle das Nervensystem bei der Regulierung und Steuerung aller Prozesse spielt, die im Organismus höherer Tiere und des Menschen vor sich gehen. Demzufolge ist es nicht erstaunlich, daß der Sonneneinfluß sich gleichzeitig sowohl auf die Nerven als auch auf das Herz des Menschen auswirkt. An den aktiven Sonnentagen erscheinen in den Polikliniken häufiger als gewöhnlich Hilfesuchende mit neuralgischen Beschwerden, mit Stenokardieanfällen (Herzkrampf) und Migräne. Schon 1925 zeigte *Tschishewski* auf der Grundlage eines umfangreichen Materials (45 Tausend Beobachtungen), daß sich in fast 40 Prozent aller Fälle das Nervensystem gleichzeitig, synchron mit der Aktivität der Sonne, gereizt zeigt. Später wurde dies durch unzählige Arbeiten aus der Sowjetunion und anderen Ländern bestätigt. Mehr noch, es gibt jetzt keinen Zweifel mehr daran, daß auf Sonneneinflüsse v o r a l l e m das Nervensystem — dieser auf die äußere Einwirkung am empfindlichsten antwortende Teil des menschlichen Organismus — reagiert.

Das Zentralnervensystem wird bei Wirbeltieren und bei Menschen durch das Rückenmark und das Gehirn gebildet. Es ist die „materielle Basis“ der Psyche des Menschen. Wenn ein Mensch psychisch krank ist, so bedeutet das, daß sein Zentralnervensystem verletzt oder nicht voll funktionstüchtig ist.

Zum peripheren Nervensystem gehören alle Nervenbildungen (Nerven und Nervenknoten), die außerhalb des Zentralnervensystems liegen.

Wir wollen uns mit einigen Beispielen bekannt machen, die uns zeigen, daß die Sonne mitunter sehr stark auf die

Nerven wirkt. Dabei werden manchmal bemerkenswerte psychische Veränderungen beobachtet, die die Gesundheit und das Leben des Menschen bedrohen.

Die Handfläche als Teleskop

Ein Säugling, der die Welt um sich noch kaum wahrnimmt, zieht schon mit den Händchen unbekannte Sachen an sich. Über die Berührung versucht er zu erfahren, was es ist. Auch wir Erwachsenen glauben, daß dies die beste Methode der Erkenntnis ist — dieses „Begreifen" mit den eigenen Händen.

Das Tastvermögen ist eine der Hauptempfindungen, die uns mit der äußeren Welt verbinden. Es wird vor allem durch die Empfindlichkeit der Haut hervorgerufen, insbesondere dadurch, daß in der Oberhaut des Menschen eine Vielzahl von Nervenendigungen konzentriert ist. Ungewöhnlich empfindsam antworten diese sogar auf geringfügige Energieveränderungen der Umwelt, und mit Hilfe des ganzen Nervensystems überführen sie die Energie der äußeren Reize in das Bewußtsein.

Die Haut ist aber nicht nur Oberfläche und Hülle, die die inneren Organe des Menschen verbirgt. Sie reguliert die Temperatur des Körpers, schützt uns vor Traumata und schädlichen Mikroorganismen. Über die Haut werden aus dem Organismus Endprodukte des Stoffwechsels ausgeschieden. Die Haut ist auf das engste mit jedem der inneren Organe verbunden, und jedes beliebige Organ besitzt in der Haut Nervenendigungen, gewissermaßen als Stellvertreter. Dem Zustand der Haut nach kann man über Krankheiten des Menschen sogar dann etwas erfahren, wenn andere Möglichkeiten der Diagnose versagen.

Schon lange ist bekannt, daß an der Oberfläche der Haut elektrische Ladungen existieren — ganz wie an den Kontakten einer elektrostatischen Maschine. Wir sprachen schon davon, daß die Lebenstätigkeit des Menschen und der Tiere mit elektrischen und magnetischen Feldern eng verbunden ist. Dieses Charakteristikum gehört besonders zum Nervensystem und zu jenen Nervenzellen, die an der Hautoberfläche konzentriert sind. Wie eine elektrostatische Maschine schafft sich der Mensch eine elektrische Ladung. Das bedeutet, daß jeder Punkt der Haut ein statisches elektrisches Potential (abgekürzt STEP), d. h. ein bestimmtes Niveau elektrischer Energie, aufweist.

Der bekannte Kiewer Wissenschaftler und Doktor der medizinischen Wissenschaften *Anatoli Kusmitsch Podschibjakin* beschäftigt sich schon viele Jahre mit der allseitigen Erforschung dieses STEP. Schon 1950 zeigte er, daß an den aktiven Punkten der Haut, dort, wo sich die Nervenendigungen konzentrieren, die Größe des STEP vom Zustand des Menschen, von seiner Gesundheit, abhängt. Wenn irgendeine ernsthafte Krankheit entsteht, verändert sich sofort die Größe des STEP, wobei es sich nur an den bestimmten Stellen der Haut verändert, die für die jeweilige Krankheit charakteristisch sind.

So wurden zum Beispiel bei Herzverletzungen Veränderungen des STEP nur in dem zweiten und fünften Interkostalraum sowie an bestimmten Stellen des Schulterblattes festgestellt. Wenn ein Mensch unter Hypertonie leidet, äußert sich das an der Größe des STEP der Haut an der Schläfe. Es gab Fälle, in denen es durch Feststellung der Größe des STEP gelang, die Pneumonie (Lungenentzündung), vier Tage, bevor sie sich durch andere Symptome äußerte und sogar Röntgenaufnahmen noch keinerlei Befund zeigten, klar zu erkennen. Die neue Diagnosemethode konnte zu einer weiten Verbreitung empfohlen werden.

Podschibjakin bereitete schon eine Monographie über die Diagnosemöglichkeiten mit Hilfe des STEP vor, als zeitweilig unvorhergesehene Hindernisse seine Arbeit hemmten. Durch unverständliche Ursachen veränderte sich die Größe des STEP von Jahr zu Jahr. Manchmal wurden starke Schwankungen des STEP beobachtet, die eindeutig nicht mit irgendeiner Krankheit in Beziehung standen.

Erster Verdacht — die Versuchsgeräte sind schuld. Doch Überprüfungen zeigten, daß sich die Geräte in gutem Zustand befanden. Es gab andere Mutmaßungen. Merkwürdige Schwankungen des STEP zwangen *Podschibjakin* sogar, die von ihm ausgearbeitete Methode anzuzweifeln.

Im Jahre 1963 stieß er völlig zufällig auf das Buch *J. Witinskis* „Die Prognosen der Sonnenaktivität". Beim Durchblättern stellte er plötzlich fest, daß die Wolfschen Zahlen innerhalb der einzelnen Jahre ähnlich verliefen wie die Tabelle mit den Schwankungen des STEP.

Unverzüglich wurde die gesamte Literatur über die Sonne bestellt. Unter den Büchern befand sich auch die Monographie *Tschishewskis* „Die epidemischen Katastrophen und die periodische Tätigkeit der Sonne". Aus ihr erfuhr *Podschibjakin*, daß schon in den zwanziger Jahren, mit Unterstützung der Akademiemitglieder *N. P. Lasarew* und *A. W. Leontowitsch*, von *Tschishewski* ungefähr 3000 Messungen des STEP durchgeführt wurden. Schon damals, nachdem *Tschishewski* die Schwankungen des STEP mit den Schwankungen der Sonnenaktivität verglichen hatte, stellte er ihre völlige Ähnlichkeit fest.

Wie man sagt — alles hatte seine Ordnung. Als schuldig erwiesen sich nicht die Geräte und andere Ursachen, sondern wiederum die Sonne. Will man das STEP zum Nutzen der Medizin anwenden, so setzt das voraus, daß man sich immer nach der Sonne umschauen muß, ob sie nicht eine Veränderung des STEP durch Sonnenflecken verursacht. Aber wie auch der Einfluß der Sonne offenbart, an der Größe des STEP kann man sicher bestimmen, wie krank ein Mensch ist.

In den letzten Jahren entdeckte eine Gruppe Kiewer Ärzte unter Leitung von Professor *A. K. Podschibjakin* eine interessante Tatsache. Es erwies sich, daß die Haut des Menschen frühzeitig auf eine bevorstehende Erhöhung der Sonnenaktivität reagiert. Bei jenen, die besonders sensibel gegenüber Sonneneinwirkungen sind, beginnt das Potential der Haut 3 bis 4 Tage vor dem jeweiligen Magnetsturm zu wachsen. Bei Menschen mit einer „dicken Haut" ist diese Zeit vergleichsweise um die Hälfte reduziert.

Es folgt daraus, daß sich die Haut wie ein Bioteleskop verhält. Über die Messung des elektrischen Potentials der Haut kann man das Eintreten von Sonneneruptionen oder anderen starken Erhöhungen der Sonnenaktivität 2 bis 4 Tage voraussehen. Welche verlockenden Perspektiven eröffnen sich in Verbindung damit für die Zukunft des medizinisch-biologischen Sonnendienstes!

Der elektrische Zustand der Haut ist ein Spiegel des nerval-physiologischen Zustandes des Menschen. Leider äußert sich der Sonneneinfluß auf die Psyche nicht nur darin.

Für die Verkehrspolizei von Interesse

Wladimir Pawlowitsch Dessjatow ist Professor des Lehrstuhls für Gerichtsmedizin des Tomsker Medizinischen Institutes. Ich erinnere mich eines Gespräches mit ihm, das vor einigen Jahren in Moskau stattfand. Das, was ich erfuhr, wird den Leser interessieren.

Entsprechend seinem Beruf als Gerichtsmediziner befaßt sich *W. P. Dessjatow* ständig mit dem Sezieren von Leichen. Damit beschäftigt er sich schon mehrere Jahrzehnte, und nach seinen Worten konnte er sich früher, in seinen jungen Jahren, nicht vorstellen, daß sich ein Gerichtsmediziner mit der Astronomie beschäftigen würde. Nun, es kommt oft im Leben anders.

Schon vor vielen Jahren, als er von *Tschishewski* und dessen Arbeiten noch nichts wußte, bemerkte *Dessjatow* eine interessante Gesetzmäßigkeit. An einigen Tagen und in einigen Perioden war das Leichenschauhaus überfüllt, an anderen war es normal belegt und manchmal war es durchweg leer. Sie erraten natürlich, daß sich hier dieselbe „Serienmäßigkeit“ ergibt, wie schon bei der Anzahl der Kranken in einer Poliklinik.

Aber *Dessjatow* kannte diese Zusammenhänge nicht, und er stellte diese Erscheinung mit äußerstem Befremden fest. Auch diesmal half der Zufall — es ist die gleiche Geschichte, die sich schon oftmals wiederholt hat. Bei einem Gespräch mit einem Physiker, einem Ionosphärenspezialisten, berichtete *Dessjatow* über das ihn bewegende Rätsel. Der Physiker interessierte sich für die Daten. Dabei zeigte sich, daß die Überfüllung des Leichenschauhauses an denselben Tagen eintritt, an denen die Ionosphäre erregt ist und starke Radiostörungen beobachtet werden. So war von neuem die Sonne schuld. Doch unser Gespräch mit *Dessjatow* endete damit noch nicht.

Der Gerichtsmediziner hielt es für notwendig, daß nach der Feststellung des „Schuldigen“ auch die „Untersuchung“ durchzuführen sei. Genauer gesprochen, *Dessjatow* entschloß sich, die Todesursachen jener Leute tiefgründig aufzuklären, deren Leichen er untersuchte. Hier zeigte sich unerwartet die Kompliziertheit der Psyche des Menschen.

Die Todesursachen waren verschiedenster Art. Nach Überprüfung zahlreicher Fälle stand fest, daß sich in Tagen erhöhter Sonnenaktivität auch das Nervensystem des Menschen erregt. Dabei kommt es zu bedauerlichen Unfällen und Reaktionen, natürlich nicht immer und nicht bei allen Menschen in gleicher Weise.

Seit langem unterscheidet man 4 Charaktertypen: den Sanguiniker, den Phlegmatiker, den Choleriker und den

Melancholiker. Nicht immer gehören die Menschen ausschließlich zu einem dieser 4 Typen, es gibt „Mischtypen". Trotzdem kann man behaupten, daß die Sanguiniker und Phlegmatiker Menschen mit einem stabilen seelischen Zustand sind, daß sie ausreichend selbstbeherrscht, ausgeglichen und oft lebensfroh sind. Demgegenüber erweisen sich Choleriker und Melancholiker vom psychischen Zustand her verschiedentlich ungewöhnlich und — im gewissen Sinne — „abnorm". Die äußerste Erregbarkeit bei Cholerikern und — im Gegensatz dazu — die ständige Depression und der schwermütige Zustand bei Melancholikern zwinen, diese Charaktertypen als seelisch unausgewogen anzusehen.

Durch Umfragen bei Verwandten und Bekannten der sowohl durch „natürliche" als auch durch gewaltsame äußere Einflüsse Verstorbenen und nach anderen Angaben bestimmte *Dessjatow* deren Charaktertyp. Die erdrückende Mehrheit der bei „Überfüllung" des Leichenschauhauses anzutreffenden Toten war zu Lebzeiten den Cholerikern oder den Melancholikern zuzurechnen. Noch einmal wurde bewiesen, daß sich bei physisch und psychisch Gesunden Sonneneinflüsse praktisch nicht bemerkbar machen. Leider kann man das nicht von psychisch unausgewogenen Menschen bzw. nervlich stark überlasteten sagen.

Erst nach all diesen Entdeckungen erfuhr *Dessjatow*, daß er Vorgänger hatte. Bereits 1928 trat der bekannte englische Arzt *Morrel* auf dem Internationalen Medizinerkongreß in Dublin mit dem Vortrag „Über den Einfluß der Sonnenstürme auf Morde, Epilepsien und Selbstmorde" auf. So unterschiedlich diese drei Fälle auch sein mögen — sie haben eine gemeinsame Ursache: die Veränderung des nerval-psychischen Apparats des Menschen. *Tschishewski* unterstrich besonders, daß die Sonnenwirkung „völlig sinnlos als Schuldiger solcher Fälle wie Morde, Selbstmorde oder solcher Erscheinungen wie epileptischer Krämpfe gehalten würde. Es ist jedoch möglich, daß sie, indem sie den nerval-psychischen Tonus verändert, den menschlichen Organismus und seine Psyche, die sich in einem labilen Gleichgewicht befinden, beeinflußt und somit zu diesen Arten von Handlungen und Erscheinungen führt."

Wie dem auch sei, schon in den Arbeiten *Morrels* wurde der Einfluß der Sonnenaktivität auf die Nerven und die Psyche des Menschen sehr genau verfolgt. Ein Jahr vor *Morrel* legte *Tschishewski* in der Arbeit „Über die Beziehung von periodischer Sonnenaktivität und Kriminalität" erstmals Dinge im Zusammenhang dar, die, wie es schien, nicht miteinander vergleichbar waren. Später befaßten sich mit diesen Fragen auch andere Wissenschaftler erfolgreich. Völlig unabhängig von seinen Vorgängern bestätigte *Dessjatow* von neuem, daß die Sonne auch einige Beziehungen zur Kriminalistik hat.

Im Februar 1969 trat *W. P. Dessjatow* zusammen mit seinen Mitarbeitern *A. I. Ossipow* und *O. W. Susdalskaja* auf der zweiten Lesung der Moskauer Gesellschaft der Naturforschere auf, die dem Andenken *Tschishewskis* gewidmet war. Nach den damaligen Ausführungen *Dessjatows* fühlen sich Menschen mit schwachem Nervensystem, aber auch chronische Alkoholiker, nach einem Sonnenausbruch äußerst niedergedrückt. Als Resultat wächst die Zahl der Selbstmorde in den ersten 48 Stunden nach einem Sonnenausbruch um das 4- bis 5fache im Vergleich zu sogenannten ruhigen Sonnentagen. Anlässe, die an Tagen der „ruhigen" Sonne als unwesentlich erscheinen, erweisen sich bei diesen Menschen an Tagen nach Sonneneruptionen als unüberwindlich.

Wenn der Mensch am Steuer eines Autos sitzt, sind seine Nerven angespannt, die Aufmerksamkeit ist verschärft. Ein Nachlassen der Konzentration führt nicht selten zu Havarien und sogar zu Katastrophen.

Die Gruppe *Dessjatows* untersuchte eine Vielzahl Fälle von Autohavarien und -katastrophen. Und hier ist die Schlußfolgerung: die Anzahl dieser Autounfälle ist am zweiten Tag nach einem Sonnenausbruch um das Vierfache größer als an Tagen einer „ruhigen" Sonne. Unabhängig von *Dessjatow* kamen die Wissenschaftler *K. Werner* aus Hamburg und *R. Reiter* aus München zu denselben Schlußfolgerungen.

In den Jahren 1954 bis 1955 ermittelte *Reiter* mit Hilfe eines automatischen Schreibers, daß am zweiten Tag nach einer Sonneneruption, wenn die Hauptmenge der Sonnenkorpuskeln die Erde erreicht und der Magnetsturm beginnt, sich die Reaktionsfähigkeit der Menschen auf Signale um das Vierfache verlangsamt. Gerade diese Ursache spiegelt sich in der Statistik bei den schweren Autounfällen wider.

Interessant ist, daß bei Glatteis und Nebel die Zahl der Verkehrskatastrophen fast nicht anwächst — an diesen Tagen führt ein Fahrer, der das Auto benutzen muß, dieses besonders vorsichtig.

So paradox jede dieser Schlußfolgerungen auch sein mag, man muß ihnen glauben. Sie basieren auf Untersuchungen an Hunderttausenden von Fällen. Dadurch dringen wir unerwartet in Bereiche ein, für die sich in der Sowjetunion die Abteilung Verkehrsmiliz interessiert.

Interessiert sich aber die Verkehrspolizei für die Sonnenflecken? Ja, in der Tat, sie interessiert sich, oder besser, sie bekam Interesse. In der Sowjetunion beweist das der kürzlich entstandene wissenschaftliche Farbfilm „Wir und die Sonne". Dieser ausgezeichnete Film ist der Heliobiologie, den Arbeiten *Tschishewskis* und seiner Nachfolger gewidmet. Es wirkt in diesem Film auch ein angesehener Vertreter der Verkehrsmiliz mit. Er spricht über die Wichtigkeit der Vorherbestimmung der Sonnenaktivität für den gefahrlosen Verkehr. Führen doch die Fahrer ihre Autos vorsichtiger und beobachten einander aufmerksamer, wenn frühzeitig über sonnenaktive Tage durch Radio, Fernsehen und Zeitschriften berichtet wird.

Gibt es psychische Epidemien?

Die Psychiatrie ist eine der am wenigsten ausgearbeiteten Richtungen der modernen Medizin. Das erklärt sich vor allem durch die ungewöhnliche Kompliziertheit des Forschungsgegenstandes — die Krankheitsformen und Störungen der Psyche des Menschen. Im Mittelalter hielt man psychisch Kranke als vom Teufel, dunklen Mächten oder von anderen, wie man meinte, jenseitigen Mächten besessen. Der Aberglaube hemmte die Entwicklung der Psychiatrie. Erst am Ende des 18. Jahrhunderts begann man in Frankreich, danach auch in Rußland und anderen Ländern, die psychische Zerrüttung als Krankheit anzuerkennen. Dann entstand die Psychiatrie als Wissenschaft, die sich erst jetzt in vollem Maße der Kompliziertheit ihres Gegenstandes bewußt wird. Wir sind noch weit von dem richtigen Erkennen der Ursachen vieler psychischer Erkrankungen entfernt, und nicht immer und nicht alle psychisch Kranken gelingt es zu heilen.

Einige psychische Zerrüttungen entstehen auf der Basis von Infektionskrankheiten wie der Grippe, der Cholera und der Ruhr. Epidemien dieser Infektionskrankheiten wurden manchmal von Massenpsychosen, echten psychischen Epidemien, begleitet.

1830 bis 1832 erfaßte die Choleraepidemie einen bedeutenden Teil Rußlands. Es ist bekannt, daß ein heftiger Anfall dieser gefürchteten Krankheit äußerlich an eine starke Vergiftung erinnert. Es ging das Gerücht um, daß die Ärzte auf Anordnung der Staatsmacht die Gesunden vergiften würden. Diese unsinnigen Gerüchte verbreiteten sich schnell wie die übelste Epidemie. Im Moskauer, Tambower, Kalugaer und anderen Gouvernements kam es zu Ausschreitungen, die als Cholerarebellion in die Geschichte eingegangen sind. Sogar in Petersburg drangen mit Eintritt der Nacht große Massen geradezu irrsinniger Menschen in die Hospitäler, verprügelten die Ärzte und versuchten, die Kranken nach Hause zurückzubringen.

In derselben Zeit erfaßte die „Cholerarebellion“ auch Ungarn und England. In Birmingham verbreitete sich das Gerücht, daß man Lebende begraben hätte. Menschen drangen in die Friedhöfe ein, wühlten die Gräber auf, zerbrachen Sarge und töteten einige Personen, die eingebildeter Verbrechen verdächtigt wurden. Ähnliche Szenen spielten sich in Italien und Spanien ab. In Sizilien kam es infolge der „Cholerarebellion“ zu Blutbädern.

Alles geschah in den Jahren maximaler Sonnenaktivität. Ein ähnliches Bild wurde 1892 bis 1893 beobachtet (wieder in Jahren einer „erregten“ Sonne), als von neuem eine „Cholerarebellion“ über Rußland hinwegrollte. Bekannt sind auch zahlreiche vergleichbare „Peststürme“, die sich während der Pestepidemien ereigneten, zum Beispiel in Moskau im Jahre 1769.

Das waren Beispiele psychischer Epidemien, die deutlich mit der Sonne in Verbindung standen. Gibt es vielleicht auch andere psychische Epidemien, die nicht mit massenweisen Infektionserkrankungen verbunden sind und auch in Jahren der Sonnenaktivität entstehen? Diese Frage wurde zuerst in den zwanziger Jahren von *Tschishewski* untersucht. An geschichtlichem Material, von ältesten Zeiten bis in unsere Tage, zeigte er, daß ungefähr in 72 Prozent aller Fälle epidemisch verbreitete Massenpsychosen in den Jahren des Maximums der Sonnenaktivität auftraten. Für das letzte Jahrhundert wurden diese Maxima von *Tschishewski* nach den Daten der Teleskopbeobachtungen, für die weiter zurückliegenden auf der Grundlage der Mitteilungen über Nordlichter bestimmt.

Geben wir einige Beispiele: Die Tarantella ist ein populärer neapolitanischer Tanz. Aber nicht allen ist bekannt, daß der Name des Tanzes mit psychischen Massenepidemien verbunden ist, die Italien gegen Ende des 15. Jahrhunderts erschütterten. Irgend jemand brachte in jener Zeit das Gerücht in Umlauf, daß der Mensch durch den Biß der Tarantel, einer in den Mittelmeergebieten verbreiteten etwa 3 cm großen Spinne, einen „Muskelwahnsinn“ bekäme. Vor starken Schmerzen krümme er sich in Krämpfen. Das einzige Heilungsmittel sei der rasende Tanz unter den Klängen der Geigen, Flöten und Gitarren.

Diese wilden Tänze verbreiteten sich über ganz Italien, und auch die große Mehrheit der gar nicht von der bösartigen Spinne Gebissenen wurde von der Raserei des Tanzes erfaßt. Der Anblick der Tarantellatanzenden erwies sich als starke psychische Einwirkung auf große Massen des Volkes, und das erhöhte sich besonders in den Jahren der Sonnenaktivität.

Wilde Tänze psychisch kranker Menschen lassen sich im Verlauf der ganzen menschlichen Geschichte nachweisen, beginnend mit den Tänzen zu Ehren des Bacchus und anderer Götter. Diese psychischen Erkrankungen (in Lehrbüchern der Psychiatrie sind sie als eine Form des „Veitstanzes“ beschrieben) nahmen teilweise völlig entartete Formen an.

1418 verfiel ganz Paris in den Taumel eines geradezu irrsinnigen Tanzes. Die Menschen tanzten bis zur völligen Erschöpfung auf Straßen und Plätzen, auf Balkonen und Dächern. Tausende tanzten in ihrer Tollheit auf den Pariser Friedhöfen. Im 16. Jahrhundert erfaßten ähnliche Entartungen die Bewohner Lissabons.

Viele psychische Epidemien entstanden auf dem Boden religiöser Geistesverwirrung. Unter dem Einfluß religiöser Prophezeihungen erwarteten die Menschen viele Male das angebliche Weltende. Beim Nähern der vorhergesagten Daten nahmen die Selbstmorde Massencharakter an. Das war aber nicht nur im Mittelalter so. Im Jahre 1892 begann ein im Kiewer Gouvernement lebender *Kondrati Malewanny*, der an chronischem Wahnsinn litt, vorherzusagen, daß in nächster Zeit das Ende der Welt eintreten und das „Jüngste Gericht“ beginnen werde. Er verleitete Tausende Bauern, von der Arbeit fernzubleiben und an einem gemeinsamen Gebet teilzunehmen. Während dieses Auflaufes gerieten die Teilnehmer in eine starke Erregung. Es begannen Massenhalluzinationen, Krämpfe, Schluchzen — mit einem Wort, alle Anzeichen einer Massenhysterie. Das Bewältigen dieser geradezu ansteckenden Schwarzseherei erwies sich als schwierig.

1910 führten in Verbindung mit dem Erscheinen des Halleyschen Kometen unsinnige Gerüchte über das Weltende buchstäblich zu psychischen Massenepidemien. Panik und Verwirrung erfaßten wenig gebildete Teile der Bevölkerung in einer Reihe von Ländern. Beispielsweise bereiteten verschiedene Menschen ihre Gräber vor und legten sich hinein, befangen von der fixen Idee, man könne nur in einer solchen Form dem erwarteten „Weltuntergang" würdig entgegentreten.

Bei den psychischen Erkrankungen auf religiöser Basis tritt auch die sogenannte Fallsucht auf. Die psychisch Kranken beginnen gewöhnlich während der Zeit des Gottesdienstes mit unnatürlicher Stimme zu schreien, und nicht selten endet der hysterische Anfall mit einem epileptischen Fall. Es ist charakteristisch, daß fast alle Fallsuchtepidemien, d. h. massenweises Auftreten dieser Epilepsie mit psychogenen Symptomen, in den Jahren der „erregten" Sonne zu verzeichnen sind. Dasselbe kann man über die Selbstmordepidemien (beispielsweise in Frankreich im Jahre 1836, in Österreich 1860) sagen.

Beenden wir dieses Thema, das wir nur streiften.

Psychische Epidemien existieren — das ist unbestreitbar. Die Mehrheit von ihnen steht mit der Sonne in Beziehung, mit dem jeweiligen Wachsen ihrer Aktivität. Leider sind die Details dieser Beziehung und ihre Mechanismen bislang nicht hinreichend geklärt. Gewöhnlich werden Epidemien durch Mikroorganismen verbreitet. Es ist offensichtlich, daß man für psychische Epidemien Gründe anderer Art suchen muß.

In den letzten Jahren begannen einige Psychiater in der UdSSR den Einfluß der Sonnenaktivität auf psychische Erkrankungen einzelner Menschen detailliert zu untersuchen. Es ist zu erwarten, daß die menschliche Psyche in irgendeiner Art und Weise von den Sonnenstürmen berührt wird, da ja, wie heute allgemein anerkannt, ein Einfluß der aktiven Sonne auf das menschliche Nervensystem existiert. Die Untersuchungen zeigen, daß in der psychischen Verfassung der Menschen ein Echo der fernen Erscheinungen und Ereignisse auf der Sonne ablesbar ist.

Bereits 1935 konnten *T. Djull* und 1963 *Ch. Friedmann* sowie andere ausländische Forscher zeigen, daß die Zuspitzung nervlich-psychischer Krankheiten eng mit den Schwankungen der Sonnenaktivität zusammenhängt. Der sowjetische Wissenschaftler *W. P. Ischakow* stellte fest, daß die Zahl der an Schizophrenie erkrankten Menschen und die Sonnenaktivität in Wechselbeziehung stehen. (Sammelband „Sonne, Elektrizität, Leben". Moskau 1972.)

Wir müssen es wiederholen: die allseitige wissenschaftliche Erforschung der menschlichen Psyche steht erst am Anfang.

Macht der Noosphäre

Bisher betrachteten wir den aktiven Einfluß der Sonne auf die Erde und die passive Unterwerfung alles Irdischen diesem Einfluß gegenüber. Der Leser konnte sich überzeugen, daß alle Zonen der Erdkugel, von der Lithosphäre bis hin zur Biosphäre, sehr fein auf Veränderungen der Sonnenaktivität antworten. Aber die Reaktionen sind passiv — die Erdhülle (Geosphäre) unterwirft sich der Sonne.

Mit dem Erscheinen des Menschen auf der Erde wurde ein Wesen geboren, das fähig ist, sich sogar, bildlich gesprochen, mit den Kräften der Sonne zu messen. Die Menschheit widersteht schon jetzt erfolgreich vielen schädlichen Einflüssen der Natur. Vor unseren Augen bildet sich eine neue Hülle der Erde — die Sphäre der Vernunft oder die Noosphäre (vom griechischen Wort n o o s — Vernunft).

Zur Noosphäre gehört nicht nur die Menschheit selbst, sondern auch all das, was von ihrer bewußten Tätigkeit erfaßt und gestaltet ist. Die Produkte der menschlichen Tätigkeit umgeben uns überall. Das sind vor allem die Produkte von Wissenschaft und Technik — die Städte und Maschinen, die Verkehrsmittel und Fernmeldeverbindungen, die künstlichen Stauseen und Waldanpflanzungen, mit einem Wort, all das, was *Karl Marx* die „zweite Natur“ nannte. Zur Noosphäre gehören außer den materiellen auch die ideellen Produkte der menschlichen Tätigkeit — das ganze Wissen und die gesamte Information, die im Prozeß der Erkenntnis der Welt erhalten wurden.

„Die Noosphäre“, schrieb Akademiemitglied *W. I. Wernadski*, „ist eine neue geologische Erscheinung auf unserem Planeten. In ihr wird der Mensch zu der mächtigsten Kraft. Er kann und muß mit seiner Arbeit und seinen Ideen den Bereich seines Lebens umgestalten, gründlich umgestalten im Vergleich zu dem, was früher war. Vor ihm eröffnen sich immer größere schöpferische Möglichkeiten."

Unter den Bedingungen der künftigen kommunistischen Gesellschaft verwirklicht der Mensch in vollem Maße erfolgreich die Ausnutzung der Natur für seine Ziele. Insbesondere grenzt sich die Menschheit auf der Grundlage einer vollen Entfaltung der Wissenschaft und Technik nicht nur vor den schädlichen Auswirkungen der Sonne ab, sondern lernt auch, zur ständigen Erweiterung des gesellschaftlichen Reichtums, die Sonnenenergie zu nutzen.

Die gesellschaftlichen Voraussetzungen für die Zukunft werden schon heute geschaffen. Wir wollen im abschließenden Teil dieses Buches kurz etwas über die nahen und fernen Perspektiven sagen, über das, was schon heute auf dem Gebiet der Heliobiologie zu tun notwendig ist, und auch über das, was nur von unseren Nachkommen geschaffen werden kann.

Wir treten in die Noosphäre ein

Als vor 1 bis 2 Millionen Jahren die Biosphäre im Prozeß ihrer Evolution das erste denkende Wesen hervorbrachte, war dessen Einfluß auf die Erde unbedeutend. Sogar um die Zeitenwende herum, das heißt vor zweitausend Jahren, als auf der ganzen Erde einige Dutzende Millionen Menschen lebten (nach heutigen Schätzungen der Demographen), konnte die Menschheit im Rahmen des ganzen Planeten noch nicht bemerkbar in Erscheinung treten. Es war dies die Kindheitsepoche der menschlichen Geschichte. Fast schien es, als ob das Kind sich niemals zu einem „Riesen" entwickeln würde, der fähig sein würde, sich die gesamte irdische Natur zu unterwerfen.

Heute wurde die an Zahl stark wachsende Menschheit mächtig, wurde wahrlich eine „planetare" Kraft. Natürlich nicht nur durch die Anzahl der Menschen (sie nähert sich schnell der 4-Milliarden-Grenze), sondern in der Hauptsache durch die geistig-technische Macht der jetzigen Menschheit.

Lange Zeit hing der Mensch fast völlig von der Umwelt ab. Aber dann wurde er zu einem bedeutenden Faktor der weiteren Evolution der Erde. Er ergriff Besitz von den verschiedensten Energieformen und begann seinen Planeten bewußt zu verändern.

Um den Maßstab der Tätigkeit der jetzigen Menschheit einzuschätzen, ist es ausreichend, einige Beispiele anzuführen. Die Menschheit verbraucht bei der Atmung alljährlich ungefähr 1,5 Milliarden Tonnen Sauerstoff und scheidet dabei in die Atmosphäre eine etwas größere Menge Kohlendioxid aus. Alljährlich verbrauchen wir als Nahrung über 1 Milliarde Tonnen organischer Stoffe.

Beim Verbrennen von Steinkohle und anderen Arten von Brennstoffen werden in der Industrie jedes Jahr aus der Atmosphäre 3,5 Milliarden Tonnen Sauerstoff verbraucht und dafür ungefähr 4 Milliarden Tonnen Kohlendioxid in die Atmosphäre abgeschieden. Die Menge der bei der Verbrennung der Brennstoffe erhaltenen Wärmeenergie beträgt alljährlich 20 000 000 Milliarden Kalorien. Daraus folgt, daß sich die Erdatmosphäre durch die Atmung und verschiedene industrielle Prozesse ständig mit Kohlendioxid anreichert. Wenn der Gehalt in der Luft 1 Prozent erreicht, bildet sich eine atmosphärische Kohlendioxid-Decke. Diese erhöht die mittlere Temperatur der Erde und führt zu einem Schmelzen des Eises der Antarktis mit allen sich daraus ergebenden Folgen. Eine solche Situation kann sich nicht erst in Millionen Jahren, sondern schon in einigen Jahrzehnten ergeben.

Dieses Beispiel zeigt, daß der Mensch, wenn er in die Noosphäre eintritt, wiederum an ein kleines Kind erinnert. Obwohl es Verstand besitzt, handelt dieses Kind bei seinen Tätigkeiten oftmals unbedacht und unvernünftig. Hingewiesen sei nur auf die Unmöglichkeit einer Planwirtschaft unter den Bedingungen der kapitalistischen Gesellschaft, eine Tatsache, die häufig zum Raubbau und zu einer Erschöpfung der Naturreserven führt. Der Mensch kann die Natur zerstören, wenn er ihre Gesetzmäßigkeiten nicht ausreichend kennt und beachtet. Schon *Friedrich Engels* wies im „Anti-Dühring" darauf hin: „Die gesellschaftlich wirksamen Kräfte wirken ganz wie die Naturkräfte: blindlings, gewaltsam, zerstörend, solange wir sie nicht erkennen und nicht mit ihnen rechnen."

So führte zum Beispiel der langjährige Raubbau an den Wäldern der Apenninen dazu, daß in Italien ein aus den nordafrikanischen Wüsten kommender warmer Wind, der Schirokko, den Boden austrocknet. Die Wasserströme, die sich von den entwaldeten Bergen ergießen, rufen Einstürze hervor, spülen den Boden als Grundlage des Pflanzenwuchses weg, verwüsten die Felder in der Ebene. Aber der Verlust des fruchtbaren Bodens führt letzten Endes dazu, daß sich das Land in eine Wüste verwandelt.

Es gibt unzählige Fälle, daß Industriebetriebe giftige Abwässer in die Flüsse und Seen leiten. Es sterben Fische und Pflanzen, und der Volkswirtschaft im ganzen bringt solche industrielle Umweltverschmutzung schweren Schaden. Nicht geringer Schaden wurde auch dadurch angerichtet, daß die Dämme an den Flüssen so gebaut werden, daß sie das Ablaichen der Fische behindern. Wieder zeigt sich — das eine aufbauend, zerstört der Mensch anderes. Durch die Gewinnung der Bodenschätze verarmt die Lithosphäre. So sind nur während der letzten 50 Jahre aus dem Inneren der Erde für die Bedürfnisse der Industrie nicht weniger als 50 Milliarden Tonnen Kohlenstoff und 2 Milliarden Tonnen Eisen gefördert worden. Das Tempo der Nutzung der Bodenschätze wächst ständig; die Vorräte an diesen Schätzen sind aber begrenzt.

Es gibt eine Vielzahl ähnlicher Beispiele. Sie zeigen, daß der Mensch die Reichtümer seines Planeten zu einseitig, nicht immer vernünftig und haushälterisch nutzt. Aber er ist gezwungen, gut wirtschaften zu lernen.

Die Noosphäre entstand als Resultat der gesetzmäßigen Evolution der Biosphäre, als unvermeidliches Produkt dieser Evolution unter den Erdbedingungen. Es gibt keinen Grund anzunehmen, daß, nachdem das Niveau der Noosphäre erreicht ist, die Evolution das Rad der Entwicklung zurückdreht. Im Gegenteil, alle Fakten zeugen davon, daß die Noosphäre nicht nur die höchste Existenzform der Materie im Bereich der Erde, sondern auch eine sich außerordentlich schnell entwickelnde Form ist. Das zwingt uns, zusammen mit dem Begründer einer zusammenfassenden Lehre von der Noosphäre, *W. I. Wernadski*, optimistisch in die Zukunft der Menschheit zu blicken. „Die Zivilisation der kulturvollen Menschheit“, schreibt *Wernadski*, „die eine Form der Organisation der neuen geologischen Kraft ist, die in der Biosphäre entstand, kann nicht enden und sich selbst vernichten, weil sie eine große Naturerscheinung ist, die der historischen oder, genauer gesagt, der geologisch ausgeprägten Organisiertheit der Biosphäre entspricht. In der letzten Zeit konnte man oft unter dem Einfluß der Lebensfurcht vom Bevorstehen der Barbarei hören sowie über den Zusammenbruch der Zivilisation, über die Selbstausrottung der Menschheit. Ich stelle mir diese Stimmung und diese Ansicht als Folge unzureichend tiefen Eindringens in die Umwelt vor. Die reellen Umstände unserer Zeit erlauben es den Kräften der Barbarei, die jetzt angeblich in den Vordergrund treten, nicht, sich zu entwickeln und zu siegen. Die Ängste der Spießer über den möglichen Tod der Zivilisation sind verbunden mit der Unterschätzung der Kräfte und der Tiefe der sich auf der Erde vollziehenden Prozesse, die vor sich gehen und uns jetzt den Übergang aus der Biosphäre in die Noosphäre erleben lassen. Die Ideale unserer Demokratie stimmen mit den urwüchsigen geologischen Prozessen, mit den Gesetzen der Natur überein. Man kann deshalb mit voller Zuversicht in unsere Zukunft schauen. Sie ist in unseren Händen. Lassen wir sie nicht aus unseren Händen" [8]. Wie antwortet die Noosphäre in der Zukunft auf die schädigenden Einwirkungen der Sonne? Kann die Menschheit sich in Zukunft vor den Gefahren schützen und völlig unabhängig von der Sonnenaktivität wirken?

Über die Zukunft der Heliobiologie

Wir klagen gewissermaßen die Sonne an, schuldig an Naturkatastrophen und der Mithilfe an verschiedensten Krankheiten zu sein. Aber mäßigen wir das Urteil. Seien wir gerecht — kann man doch über die guten Eigenschaften der Sonne bei weitem mehr sagen als über ihre „Schuld". Es reicht aus, daran zu erinnern, daß die Ankläger selbst und der Planet, der ihre Heimstatt ist, direkt oder indirekt ein Erzeugnis der Sonne sind, daß unser Zentralgestirn nicht vor allem Schaden bringt, sondern in entscheidendem Maße die lebenspendende Energie zu uns sendet. Aber wenn die Sonne vorläufig den Menschen auch schädigt, dann erfolgt das nur auf Grund unserer Unwissenheit. Wenn die Menschheit ihr Kindheitsstadium verlassen haben und erwachsen sein wird, schützt sie sich selbst vor den schädigenden Auswirkungen der Sonne und stellt die Potenz der Sonne in ihren Dienst. Ist das wirklich möglich?

Schon 1937 veröffentlichte *Tschishewski* eine Reihe von Artikeln, in denen er zeigte, daß man während der Zeit der Sonnenaktivität, wenn die Sonne sich mit mächtigen Flecken bedeckt oder wenn es auf ihr zur Eruption kommt,

Kranke und Alte in Spezialräume der Krankenhäuser bringen sollte.

Stellen Sie sich ein Krankenzimmer ohne Fenster vor, dessen Wände und Türen einen Strahlenschutz durch Metallplatten bestimmter Dicke erhalten haben. Die Verbindung mit den übrigen Räumen des Krankenhauses erfolgt über eine Schleuse. Jedes dieser Spezialzimmer wird mit künstlichem Tageslicht beleuchtet. Die Luft in ihm ist gesättigt mit negativen Ionen und wird ständig über ein Ventilationssystem erneuert. Innen entspricht die Ausstattung normalen Ansprüchen, ist komfortabel und wirkt angenehm auf die Psyche des Kranken. So kann man beispielsweise Fenstervitrinen mit Unterlicht und schönen Gardinen einbauen. Zur größeren Sicherheit können sich die Räume zweckmäßig unter einer dicken Erdschicht befinden, wohin gewöhnliche, uns bekannte Sonnenausstrahlungen nicht gelangen.

Wenn die Sonne auf den Menschen durch ihre Radiowellen wirkt, so ist der metallische Raum ein sicherer Schutz vor ihnen. Die Praxis zeigt, daß man mit solchen für die moderne Technik erschwinglichen Mitteln Tausende Menschenleben retten kann.

Schon vor dem zweiten Weltkrieg organisierten in Frankreich das uns schon bekannte französische Mitglied der Akademie *Maurice Faure* und seine Mitarbeiter ein internationales Institut für die Erforschung der Sonnen-, Erd- und kosmischen Strahlung. Zum ersten Mal in der Geschichte richtete das Institut auf Empfehlung *Tschishewskis* einen medizinisch-astronomischen Sonnendienst ein. Regelmäßig wurden an Krankenhäuser und andere Heil- und prophylaktische Einrichtungen Frankreichs spezielle astronomische Bulletins versandt. In ihnen wurden rechtzeitig 10 bis 12 Tage im voraus Mitteilungen über den Zustand der Sonnenaktivität und über entstehende große Flecken am zentralen Sonnenmeridian gegeben.

Nachdem die Ärzte diese Informationen erhalten hatten, konnten sie Maßnahmen einleiten. Sie benachrichtigten ihre Patienten, verordneten ihnen entsprechende Arzneien, unterstützten die Herztätigkeit, Schwerkranke wurden in die Hospitale eingewiesen. Nach Mitteilung von *Faure* gelang es, innerhalb von 3 bis 4 Tagen mit Hilfe einfacher prophylaktischer Mittel Zehntausenden das Leben zu sichern.

Schon seit einigen Jahren wird in Sotschi durch den Einsatz des uns schon bekannten *N. A. Schulz* und des Haupttherapeuten des Kurortes, *N. W. Romanski*, erfolgreich eine Massenprophylaxe zur Vermeidung von Infarkten, Schlaganfällen, Hypertonien und anderen gefährlichen Herz-Kreislauf-Erkrankungen durchgeführt. Der medizinische Sonnendienst unterrichtet zeitig alle Sotschier Sanatorien über Sonnenstürme, die man hier nach Absprache als „Wetter Nr. 4" bezeichnet. Wenn die Ärzte die Benachrichtigung erhalten haben, leiten sie prophylaktische Maßnahmen ein. Wiederum, wie schon in Frankreich, wurde Tausenden von Menschen durch die heute mögliche und notwendige Zusammenarbeit von Medizinern und Astronomen die Gesundheit oder sogar das Leben bewahrt.

Ähnlich erfolgreiche prophylaktische Maßnahmen unternahmen einige sowjetische Mediziner (u. a. *B. A. Rywkin*) in Swerdlowsk und im Moskauer Gebiet.

Doch das sind alles nur erste zaghafte Schritte. Es kommt eine Zeit, in der sich auch der Traum *Tschishewskis* verwirklicht: Es wird sich ein die Länder und danach die gesamte Erde umfassender medizinisch-astronomischer Sonnendienst entwickeln. Nicht nur mit optischen Mitteln, sondern in der Hauptsache mit Hilfe wetterunempfindlicher Radioteleskope wird der Zustand der Sonne täglich und stündlich registriert. Mit dem Kennwort „Wetter Nr. 4" werden dann praktisch alle Institutionen benachrichtigt — bis hin zur Polizei. Das sind wesentliche Voraussetzungen, um den schädigenden Wirkungen der Sonne einen sicheren Schutzwall entgegenzustellen.

Wenn die Mediziner effektive Mittel im Kampf gegen die Krankheiten finden, ist die Beziehung Sonne—Krankheit sofort unterbrochen. Bislang ist das noch nicht so, und alle Ärzte sind verpflichtet, sich aufmerksam diesem Problem zuzuwenden. Die Chirurgen zum Beispiel müssen wissen, wann eine komplizierte Operation durchgeführt werden kann oder wann nicht, denn nicht zu jeder Zeit ist das Herz des Kranken für den Eingriff belastbar.

Eine gewaltige, häufig entscheidende Rolle spielen die sozialökonomischen Maßnahmen: die Verbesserung der Lebensbedingungen des Menschen, die Organisation gesunder Lebensweise und der richtigen Ernährung, eine zweckmäßige Arbeitseinteilung, die rechtzeitige und qualifizierte medizinische Hilfe. All das ist natürlich bekannt. Aber wir vergessen oft, daß man auch auf diesem Wege den Sieg über die schädlichen Einflüsse der Sonne davontragen kann.

Nehmen wir an, daß wir uns vor den schädigenden Strahlen der Sonne geschützt haben. Wir haben auch den verheerenden Einfluß durch andere Lebewesen bewältigt — die Erfahrungen des erfolgreichen Kampfes gegen die Heuschrecken zeigen, daß das möglich ist. Wir haben endlich gelernt, die Vermehrung solcher Tier- und Pflanzenarten zu steuern, die für die Volkswirtschaft nützlich sind. Aber es bleiben Stürme und Überschwemmungen, Erdbeben und Vulkanausbrüche, Wetterlaunen und unerwünschte Klimaschwankungen. Ist es möglich, auch hier die Sonne zu zügeln? Kann der Mensch irgendwann das Wetter und das Klima steuern, kann er die Energie des Erdinnern in den Dienst seiner Wirtschaft stellen, kann er den ganzen Planeten nach seinen Vorstellungen und seinem Geschmack umändern?

Es ist dies ein interessantes Thema, nicht nur eines Buches würdig. Alles was darüber gesagt, geschrieben und getan wurde, läßt keinen Zweifel an der positiven Beantwortung der gestellten Fragen aufkommen. Ja, in einem historisch kurzen Zeitraum wird der Mensch zum völligen Beherrscher seines Planeten. Der Weg bis zu diesem Sieg der Menschheit ist jedoch schwierig. In dem ausgezeichnet geschriebenen, inhaltsreichen und kühn in die Zukunft weisenden Buch des bekannten Geographen und Schriftstellers *Igor Michailowitsch Sabelin* „Physikalische Geographie und die Wissenschaft der Zukunft“ [9] wird über die großen Schwierigkeiten gesprochen, die mit der grundlegenden Umgestaltung unseres Planeten verbunden sind. Zeigen wir das am Beispiel einiger Projekte zur Steuerung des Klimas.

Es ist bekannt, daß das Eis der Arktis und Antarktis eine bedeutende Rolle bei der Klimabildung der Erde spielt. Der Wunsch, diesen, wie man ihn nennen kann, Kühlschrank unserer Erde abzuschaffen, um dadurch unseren Planeten zu erwärmen und in den polaren Randgebieten für den Menschen günstige Bedingungen zu schaffen, ist naheliegend. Projekte zur Beseitigung des Eises des Arktischen Ozeans gibt es viele. In der letzten Zeit wird ein Projekt des sowjetischen Geographen *M. P. Borissow* verstärkt diskutiert [10]. Die Idee dieses Projektes ist denkbar einfach: Die Beringstraße wird durch einen riesigen

Damm abgesperrt, der mit gewaltigen, leistungsfähigen Pumpen ausgestattet wird. Diese leiten das arktische Oberflächenwasser in den Stillen Ozean. Im Ausgleich dringt aus dem Stillen Ozean in das arktische Becken warmes Wasser. Als Resultat gibt es im Eismeer keine durchgehende Eisbildung, die klimatischen Bedingungen der ganzen Arktis mildern sich.

Das alles schien einfach und technisch voll durchführbar. In Wirklichkeit gibt es an diesem Objekt viel Strittiges und Ungeklärtes. Vor allem ist nicht klar, wie sich die Erwärmung der Arktis auf andere, sehr weit von ihr entfernt liegende Gebiete der Erde auswirkt. So hat sich zum Beispiel in den 30er bis 40er Jahren dieses Jahrhunderts die Eisbildung der arktischen Meere stark verringert, das führte zu einem starken Sinken des Niveaus des Kaspischen Meeres und, im Gegensatz dazu, zu einer bedenklichen Erhöhung des Spiegels des Aralsees.

Dazu kommt, so paradox es scheinen mag — die Beseitigung des Arktiseises führt nach aller Voraussicht von neuem zu einer Eisbildung. Tatsache ist, daß mit der Oberflächenvergrößerung des Eismeeres eine reichliche Verdunstung einsetzen und damit mächtige Schneefälle beginnen würden. Der Schnee, der während des kurzen arktischen Sommers nicht taut, würde sich auf den Inseln und an den Küsten sammeln und in Eis umwandeln. Es ist offensichtlich, daß eine künstliche Erwärmung der Arktis keine einfache Sache ist.

Wenn das Eis der Antarktis durch irgendwelche Methoden zum Schmelzen gebracht wird (auch ein Modeprojekt), so führt diese Maßnahme nicht nur zur Erwärmung des Kontinents, sondern auch zu einer starken Zunahme der Bewölkung, die zu einer Abkühlung der Erde und damit erneut zur Eisbildung führt.

Wenn überall auf der Erde künstlich die Schicht des ewigen Frostbodens beseitigt wird, kommt es zu ähnlichen, nicht weniger katastrophalen Folgen.

Mit einem Wort, wir sind von der Lösung der Aufgabe der „Steuerung“ des Klimas zur Zeit noch weit entfernt. Es ist jedoch gut, daß sich fast alle der Schwierigkeiten dieser Aufgabe heute bewußt sind. Man muß offensichtlich unseren Planeten und seine Gesetzmäßigkeiten besser kennen, nur dann kann im Bereich der Erde ein solches Projekt mit Erfolg in Angriff genommen werden.

W. I. Lenin schrieb: „... sobald wir das Naturgesetz nicht kennen, das neben unserem Bewußtsein, außerhalb unseres Bewußtseins existiert und wirkt, macht es uns zu Sklaven der ‚blinden Notwendigtkeit'. Sobald wir aber dieses Gesetz, das (wie Marx tausendmal wiederholte) *unabhängig* von unserem Willen und unserem Bewußtsein wirkt, erkannt haben, sind wir die Herren der Natur."

Eine bei weitem schwierigere Aufgabe als die Steuerung des Klimas ist wahrscheinlich die Zügelung der inneren Kräfte der Erde oder selbst die Verhütung der gefährlichen Folgen eines Erdbebens. Jeden Tag bebt die Erde an vielen Punkten mehrmals. Jeden Tag kommt es irgendwo auf der Erdkugel zu 2 bis 3 Beben, die der Stärke nach dem Taschkenter Beben von 1966 vergleichbar sind. Zum Glück findet die Mehrzahl von ihnen in unbewohnten Gegenden der Erde statt.

Gegenwärtig registriert man in den seismischen Stationen nicht nur die Beben, sondern arbeitet auch Methoden zur Vorhersage von Beben aus.

Mehr noch, im Prinzip ist es sogar möglich, die gefährlichen Folgen des Erdbebens einzuschränken oder sogar zu verhüten. Dazu ein Interview, das der Leiter der Zentralen seismischen Station „Taschkent", *W. I. Ulomow*, dem Korrespondenten der „Prawda" gab:

„Die Station ‚Taschkent' erfaßt praktisch alle Beben, an welchem Punkt der Erde sie auch auftreten mögen. Doch die Apparatur mit der Alarmaufschrift und die Alarmglocke schalten sich nur dann automatisch ein, wenn sich der Boden hier um mehr als 10 Mikrometer verschiebt. Um sich diese für das gewöhnliche Verständnis geringfügige Größe vorzustellen, kann man zum Vergleich die Dicke des menschlichen Haares anführen — sie beträgt 50 Mikrometer.

Im übrigen gibt es auf jeder Station noch empfindlichere Geräte. So zum Beispiel jenes, das die kleinsten Veränderungen der Bodenneigung festhält. Wenn man dieses Gerät an einem Ende eines ideal ebenen 20 bis 30 Kilometer langen Balken aufbaut und unter das andere Ende ein Streichholz legt, so registriert die Apparatur noch die Veränderung, da sie noch den millionsten Teil eines Grades mißt.

Hier in Taschkent wurde erstmals im Lande der Empfang seismischer Signale über das Radio den anderen Stationen, die sich auf dem Territorium der UdSSR befinden, eingerichtet, und wissenschaftliche Mitarbeiter können nach den Geräteangaben verfolgen, wie die Welle des Erdbebens verläuft, die in der Erdrinde des Planeten mit kosmischer Geschwindigkeit — mit 8 Kilometer in der Sekunde — dahineilt. Das gibt die Möglichkeit, sehr frühzeitig und genau das Epizentrum zu bestimmen. Es kommt die Zeit, in der wir gelernt haben, mit einer Genauigkeit von einigen Monaten ein Erdbeben vorherzusagen. Die Zeit noch genauer vorherzubestimmen wird kaum gelingen, aber auch das wird schon eine gewaltige Errungenschaft sein. Was bedeutet das? Natürlich wird es uns nicht gelingen, diese Naturerscheinung abzuwenden, aber auch die zeitweise Evakuierung der Menschen aus der gefährlichen Zone und das Stoppen der Arbeit der örtlichen Betriebe wird für längere Zeit nicht sinnvoll sein. Sicherlich ist es nach der Feststellung, daß ein Beben bevorsteht, besser, die g e n a u e Zeit des Auftretens selbst zu bestimmen. Aber wie? Zum Beispiel kann man in das von den Wissenschaftlern festgestellte Epizentrum einen tiefen Schacht bohren und in diesen große Sprengstoffmengen einbringen. Die Explosionsgewalt, die, nehmen wir an, einer Atomexplosion entspricht, kann zu jenem Tropfen werden, der hilft, schneller und zu einem gewollten Zeitpunkt die im Innern der Erde gespeicherte Energie zum ‚Überfließen‘ zu bringen.

Versuchen wir, uns solch ein Bild vorzustellen, nachdem festgelegt worden ist, daß das Erdbeben angenommen um 13 Uhr beginnt. — Die Menschen sind rechtzeitig an sichere Orte evakuiert, Wasser und Gas abgestellt, in den Betrieben ist die Arbeit gestoppt. Danach wird zur festgesetzten Zeit eine unterirdische, ungefährliche Explosion ausgelöst, die das schon ‚reife‘ Erdbeben hervorruft. Die seismischen Schäden an den erdbebenfesten Gebäuden sind dann nicht folgenschwer. Es ist natürlich möglich, daß irgendwo Glas springt, Putz herunterfällt oder eine Wand reißt. Aber niemand verunglückt. Die Menschen kehren zu ihren Beschäftigungen zurück, die Wissenschaftler setzen ihre Beobachtungen fort, um vielleicht in 100 Jahren die Menschen in einem bestimmten Gebiet rechtzeitig vor einer neu heranziehenden Gefahr zu warnen.“

Bisher sprachen wir darüber, wie man sich vor den schädigenden Einflüssen der Sonne schützt. Doch es ist auch eine andere Einstellung zur Sonne möglich. Zur Zeit nutzt der Mensch nur in ganz geringem Umfange die Sonnenenergie aus. Aber wenn wir in der Lage sein werden, dies in vollem Maße zu tun, wird die Sonne in weit größerem Maße als bisher zu unserem Freund. Die Sonne in einen allseitigen guten Freund umzuwandeln — wäre das nicht eine für den Erforscher der Noosphäre würdige Aufgabe?

Auf jeden Quadratzentimeter der Erdoberfläche fällt Sonnenenergie, die im Durchschnitt ausreicht, um einen Motor mit einer Leistung von 1 PS anzutreiben.

Eine Fläche von 500 Quadratkilometern erhält von der Sonne ebensoviel Energie, wie man sie auf der ganzen Erde durch das Verbrennen aller Brennstoffe erhalten würde. Im Jahr würde die Sonne einen kompakten Eispanzer von 34 Meter Dicke auftauen, wenn er plötzlich die Erde bedecken würde. Alle energetischen Bedürfnisse des modernen Menschen könnten völlig durch jene Energie befriedigt werden, die auf eine Fläche von einigen tausend Quadratkilometern einwirkt. Das ist ein Tausendstel der gesamten Energie, die die Erde von der Sonne erhält. Aber die gesamte Energie, die von der Sonne ausgestrahlt wird, ist 500 Millionen Mal größer als die, die unser Planet empfängt. Wie kann man nun die unerschöpflichen Reserven der Sonnenenergie praktisch ausnutzen?

Das Prinzip des einfachen Kinderspiels, in Holz mit Hilfe einer die Sonnenwärme konzentrierenden Linse Muster einzubrennen, wäre die erste Möglichkeit der Nutzung der Sonnenenergie. Im Brennpunkt gewaltiger Metallhohlspiegel werden die Sonnenstrahlen konzentriert. Die dabei erhaltenen Temperaturen von nahezu 3000 °C sind nur um die Hälfte geringer als die der Sonnenoberfläche. Schon heute kann man in Sonnenöfen Erze zum Schmelzen bringen, um nichtoxydierende und nicht sonstiger chemischer Zerstörung unterliegende Metalle, elektrisch leitende und Elektroisolationsmaterialien zu erhalten [11]. In denselben Sonnenöfen kann man ebenso die physikalischen und physikochemischen Eigenschaften schwer zu verflüssigender und feuerfester Materialien untersuchen.

Wenn mit konzentriertem Sonnenlicht Wasser zum Kochen gebracht wird, kann man den sich bildenden Dampf für kleine Dampfturbinen und Motoren ausnutzen. In anderen Fällen verwendet man das durch die Sonne zum Sieden gebrachte Wasser in Sonnen-Dampfbädern, aber auch für das Heizen von Wohnhäusern und in anderen Einrichtungen. Im physikotechnischen Institut der Akademie der Usbekischen SSR wurden Heliowassererhitzer konstruiert, die gleichzeitig als Hausdächer ausgebildet sind.

Es gibt auch eine andere Methode, die Sonnenenergie auszunutzen. Fototransformatoren und Thermoelemente wandeln die Energie der Sonnenstrahlen in elektrische Energie um. Es sind schon Motoren dieses Typs mit einer Leistung von 1 kW hergestellt worden — für den Anfang ist das nicht schlecht. Wasserentsalzer und Wasserförderpumpen auf Sonnenenergiebasis werden seit langem bei der Erschließung der mittelasiatischen Wüsten benutzt.

Das konzentrierte Sonnenlicht tötet schädliche Mikroorganismen, heilt die infektiöse Polyarthritis (Gelenkentzündung), Bronchialasthma und andere Krankheiten. Durch Impulsbestrahlung einiger Samen mit Sonnenlicht kann man höhere Erträge erzielen. Von allen Pflanzen nutzt am besten die berühmte Alge Chlorella die Sonnenenergie aus. Sie ist übrigens ein ausgezeichnetes Futter für Tiere, außerdem kann die Chlorella Abwässer reinigen. Wenn man Chlorellen mit Impuls-Sonnenlicht bestrahlt, kann man Farmen für Wassergeflügel mit reichlichem und ausgezeichnetem Futter versorgen.

In der Sowjetunion arbeiten sehr erfolgreich usbekische Wissenschaftler, mit dem korrespondierenden Mitglied der usbekischen Akademie der Wissenschaften *G. Umarow* an der Spitze, an Problemen der Heliotechnik, d. h. an Problemen der Ausnutzung der Sonnenenergie. Die Erforschung dieser Probleme begann auch in den USA und in Frankreich. Die Probleme der Heliobiologie und Heliotechnik muß man gemeinsam lösen, ist es doch das gemeinsame Ziel, die lebensbringende Sonnenenergie maximal auf die beste Art und Weise auszunutzen.

Wir wollen nur in den allgemeinen Zügen die Zukunft der Heliobiologie entwerfen. Ungeachtet aller Schwierigkeiten haben wir die Gewißheit, daß der Mensch vernunftsgemäß seinen Lebensraum auf der Erde gestaltet und sich vor den schädlichen kosmischen Einflüssen schützt. Die Noosphäre schreitet sehr schnell voran — allein der Informationsumfang, der von der Menschheit erworben wird, verdoppelt sich alle 10 Jahre. Das bedeutet, daß in den nächsten Jahrzehnten die Menschheit über die Welt soviel erfährt wie in der ganzen vorhergehenden Geschichte der Wissenschaft. Aber mit dem Wachstum der Wissenschaft schreitet auch die Technik voran, verstärkt sich die Einwirkung des Menschen auf die Natur.

Schon heute tritt die Noosphäre aus den Grenzen der Erde heraus: Kosmonauten untersuchen die Erdumgebung, besuchen den Mond, und auf der Erde geschaffene Automaten erforschen erfolgreich nicht nur den Mond als unseren nächsten Weggefährten, sondern auch entfernte Gebiete des Sonnensystems. Wie weit geht der Fortschritt der Menschheit? Gibt es Grenzen für die Macht der Noosphäre?

Mensch und Kosmos

Es ist eine sehr interessante Aufgabe, zu verfolgen, wie sich im Verlaufe von Jahrtausenden die Einstellung des Menschen zum Kosmos, genauer sein inneres Selbstbewußtsein, die Lösung des für ihn ewigen Problems „Ich und die Welt", veränderte. Was ist das: der Mensch? Eine Schöpfung übernatürlicher Kräfte, mit der trügerischen Empfindung der Freiheit — aber dem Wesen nach eine „Kreatur", völlig abhängig vom „Schöpfer"? Oder aber, wie alles Lebende, ein außerordentlich seltenes und nebensächliches Produkt in der Entwicklung der Materie? Oder schließlich Herr des Weltalls, der sich heute von der Ohnmacht erholt und begonnen hat, den nahen, danach auch den fernen Kosmos nach seinem Willen umzugestalten?

Diese Fragen sind keineswegs sinnlos. Ihre Beantwortung hat schon immer die praktische Tätigkeit des Menschen beeinflußt und wird sie künftig bestimmen. Um die Zukunft sinnvoll gestalten zu können, muß man wissen, wo unser Platz im Kosmos ist. Gerade *unser* und nicht *mein*, weil der Mensch selbst in den frühesten Stadien der Entwicklung der Gesellschaft ein gesellschaftliches Lebewesen war und er auch gegenwärtig außerhalb der menschlichen Gemeinschaft unvorstellbar ist. Folglich ist das Problem „der Kosmos und wir, die Menschheit" nicht von individuellen, sondern von kollektiven Gesichtspunkten aus zu lösen.

Wir wollen nur die allgemeinsten Züge der Lösung dieses Problems kennzeichnen und aufzeigen, welche Beziehung die Heliobiologie zu diesem Problem hat. Man sagt, daß das Erstaunen der Beginn aller Erkenntnis sei. Vielleicht ist es so. Aber — ausgehend vom ersten Erstaunen bis zur letzten Erkenntnis — macht der Mensch nicht selten zwei verhängnisvolle Fehler: erstens, daß das Scheinbare für Wirklichkeit gehalten wird, und zweitens, daß er Opfer einer vorgefaßten Meinung wird. In der Geschichte der Entwicklung unserer Vorstellung über den Kosmos treten diese Schwächen der menschlichen Denkweise besonders klar zutage.

Wo sich auch der Mensch der alten Welt befand, immer sah er sich im Zentrum eines halbsphärischen Firmaments, das sich mit seinem Rande auf die Erde stützte. Diente nicht diese unmittelbare, trügerische Empfindung als Grundlage für die naiven Vorstellungen von der Unveränderlichkeit des Firmaments, der scheibenförmigen Erde und ihrer Grenze, dem „Ende der Welt"?

Nicht weniger offensichtlich schien es, daß sich Sonne, Mond und alle anderen Gestirne um die Erde bewegen. Es war schwierig, auf die Vorstellungen zu verzichten, die Erde sei das Zentrum des Weltalls, und der Mensch könne sich als „Krönung des Schöpfungsaktes" betrachten. Beruhen auf dieser geozentrischen und anthropozentrischen Basis nicht alle alten Weltsysteme und auch alle alten religiösen Weltanschauungen?

Nicht nur die Vermischung von scheinbar Offensichtlichem und Realem war die Grundlage der viele Jahrhunderte dauernden Verwirrungen der menschlichen Denkweise. Es hemmten gleichermaßen die Voreingenommenheit, der blinde Gehorsam vor den Autoritäten und das Vergessen jener unbestreitbaren Wahrheit, daß die einzige Autorität in der Wissenschaft die erwiesene Tatsache ist.

Ungeachtet der Meinung über die Naivität des Ptolemäischen Weltsystems war dieses in Wirklichkeit die höchste Errungenschaft der Wissenschaft jener Epoche. Es ist bekannt, daß bei genügend großer Menge von Epizyklen das Ptolemäische System mit beliebiger Genauigkeitsstufe die Bewegung der Planeten vorhersagen konnte. Es ist paradox, aber sogar heute kann man diese geozentrische Planetentheorie für die Errechnung der Flugbahnen interplanetarer Raketen benutzen. Und ist es nicht merkwürdig, daß man in der ersten Zeit auf der Basis des Kopernikanischen Systems Himmelserscheinungen schlechter vorhersagte, als es mit dem im Prinzip fehlerhaften Ptolemäischen System möglich war?

Die Ursache ist bekannt. *Kopernikus*, der blind an die

Autorität des *Aristoteles* glaubte, hielt die Planetenbahn für kreisförmig, und seine Theorie bedurfte in diesem Punkte einer wesentlichen Präzisierung, die von *Kepler* vorgenommen wurde. Etwa hundert Jahre später ergaben sich für *Newton* die Keplerschen Gesetze als unvermeidliche Folgerung zum Gravitationsgesetz. Den endgültigen vernichtenden Schlag gegen das „offensichtliche" Ptolemäische System führten die schon von *Galilei* eingeleiteten teleskopischen Entdeckungen. Das Scheitern der alten Vorstellungen über den Kosmos veränderte auch die Einstellung zu ihm. Die neuen Anschauungen förderten keine aktive Tätigkeit im Kosmos, wobei seinerzeit selbst die Kombination solcher Worte als völlig unsinnig erschienen wäre. Alles im Umkreis der Erde und die Erde selbst ist ein einziger Wirkungsbereich für die praktische Tätigkeit des Menschen geworden.

Das Teleskop zeigte dem Menschen (am Anfang natürlich nicht in vollem Maße) die Gewöhnlichkeit der Erde und die Unerschöpflichkeit des Kosmos. Mit der Art und Weise der Vervollkommnung des Teleskops erlangten auch alte, spekulative Ideen über die Unendlichkeit des Weltalls und die Vielzahl der bewohnten Welt immer größere Gewichtigkeit.

In weniger als vier Jahrhunderten erreichte die Menschheit in ihrer Erkenntnis solche Tiefen des Kosmos, bis zu denen sogar die Lichtstrahlen erst in Milliarden Jahren gelangen — so ungestüm schreitet die menschliche Erkenntnis fort.

Anstelle der „offensichtlichen" alten Weltvorstellung entstand eine weniger offensichtliche, aber dafür bedeutend wahrhaftigere Erkenntnis über den Kosmos und auch über den Platz unseres Planeten im Kosmos. Dennoch — das ist nicht erstaunlich — fanden die heutigen Astronomen bisher noch keine Lösung des Problems „Mensch und Kosmos".

Kosmos, das heißt Ordnung. Das ist die wörtliche Bedeutung des Wortes Kosmos (im Gegensatz zum Worte Chaos — Unordnung).

Die Ordnung des Kosmos, die „harmonische Bewegung der Himmelskörper", die deutlich ausgeprägte Strukturiertheit, d. h. die Einteilung in materielle Systeme verschiedener Kompliziertheitsstufen —, all das zieht vor allem die Aufmerksamkeit der Astronomen auf sich. Die gegenseitige

Anziehungskraft aller Körper des Weltalls ist nicht die einzige Ursache der Harmonie des Kosmos. Eine große Rolle kommt auch anderen Kräften zu — in erster Linie den magnetischen und den elektrischen.

Den menschlichen Sinn erregt die Fülle der unbelebten anorganischen Materie im Kosmos. Alles Lebende auf der Erde, die gesamte irdische Biosphäre, stellt der Masse nach einen äußerst geringen Prozentsatz unseres Planeten dar. Es ist müßig anzunehmen, die hypothetische Marsatmosphäre könnte irgendwie wesentlich die quantitative Beziehung zwischen dem Toten und dem Lebenden im Bereich des Sonnensystems verändern. Außerhalb des Sonnensystems erblicken wir zur Zeit nur Totes. Der Grundtyp der uns bekannten kosmischen Körper sind die Sterne. Sie alle erinnern in mehr oder weniger großem Maße an die Sonne. Sie sind ebenfalls gasförmige, leuchtende Kugeln aus Wasserstoff und Helium mit unbedeutenden Beimengungen von Schwerelementen. Es wird nicht übertrieben sein, wenn wir annehmen, daß der Kosmos in der Hauptsache aus Wasserstoff und Helium besteht, die im wesentlichen in den Sternen konzentriert sind. Die interplanetaren Gase und der Staub sind nebensächliche Faktoren beim Bau unserer Galaxis und anderer ihr ähnlicher Sternsysteme.

Es sei hier gesagt, daß unklar bleibt, wie weit sich die Hierarchie des kosmischen Systems erstreckt. Auf niedrigster Stufe dieser hierarchischen Stufenleiter befinden sich die Systeme der Satelliten der Planeten. Danach kommen die Planetensysteme, danach die teilbaren Sternsysteme, Sternanhäufungen und schließlich die Galaxen.

Es ist verlockend, diese Stufenleiter fortzusetzen und zu vermuten, daß sich die Galaxen zu Übergalaxen vereinen und so fort — vielleicht bis in die Unendlichkeit. Aber dem stehen zwei Umstände entgegen. Erstens, daß wir kein Beispiel einer Übergalaxis kennen, in der gewöhnliche Galaxen die Rolle der Sterne erfüllen. (Doppelte und vielfache Galaxen zählen nicht dazu.) Und zweitens, daß es ernsthafte Annahmen gibt, die räumliche Unendlichkeit des Weltalls anzuzweifeln. Es ist nicht ausgeschlossen, daß der Kosmos eine vierdimensionale Kugel darstellt [12]. (Versuchen wir nicht, uns das vorzustellen — hier hilft nur die Analogiedenkweise.) Anders gesprochen, der dreidimensionale Raum ist abgeschlossen, und wir sind dadurch, daß wir uns bemühen, weiter in den Kosmos vorzurücken, diesem schon so nahe, daß wir — bildlich gesprochen — letzten Endes unseren eigenen „Rücken" sehen werden.

Bisher wurde weder in der Erdumgebung, auf dem Mond, noch im nahen und fernen Kosmos Leben entdeckt. Im besten Falle gibt es indirekte Beweise, die verschiedene Deutungen gestatten, aber einen direkten Beweis der Universalität des Lebens gibt es nicht. Dafür liegt ein sehr großes Sortiment verschiedenster Hypothesen von den pessimistischsten bis zu jenen vor, in denen der Optimismus keine Grenzen kennt. Jeder kann nach seinem Geschmack eine Auswahl treffen, aber durch das Fehlen konkreter Fakten ist niemand zu dieser Auswahl verpflichtet. Um nicht vorwegzunehmen, was Wirklichkeit sein wird, schlagen wir dem Leser drei verschiedene Varianten zum Problem „Mensch und Kosmos" vor. Zwei von diesen gehen von extremen Gesichtspunkten aus, die dritte ist ein gewisser Kompromiß.

Erste Variante:

Der Kosmos ist tot. Leben existiert nur auf der Erde. Dadurch sind die Menschheit und die Noosphäre eine einzigartige Erscheinung der Natur. Es ist nicht anzunehmen, daß in der Zukunft die Menschheit im Kosmos irgendwie in Erscheinung treten wird. Weil „alles Entstehende stirbt", wird nach einiger Zeit die Menschheit verschwinden und sterben wie ein gewisses zufälliges, nicht notwendiges, nebensächliches Produkt in der Evolution der anorganischen Materie.

Um den Autor nicht persönlich der Schwarzmalerei zu verdächtigen, soll erwähnt werden, daß die Hypothese über die Einzigartigkeit der Menschheit in allerletzter Zeit nicht nur von dem Journalisten und Physiker *W. E. Lwow*, sondern beispielsweise auch von dem angesehenen sowjetischen Biologen, dem Doktor der biologischen Wissenschaften *A. A. Neifach*, vertreten wird [13].

Zweite Variante:

Sie ist die populärste. Sowohl die Erde als auch die Menschheit sind nicht einzigartig. Obwohl wir im Bereich des Sonnensystems, außer auf der Erde, im besten Falle niedere Lebensformen finden, die dem Niveau nach der Entwicklung des Menschen nicht gleichkommen, so gibt es in der Galaxis und noch mehr im gesamten Kosmos eine Vielzahl bewohnter Planeten. Auf einigen von ihnen ist das Niveau der Zivilisation höher als auf der Erde. Es ist im Prinzip möglich, mit diesen weit entfernten Verstandesbrüdern eine Radioverbindung herzustellen. Doch der direkte Kontakt mit ihnen ist ausgeschlossen, weil technische Mittel nicht bekannt sind, mit deren Hilfe es gelingen könnte, die interstellaren Entfernungen zu überwinden. Aus diesem Grunde ist die Vereinigung der Zivilisationen für eine gemeinsame Umgestaltung des Kosmos eine utopische Idee. Die Lebenszeit jeder Zivilisation ist begrenzt, obwohl sie hinreichend lang sein kann. Die Todesursachen der Zivilisationen können vielgestaltig sein — von katastrophalen, ausrottenden Kriegen bis zu einer völlig natürlichen Degeneration. Wichtiger als diese Details ist die allgemeine Schlußfolgerung: Das Leben ist verhältnismäßig weit im Kosmos verbreitet, aber das Bewußtsein als höchstes Produkt des Lebens besitzt keine „organisierende Mission". Es hat keinen wesentlichen Einfluß — weder auf die Strukturen noch auf die Entwicklung der kosmischen Körper, um so weniger auf den Kosmos als Ganzes.

Dritte Variante:

Anfangs erschien diese Variante als völlig unsinnig. Noch vor 10 Jahren schien es, daß diese Lösungsvariante es nicht verdient, auch nur erörtert zu werden. (Viele beharren bis jetzt auf diesem Standpunkt.) Aber jetzt bekommt diese Variante ständig eine immer größer werdende Zahl von Anhängern; mehr noch, es wurden Fakten entdeckt, die sie zu bestätigen scheinen. Jedenfalls begann man diese Lösungsvariante sogar in wichtigen wissenschaftlichen Arbeiten zu erörtern [14].

Stellen Sie sich also auf einen Optimismus ein, der keine Grenzen kennt.

Das Leben ist die höchste und keineswegs zufällige Erscheinungsform der Entwicklung der Materie. Überall, wo sich das Leben herausbildet (das ist gut bekannt von irdischen Beispielen), kämpft es nicht nur außerordentlich beharrlich um seine Existenz, sondern strebt auch danach, eine immer größere Menge anorganischer Verbindungen in organische umzuwandeln. (Erinnern wir uns nur an die fast unaufhaltsame Vermehrung der Bakterien.)

Das Bewußtsein ist ein gesetzmäßiges und in vielen Fällen unausbleibliches Produkt der Evolution des Lebens. Menschheit und Noosphäre sind selbstverständlich nicht einzigartig, uns umgibt der dichtbewohnte Kosmos. Im Prinzip möglich und in Zukunft völlig durchführbar ist die Vereinigung der Menschheit mit außerirdischen Zivilisationen mit dem Ziel der völligen Umgestaltung des Kosmos nach eigenen Vorstellungen.

Die ökonomische Tätigkeit im Kosmos, deren Anfänge schon in der gegenwärtigen Kosmonautik sichtbar sind, hat unbegrenzte Perspektiven. In Zukunft wird sich „das Bewirtschaften“ des Kosmos wahrhaftig in weltweitem Rahmen vollziehen. Die Zivilisationen im Kosmos, deren Leben praktisch unbegrenzt ist, überführen früher oder später den ganzen Kosmos unter die Herrschaft der Vernunft. Obwohl sich der Kosmos gegenwärtig dem Leben gegenüber scheinbar indifferent verhält, wird er sich mit der Zeit unvermeidlich „vergeistigen“, „vermenschlichen“, sich überall mit höchsten Erscheinungsformen der Materie anreichern, die das gesamte Anorganische in eine untergeordnete Rolle zurückdrängen.

Das waren die drei möglichen Varianten des uns interessierenden Problems.

Der ersten von ihnen stehe ich persönlich sehr skeptisch gegenüber. Vielleicht befriedigt sie unsere Eitelkeit (wir, die Einzigen), aber sie regt uns leider weder zur Aneignung des Kosmos noch zu irgendwelchen ähnlichen praktischen Taten an. Es ist nicht ausgeschlossen, daß in allernächster Zeit konkrete außerirdische Lebensformen gefunden werden (zum Beispiel auf dem Mars) und daß dann die „Variante Nr. 1“ in das Archiv der menschlichen Irrungen eingeht.

Die zweite Variante scheint überzeugend. Jedenfalls erregt sie heute keinen Widerspruch. Außerdem hält sie sich im vernünftigen Rahmen. Ich glaube, daß wahrscheinlich gerade diese Variante der Wirklichkeit entspricht. Trotzdem ist die dritte Variante erstaunlich anziehend, obwohl sie die „verwegenste“ und unwahrscheinlichste, aber gleichzeitig die den Menschen am meisten respektierende ist. Ist sie wirklich so unsinnig, wie sie auf den ersten Blick erscheint?

Es ist überflüssig, daran zu erinnern, daß der Hauptvertreter der dritten Variante, der diese in erstaunlicher Genauigkeit entwickelte, *Konstantin Eduardowitsch Ziolkowski* war und bleibt. Wir sollten uns ruhig aus Achtung vor diesem tatsächlich einzigartigen Genie mit der von ihm vorgeschlagenen Lösung auseinandersetzen und sie von der Position der modernen Wissenschaft einschätzen, um Fehlerhaftes auszumerzen, Wahres oder Wahrscheinliches zu akzeptieren.

Der erste, der die Menschheit aufforderte, sich dem Kosmos gegenüber sorgsam zu verhalten, war *Nikolai Fjodorowitsch Fjodorow* (1820 bis 1903). Leider sind Name und Werk dieses bemerkenswerten russischen Denkers und Gelehrten fast vergessen. Teilweise sind daran die eigentümliche Form und der religiöse Beweggrund, der den Ideen *Fjodorows* eigen war, schuld. Dem Scharfsinn nach erstaunliche, streng wissenschaftliche und materialistische Äußerungen verflechten sich bei ihm mit für die heutige Erkenntnis augenscheinlich unzulässigen mystischen Utopien.

Aber *Fjodorow* war, leider wissen das nur wenige, nicht nur Vorgänger, sondern auch Lehrer *Ziolkowskis*. *Lew Tolstoi* war stolz darauf, daß er „in einer Zeit mit einem solchen Menschen" lebte. *F. M. Dostojewski* und andere berühmte Zeitgenossen schätzten *Fjodorow* hoch ein. Schon dieser Umstand zwingt uns, sich dem schöpferischen Erbe *Fjodorows* gegenüber aufmerksam zu verhalten und der breiten Öffentlichkeit die wertvollsten seiner Ideen nahezubringen. Um so mehr ist dies angebracht, als er in den Plänen zur „Bewirtschaftung" des Kosmos unbestreitbar die Priorität besitzt.

Hauptwerk *Fjodorows* ist sein zweibändiges Werk „Philosophie der allgemeinen Tat", das schon seit langem eine bibliographische Seltenheit ist. Unter anderem werden in diesem Buch erstmals in der Geschichte der Wissenschaft erstaunlich kühne Ideen geäußert, die sogar großen Zeitgenossen *Fjodorows* unbegreiflich waren, aber völlig im Einklang mit unserer Epoche stehen.

Der „geheimnisvolle Denker", wie einer seiner Zeitgenossen *Fjodorow* nannte, schlug schon vor 100 Jahren der Menschheit vor, eine „Himmelstätigkeit" zu entfalten. *Fjodorow* rief auf, von den Versuchen in irdischen Laboratorien zur „Experimentalisierung im Maßstab des Kosmos" überzugehen. Nach seiner tiefen Überzeugung war „die Erde nur ein Ausgangspunkt; Arbeitsgebiet für den Menschen ist das ganze Weltall".

Da er die Unvollkommenheit und die Begrenztheit der gewöhnlichen irdischen Energiequellen gut kannte, schlug *Fjodorow* für die Umgestaltung der Erde vor, die Sonnenenergie voll auszunutzen. Die direkte Umwandlung der Sonnenenergie in elektrische verändert den Charakter unseres Planeten. Nach den Worten *Fjodorows* „wird die Sonnenkraft, wenn sie in alle Hütten eindringt, zu einer beleuchtenden, erwärmenden und schaffenden Haussonne". Mit der Zeit wandelt sich die ganze Erde in ein gigantisches Laboratorium um, in dem sich die Menschen mit „der Steuerung des Klimas" und überhaupt der Umgestaltung der irdischen Natur beschäftigen.

Das ist aber nur der Anfang. Jahrzehnte vor dem Start des ersten Flugzeuges und der Publikation der ersten Arbeit *Ziolkowskis* erklärte *Fjodorow*, daß „mit den Mitteln der Aeronautik" die Menschheit letzten Endes „nicht nur eine neue Erde, sondern auch einen neuen Himmel bauen wird". Früher oder später erlange die Bewirtschaftung des Kosmos durch die Menschheit einen solchen Umfang, daß die ganze Welt durch den Verstand und den Willen des Menschen gelenkt würde.

Der Optimismus *Fjodorows* kennt keine Grenzen. Aber es ist (wenn man die mystischen, idealistischen Vorstellungen unbeachtet läßt) der Optimismus des unerschütterlich an die unbegrenzten Möglichkeiten der Wissenschaft glaubenden Wissenschaftlers. *Fjodorow* sieht genial voraus, wie sich um die Erde herum in „Ringen" künstliche Satelliten bewegen, die zur „Schaffung eines neuen Himmelsgewölbes dienen könnten". Und verwirklichten sich nicht in der Realität die Gedanken *Fjodorows* darüber, daß sich mit der Zeit die Geographie zu einer Wissenschaft über „das kleine Himmelssternchen Erde" umwandeln wird und daß irgendwann auch solche Spezialisten wie „Himmelsphysiker" und „Himmelsmechaniker" im wörtlichen Sinne ausgebildet werden?

Es gibt keine Grenzen des menschlichen Genies, und der Umfang der wirtschaftlichen Tätigkeit des Menschen wird so groß, daß irgendwann die Wissenschaft Möglichkeiten zur „Wiederherstellung der erlöschenden Sonne" entdecken wird. Gerade in seinen Landsleuten, im großen russischen Volke, erblickte *Fjodorow* jene, die beginnen werden, seine Projekte zu verwirklichen. „Die Ausdehnung des russischen Landes", so schrieb er, „seine Weite selbst, dient sie nicht als Beispiel eines natürlichen Überganges zur Weite des Himmelsraumes? Auf der russischen Erde erklingt allen klugen Köpfen die Aufforderung zu neuen Heldentaten, zur Entdeckung des Weges in den Weltraum."

Sogar diese wenigen Zitate zeigen, daß wir in der Person *Fjodorows* einen originellen Geist antreffen, dessen direkter Einfluß auf *Ziolkowski* erkennbar ist.

Wenn *Fjodorow* fast vergessen ist und auf jeden Fall der Bedeutung nach nicht gewürdigt wurde, so wird auch die Bedeutung des wissenschaftlichen Erbes seines genialen Schülers nicht immer richtig eingeschätzt.

Bei aller Verschiedenheit der Arbeiten *Ziolkowskis* und auch der Vielseitigkeit seiner wissenschaftlichen Tätigkeit verfolgte sein Schöpfertum nur ein Ziel — die Macht der Menschheit zu zeigen, ihre Fähigkeit, praktisch den ganzen Kosmos zu ihren Gunsten zu verändern. Die Kosmonautik und ebenfalls die anderen technischen Entdeckungen *Ziolkowskis* sind nur ein Mittel für die Erreichung dieses grandiosen Zieles. Deshalb ist es unrichtig anzunehmen, das einzig Wertvolle im Schöpfertum *Ziolkowskis* seien seine Arbeiten auf dem Gebiet des außerirdischen Transports, des Flugwesens und der Kosmonautik.

Tatsächlich zeigt die Wissenschaftsentwicklung der letzten Jahre, daß die Probleme des „Bewirtschaftens" des Kosmos und die Herstellung von Verbindungen zu außerirdischen Zivilisationen wissenschaftlich real und aktuell sind.

Bei aller Ähnlichkeit der kosmischen Projekte *Fjodorows* und *Ziolkowskis* gibt es zwischen ihnen einen wesentlichen Unterschied. Während ersterer glaubt, daß für die Umgestaltung des Kosmos im wesentlichen die Kräfte der Menschheit ausreichend seien, so ist *Ziolkowski* fest von der Notwendigkeit überzeugt, die Kräfte aller denkenden Wesen des Weltalls — sofern vorhanden — zu vereinigen. Dadurch erhebt sich der Kollektivismus in den Arbeiten *Ziolkowskis* auf ein noch höheres Niveau, als es sogar bei *Fjodorow* der Fall ist. Daß das Leben allgemein, auch in seinen Formen mit höchstem Bewußtsein, im Kosmos allgegenwärtig ist, unterlag bei *Ziolkowski* keinem Zweifel.

„Soviel Sonnen — fast soviel Planetensysteme", schreibt *Ziolkowski* in seinem nicht veröffentlichten Manuskript „Das Bewußtsein und die Sterne". „Deshalb dient jede dieser Sternengruppen als Wiege für die Entstehung des Lebens oder schon als Unterkunft denkender Wesen. Wir urteilen nur von der Erde aus — in anderen Welten ist der Verstand vielleicht unermeßlich weiter. Die Bewohner solcher phantastischer Planeten können eine für uns undenkbare Höhe der Zivilisation erreicht haben. Sie umgeben ihre Sonne mit einem Ring von Niederlassungen und breiten sich nicht nur in ihrem Planetensystem aus, sondern bewohnen eine

Vielzahl anderer Systeme — teilweise unbewohnter, teilweise mit kaum begonnenem, unvollständigem Leben. Ist es nicht auch möglich, daß sie zur Erde gelangen, wo die Fortschritte nicht so eindrucksvoll sind, wie wir Menschen annehmen?" Im Prozeß der schöpferischen Umgestaltung des Kosmos „vereinigen sich schließlich die Planeten, Planetensysteme, vielleicht die Milchstraße — aber weiterzugehen hindert uns schon die ungenügende Vorstellungskraft und das schwache menschliche Denkvermögen".

Bleiben wir bei diesem Thema. Die Lösung des Problems „Mensch und Kosmos", wie es von *Fjodorow* und *Ziolkowski* vorgeschlagen wurde, scheint sogar in unseren Tagen völlig utopisch. Aber ist das so?

Die menschliche Zivilisation besitzt zumindest potentiell unbegrenzte Möglichkeiten des Fortschrittes. In der letzten Zeit macht die Technosphäre, d. h. all das, was durch die Arbeit des Menschen geschaffen wurde, ungefähr 100 Milliarden Tonnen aus. Im Vergleich zur Erdkugel sieht das bisher nicht sehr eindrucksvoll aus — die Erdmasse ist 10 Milliarden Mal größer als die Masse der Technosphäre. Aber die Tendenz ist wichtig.

Die heutige Menschheit trat in das „Jahrhundert des Exponenten" ein. Als ob alle Werke in die Potenz erhoben würden, so trägt die aufwärtsstrebende Kurve die Menschheit schnell zu den Gipfeln der technologischen Leistungsfähigkeit empor. Wenn man das jährliche Wachstum auch künftig mit 4 Prozent ansetzt, so wandelt die Menschheit in rund 2000 Jahren etwa 10^{15} Tonnen Stoffe in die Technosphäre um — das entspricht der Masse von mehr als 10 Millionen Galaxen,

Natürlich, es war die Rede von den prinzipiellen Möglichkeiten, und die Rechnung wurde völlig formal gemacht. In der Praxis wird sich die Verbreitung der Menschheit im Kosmos in weitaus geringerem Tempo vollziehen. Es ist in der Tat unsinnig, von einer Erschließung von Millionen Galaxen in 2000 Jahren zu sprechen, wenn ein Lichtstrahl unseren Galaxisbereich in hunderttausend Jahren durchläuft! Dennoch kann man schwerlich daran zweifeln, daß in den nächsten tausend Jahren die Menschheit im Prinzip fähig ist, den wesentlichen Teil unseres Sternensystems zu erschließen.

Die Erweiterung der Technosphäre zieht ein sehr schnelles Wachstum der Energieproduktion nach sich. In etwa

800 Jahren (wenn alles in demselben Tempo wie heute vor sich geht) wird die Menschheit soviel Energie produzieren wie die Sonne; in weiteren 700 Jahren soviel wie alle hundertundfünfzig Milliarden Sterne unserer Galaxis.

Nach Meinung führender sowjetischer Spezialisten auf dem Gebiet der Kosmonautik „fordert die Ansiedlung der Menschheit in der Erdumgebung und danach im ganzen Sonnensystem die Notwendigkeit der Entwicklung einer Industrie im Kosmos. Es ist möglich, daß die volle Ausnutzung der Sonnenenergie als Energiebasis künftiger kosmischer Ansiedlungen dienen wird“ [15]. Dadurch würde die Sonnenenergie völlig in den Dienst der Menschheit gestellt.

Vor hundert Jahren, als *Fjodorow* die Vorstellungen zur Besitzergreifung des Kosmos ausarbeitete, entwickelte sich die Technik sehr langsam, und es gab keine Grundlage anzunehmen, daß in einigen Jahrzehnten die irdische Zivilisation einen schnellen Aufschwung zu den Höhen des Fortschritts nimmt. Sogar *Ziolkowski* schien es bei aller Kühnheit seiner Denkweise, daß die Ära der interplanetaren Flüge erst in einigen hundert Jahren beginnt. Und wenn hier einen genialen Geist wie *Ziolkowski* Konservatismus beeinflußte, so verwundert es uns auch nicht, daß einige Monate vor dem Aufstieg des ersten sowjetischen Sputniks der bekannte englische Astronom *Woolly* erklärte, daß er interplanetare Flüge für völlig absurd halte.

Wir müssen eingestehen, daß uns ungeachtet der hervorragenden Erfolge der Kosmonautik vieles an den Plänen *Fjodorows* und *Ziolkowskis* auch heute noch utopisch erscheint. Wenn auch im Prinzip die Menschheit fähig ist, eine „Astro-Ingenieurtätigkeit“ im kosmischen Maßstab zu entwickeln, gibt es aber dann direkte Anzeichen, daß solche prinzipiellen Möglichkeiten irgendwann Realität werden? Vielleicht ist es verwunderlich, aber das Problem, das in dieser Frage formuliert worden ist, erlaubt eine experimentelle Überprüfung.

Die Rede soll jetzt von außerirdischen Zivilisationen sein. Wenn wir im Kosmos nicht die einzigen sind, dann könnten andere, der Entwicklung nach ältere Gesellschaftsformen denkender Wesen schon jenes Übermaß an Stärke erreicht haben, von dem wir nur träumen. Wenn es so sein sollte, dann kann vielleicht ihre Tätigkeit im Kosmos von der Erde aus bemerkt werden. Es gibt Grundlagen anzunehmen, daß mächtige außerirdische Zivilisationen, nachdem sie ihr eigenes Planetensystem und sogar ganze Galaxen umgeformt haben, Erscheinungen für den äußeren Beobachter schaffen, die nicht nur durch die Wirkung von Naturkräften erklärbar sind. Diese Zivilisationen können möglicherweise einen Teil der produzierten Energie in kodierte Strahlen, insbesondere in Radiosignale, transformieren. Was bedeutet es, wenn wir im Kosmos irgendwelche „kosmischen Wunder“ entdecken? Derartige Erscheinungen, die durch das Spiel natürlicher Kräfte unerklärlich sind, eröffnen die Eventualität, daß wir vor uns ein Produkt der Tätigkeit irgendwelcher hochentwickelter außerirdischer Zivilisationen haben. Wenn es gelingt, bei den aus dem Kosmos empfangenen Radiowellen einen verständlichen Code festzustellen, so verwandelt sich unser Verdacht in Gewißheit. Demgegenüber zwingt uns das Fehlen „kosmischer Wunder“, an der kosmischen Verbreitung vernunftbegabter Wesen zu zweifeln und irgendeine wahrscheinliche Erklärung für diese Tatsache zu suchen.

Die jetzt in der modernen Astronomie entstandene Situation ist sehr interessant. In den letzten Jahren sind im Kosmos viele seltsame Radioquellen entdeckt worden, die in einigen Wesenszügen unnatürlich sind. Das sind die Quasare, die Quellen eines „Mysteriums“ und, die Pulsare.

Für all diese Objekte ist die Veränderung der Radiostrahlung — im Falle der Pulsare die sonderbare Rhythmik — charakteristisch. Diese Strahlung entspricht in vielem den bereits früher (1963) formulierten „Kriterien der Künstlichkeit“, die charakteristisch für künstliche, d. h. nicht natürliche Strahlungsquellen, sein sollen. Aber die Hauptsache ist, daß nicht klar ist, mit Hilfe welcher Energiequellen diese Objekte ihre merkwürdigen Radiosignale ausstrahlen. Die gewöhnlichen bekannten Energiequellen eignen sich offenbar nicht dazu. Es ist hier nicht möglich, auf eine genaue Erörterung dieses Themas einzugehen, die Literatur darüber ist bereits sehr umfangreich [14] [16]. Es soll nur das Hauptsächliche bemerkt werden.

Für alle aufgezählten „verdächtigen Objekte“ sind bisher allgemein verständliche, überzeugende Erklärungen nicht gefunden worden. Die Fülle der Hypothesen auf diesem Gebiet spiegelt den Mangel an exaktem Wissen wider. Es sind offensichtlich zwei Varianten möglich. Entweder alle diese Objekte erweisen sich als völlig natürlich und sind nicht mit der Tätigkeit außerirdischer Zivilisationen verbunden, oder es zeigt sich, daß wenigstens einige das Produkt solcher Tätigkeit sind.

Im ersten Falle verzögert sich die Lösung des Problems „Mensch und Kosmos" auf unbestimmte Zeit. Wenn heute keine „kosmischen Wunder" gefunden werden, so entdecken wir sie vielleicht morgen. Es ist möglich, daß das Fehlen „kosmischer Wunder" dadurch hervorgerufen wird, daß alle Zivilisationen beim Überschreiten der Schwelle zum Kosmos untergegangen sind. (Etwa durch Kernwaffenkriege oder andere nicht weniger drastische Ursachen.) Auf der anderen Seite ist die technische Entwicklung im kosmischen Maßstab vielleicht nur für die irdische Zivilisation charakteristisch. Die anderen, die sich die Denkweise zu eigen gemacht haben, daß „man nicht über seinen eigenen Schatten springen kann", beschränkten sich auf ein zurückgezogenes, gewissermaßen provinzielles Dasein im Rahmen ihres Planeten. Schließlich darf man auch nicht absolut ausschließen, daß die Menschheit in der jetzigen Epoche die einzige und völlig einzigartige Gesellschaft denkender Wesen im ganzen Weltall ist.

Im zweiten Fall, d. h., wenn einige der „verdächtigen" Objekte sich als Erzeugnis kosmischen Verstandes erweisen, ergibt es sich, daß der Kosmos dicht besiedelt ist oder, nach einer Äußerung *Ziolkowskis*, „das Weltall überfüllt ist von vollkommenen Geschöpfen". Aber dann ist unverständlich, warum bis jetzt auf der Erde keine glaubwürdigen Beispiele der vielzitierten „Gäste aus dem Kosmos" gefunden wurden und warum die Menschheit so lange nicht in den direkten Kontakt mit diesen in den kosmischen Weiten „umherschwärmenden" (wieder ein Ausdruck *Ziolkowskis*) außerirdischen Lebewesen getreten ist.

Das Problem des „kosmischen Wunders" wurde nur formuliert, aber noch nicht gelöst. Es gibt jedoch Grund anzunehmen, daß wir in nicht ferner Zukunft Zeugen der Lösung sein werden. Erinnern wir uns nur an den ungeheuer schnellen Fortschritt der modernen Wissenschaft. Wie dem auch sei, es ist wichtig, eine Erklärung von *N. A. Warwarow* und *E. T. Fadejew* zu beachten: „Die außerirdische Existenz der Menschen wird keine kleine Episode und keine nebensächliche Richtung im gesellschaftlichen Fortschritt sein, sondern ein gesetzmäßiges, notwendiges und in letzter Konsequenz unumgängliches Ergebnis, eine der grundlegendsten Charakteristika des hochentwickelten kommunistischen Systems in seiner Wechselwirkung mit der Natur. Auf diese Weise ist das Erscheinen des Menschen im Kosmos in der Eigenschaft des Erforschers nur der Beginn eines komplizierten Prozesses, der unbedingt in die ständige Entwicklung der kosmischen Industrie einfließt.“ [17]

Aber jetzt, nach diesem kleinen historischen Ausflug, wollen wir die Rolle der Heliobiologie für den zukünftigen Fortschritt der Noosphäre richtig einschätzen. *Fjodorow* sprach als erster die kühne Idee über die mögliche „Bewirtschaftung“ des Kosmos durch den Menschen aus. *Ziolkowski* fand technische Mittel für die Lösung dieser Aufgaben und zeigte, daß die Möglichkeiten der Entwicklung der Menschheit auch im Kosmos praktisch unbegrenzt sind. In den Arbeiten *Wernadskis* wurde die Lehre über die Noosphäre umfassend begründet — als gesetzmäßiges Produkt der Evolution der irdischen Biosphäre. Schließlich zeigte *Tschishewski*, daß der Kosmos und besonders die Sonne bemerkbar auf alles Irdische wirken und daß man diesen Einfluß niemals vernachlässigen darf. Es ist offensichtlich, daß mit der Ansiedlung der Menschheit im Sonnensystem sich der Einfluß kosmischer Faktoren auf den Menschen verstärkt und damit die praktische Bedeutung der Heliobiologie wesentlich wächst.

Nicht alles aus dem schöpferischen Nachlaß *Fjodorows*, *Ziolkowskis* und *Wernadskis* ging für immer in die „Schatzkammer“ der Wissenschaft ein. Wie allen Menschen waren auch ihnen Spontaneität, Fehler und Irrtümer eigen. In seinem Schöpfertum konnte auch der Begründer der Heliobiologie, *Tschishewski*, Fehler nicht vermeiden. Einen solchen Fehler oder einen früheren zeitweisen Irrtum müssen wir erwähnen. Es war ein Irrtum, der prinzipiellen Charakter hat und ihm in jener Zeit viel Unannehmlichkeit bereitete. Um so wichtiger ist es, völlige Klarheit in dieser Frage zu haben.

Es soll über das Problem des Einflusses der natürlichen Umwelt auf die Entwicklung der menschlichen Gesellschaft gesprochen werden, insbesondere darüber, ob die Sonne, genauer, die Veränderungen ihrer Aktivität, das soziale, gesellschaftliche Leben der Menschen beeinflußt. Die uns umgebende Natur ist eine notwendige Bedingung des Produktionsprozesses der materiellen Güter. Aus Naturstoffen bereiten die Menschen Arbeitsinstrumente, die Stoffe selbst dienen als Arbeitsgegenstand.

Die Natur ist für den Menschen auch eine Nahrungsvorratskammer. Die geographische Umwelt beeinflußt die Verteilung und die Entwicklung verschiedener Produktionsgebiete. Dort, wo das Land fruchtbar ist, entwickelte sich die Landwirtschaft. Auf günstigen Weidegründen breitete sich die Viehwirtschaft aus. Ohne Wälder ist die holzverarbeitende Industrie, ohne Metalle und Heizmaterialien die Metallurgie nicht denkbar.

Die natürlichen Verhältnisse erschweren einesteils, anderenteils erleichtern sie die materielle Produktion, indem sie die Arbeitsproduktivität beeinflussen. Auf der anderen Seite werden die Menschen in der Auseinandersetzung mit den Naturkräften erfinderischer, und sie vervollkommnen die Produktionstechnik. Je höher das Entwicklungsniveau der Produktion ist, desto komplexer und vielseitiger werden die Verbindungen zwischen den Menschen und der Umwelt. Je höher das Produktionsniveau ist, desto weniger hängt der Mensch von den Launen der Umwelt ab. Ein hohes technisches Niveau erweitert die Sphäre der menschlichen Tätigkeit, eröffnet den Menschen neue Gebiete und neue Naturkräfte. Das bedeutet, daß die Umwelt immer die Entwicklung der Gesellschaft beeinflußt, aber der Grad dieses Einflusses in den verschiedenen historischen Epochen ist nicht gleichartig.

Einige bürgerliche Philosophen und Soziologen übertrieben die Rolle der Umwelt. Der französische Philosoph *Montesquieu* (18. Jahrhundert) schrieb zum Beispiel, daß die Macht des Klimas stärker ist als die aller anderen Mächte. Ein bekannter englischer Soziologe des vergangenen Jahrhunderts, *Bokl*, äußerte, daß vier Hauptfaktoren das Leben und das Schicksal der Menschheit bestimmen: das Klima, die Nahrung, der Boden und die Landschaft.

Sie irrten sich. Von ihrem Standpunkt aus war es unmöglich zu erkennen, warum auf ein und demselben Territorium, unter ein und denselben Naturbedingungen sich grundlegende Veränderungen im gesellschaftlichen Leben ergeben. Oder warum, wie erwiesen ist, in verschiedenen Teilen der Erde, unter völlig verschiedenen klimatischen Bedingungen die menschliche Gesellschaft sich auf der gleichen Stufe der ökonomischen Entwicklung befindet.

Die ganze Geschichte der Menschheit zeigt, daß nicht die Umwelt, sondern die ökonomische Entwicklung der Gesellschaft nach dem Stand der Produktionskräfte die bestimmende Ursache aller sozialen Veränderungen ist. Die Umwelt kann nur die Produktionsentwicklung beschleunigen oder verzögern — darin drückt sich der Umwelteinfluß auf die ökonomische Entwicklung der Gesellschaft aus. Aber Ursache der Veränderungen des gesellschaftlichen Lebens kann die Umwelt unzweifelhaft nicht sein.

Das menschliche Leben geht unter dem Einfluß verschiedener ökonomischer, sozialer und politischer Faktoren vor sich. Aber dieses Leben vollzieht sich nicht außerhalb von Raum und Zeit, sondern in einer bestimmten Umwelt. Diesen Einfluß nicht zu berücksichtigen ist genauso falsch wie auch seine übermäßige Bewertung.

Erinnern wir uns jetzt, wovon in diesem Buch die Rede war. Wahrscheinlich wurde die allgemeine Bilanz aller unserer Darlegungen am besten von *Tschishewski* in einem 1969 veröffentlichten Artikel [18] formuliert: „Folglich kommt unsere Sonne 9mal im Jahrhundert in ‚Raserei'. 9mal für eine Dauer von 2 bis 3 Jahren erfassen sie Krämpfe und Paroxysmen, und sie schickt in den Weltraum Bruchstücke von Atom- und Kernzerfall hoher Energie, starke Photonen- und Radioausstrahlungen.

9mal im Jahrhundert, jedesmal über einen Verlauf von 2 bis 3 Jahren, gehen alle Erscheinungen auf der Erde ohne Ausnahme, im lebenden und toten Bereich, synchron mit Anfällen, die zu einem krampfartigen Erbeben führen, zu fürchterlichen Regenschauern, Überschwemmungen, Wirbelstürmen, Orkanen, Stürmen, Erdbeben, Erdrutschen, Vulkantätigkeit, Polarlichtern, Magnet- und elektrischen Stürmen sowie vernichtenden Gewittern, die damit Gefahren für Wälder, Steppen und Städte hervorrufen. Die ganze Natur kommt während dieser Zeit der furchtbaren Ausbrüche und Eruptionen auf der Sonne in einen rasenden Zustand. Telegraphen und Radio bringen uns Nachrichten über Katastrophen, die in den verschiedensten Ländern der Erdkugel geschehen. Hunderte und Tausende von Menschen sterben unter dem Wüten des Wassers, dessen Wellen tückisch gegen das Festland rollen, verbrennen im Feuer, werden durch die Erde verschüttet oder werden durch glühende Lava überflutet.

Der lebenden Materie bringt sie in diesen Jahren auch

andere Schrecken: Epidemien und Pandemien, Epizootien und Epiphytien laufen um die Erdkugel und fordern Zehn- und Hunderttausende von Opfern. Es sind dies die Jahre der Seuchen. Es treten starke Abweichungen des normalen Verlaufes chronischer und akuter Erkrankungen auf, die allgemeine Sterblichkeit in allen Ländern erreicht in diesen Jahren ihr Maximum. Die Infektionskrankheiten unterliegen ungewöhnlichen Veränderungen. Die Zahl der Mutationen bei den Pflanzen erhöht sich stark. Auch die Mikroben und Viren werden von der Raserei der Sonnenkorpuskeln und Ausstrahlungen erfaßt. Ihnen steht das Nervensystem, dieser empfindlichste Apparat hochorganisierter Wesen, der Insekten, der Wirbeltiere und der Primaten (höhere Säugetiere) und Menschen, nicht nach. Die Heuschrecken unternehmen in diesen Jahren verwüstende Flüge, es wandern ohne besondere erkennbare Ursachen Fische, Vögel, Nagetiere und Raubtiere. Alles Lebende und Nichtlebende auf dem Planeten kommt in Bewegung! Alles erbebt! Alles Nichtlebende und Lebende wird in einen allgemeinen Wirbelstrom der Erregung, der Unruhe und der Verwirrung gerissen!"

Ist es denn möglich, daß alle diese Naturkatastrophen sich nicht im sozialökonomischen und politischen Leben der Gesellschaft äußern? Ja, natürlich äußern sie sich. Eine verneinende Antwort kann nur der Mensch geben, der die marxistisch-leninistische Lehre über die Wechselwirkung aller Naturerscheinungen ablehnt. In einigen Fällen ist die Beziehung offensichtlich: Spiegeln sich etwa der Wechsel der Jahreszeit, der Tag- und Nachtwechsel nicht im ökonomischen und sozialen Leben der Gesellschaft wider?

Schlechte Ernten und Naturkatastrophen wirken sofort auf die Ökonomik der Gesellschaft, genauso auch die Massenerkrankungen der Menschen. Selbstverständlich sind in der sozialistischen, hochentwickelten Gesellschaft, die fähig ist, den Launen der Natur erfolgreich entgegenzutreten, diese Einflüsse bei weitem geringer als, sagen wir, in wenig entwickelten Ländern. Aber Auswirkungen der Umwelteinflüsse trifft man in diesem oder jenem Maße überall. Wie weit erstrecken sich diese Einflüsse?

Sie erinnern sich, daß wir die Erzählung über die Heliobiologie mit dem sonderbaren Zusammenhang zwischen Kriegstätigkeit und Sonnenflecken begannen — einer Verbindung, die *Tschishewski* schon in der Jugend als bemerkenswert erschien. Das war vielleicht eine Zufälligkeit und auch ein glücklicher Zufall, der zur Herausbildung der Heliobiologie beitrug. Wie bekannt ist, findet man in der Geschichte der Wissenschaft viele Fälle, in denen zufällige Umstände zu wichtigen Entdeckungen führten. So war es auch dieses Mal.

Bei weitem komplizierter als das elementare Geschehen der Natur ist das Leben menschlicher Kollektive, der menschlichen Gesellschaft. Das einfache Übertragen objektiver Gesetze der Entwicklung der anderen lebenden und nichtlebenden Natur auf die Gesellschaft, deren Gesetze einen historischen Charakter haben, würde zu groben Fehlern führen. Die vom Marxismus-Leninismus entdeckten Gesetze der Entwicklung der menschlichen Gesellschaft schließen unzweifelhaft die direkte ursächliche Beziehung zwischen Sonnenaktivität und Politik aus. In seiner Jugend veröffentlichte *Tschishewski* mit Unterstützung von *Lunatscharski* die schon erwähnte Schrift „Physikalische Faktoren der historischen Prozesse" (Kaluga, 1924). In diesem Buch versuchte *Tschishewski* nach seinen eigenen Worten, „den Einfluß kosmischer Faktoren auf das Verhalten organisierter Menschenmassen und auf den Verlauf welthistorischer Prozesse" zu klären. Von der erwiesenen Materialität aller Erscheinungen in der Natur ausgehend und von den Ideen der Möglichkeit ihrer physikochemischen Erklärung überzeugt, war er bemüht, einen direkten, ursächlichen Zusammenhang zwischen sozialen Erscheinungen und den Phasen der Sonnenaktivität, die die nervale Erregbarkeit der Menschen erhöhen, zu finden. Letzteres war ein falscher Standpunkt, den *Tschishewski* in der Jugend vertrat und von dem er sich später trennte. Wir sehen darin nicht das Wesentliche im Schöpfertum des Wissenschaftlers und der von ihm theoretisch und praktisch entwickelten Forschungen. Die unbegründeten Schlußfolgerungen, zu denen der junge *Tschishewski* kam, schädigten jedoch sein Ansehen als Wissenschaftler. Doch die Idee des Einflusses der periodischen Veränderung der Sonnenaktivität auf die biologischen Prozesse der Erde unterliegt nicht dem geringsten Zweifel.

Tschishewski war ein begeisterungsfähiger Mensch, der immer rastlos, sogar unter außerordentlich schwierigen Bedingungen, um der Wissenschaft willen arbeitete. Die wissenschaftliche Bedeutung vieler Forschungsrichtungen, die er ausarbeitete, wurden prinzipiell bestätigt [19]. In seinem oben genannten Werk im abschließenden Teil des Buches schon erkennt *Tschishewski* selbst ausdrücklich an, „daß es völlig falsch wäre anzunehmen, daß die periodische Tätigkeit der Sonne Hauptursache dieser oder jener historischen Ereignisse ist. Jedes solcher Ereignisse ist die dynamische Reaktion der menschlichen Massen auf alle auf sie einwirkenden politischen und ökonomischen, aber auch natürlichen Reizmittel, die ihr Verhalten verändern und ihre intellektuelle und soziale Entwicklung bedingen."

1963, ein Jahr vor seinem Tode, schrieb er, „daß natürlich daraus nicht folgt, die Fakten zu übertreiben oder sie unrichtig auszulegen. Die Sonne entscheidet weder gesellschaftliche noch ökonomische Fragen, aber im biologischen Leben des Planeten mischt sie sich ohne Zweifel sehr aktiv ein" [20].

Die sozialistische Gesellschaft ist eine wissenschaftlich gelenkte Gesellschaft, die ihre Tätigkeit plant. Die Planung ist ohne Prognosen, die die biologischen und physikalischen Erscheinungen vorhersagen, unmöglich. Wenn die erregte Sonne mit neuen Epidemiewellen droht, so unternimmt die Gesellschaft, wenn der Zeitpunkt dieser Katastrophe sich voraussehen läßt, entsprechende prophylaktische und Heilmaßnahmen. Dasselbe kann man sowohl über die Heuschreckenüberfälle als auch über die Tierwanderungen und über alle Naturkatastrophen, die regelmäßig durch die Sonne hervorgerufen wurden, sagen. Wenn sich der Mensch die Natur aneignet, lernt er, in solchen Fällen das Unheil zu besiegen, und dadurch befreit er sich selbst von den schädlichen Einwirkungen der Sonne. Es sei hier an das Beispiel mit der Diphtherie erinnert. Die Aufgabe der sozialistischen Gesellschaft ist es, dieses spezielle Beispiel zur allgemeinen Regel werden zu lassen. Aber dafür muß man sich der Sonne zuwenden, muß man alle Erd-Sonnen-Zusammenhänge untersuchen, um zu verstehen, wie sie nutzbringend zum Wohle der Gesellschaft anzuwenden und wie die schädigenden Einflüsse auszuschalten oder unschädlich zu machen sind. Wie jeder Naturfaktor kann die Sonne den Produktionsprozeß entweder beschleunigen oder hemmen, aber sie ist nicht die Ursache, die die Veränderungen des gesellschaftlichen Lebens bestimmt.

Deshalb muß das Problem des Einflusses kosmischer Faktoren auf das Leben der menschlichen Gesellschaft von der Position des Marxismus-Leninismus her als ein spezieller Fall der Wechselwirkung von Natur und Gesellschaft betrachtet werden.

Mit dem weiteren Fortschritt der Noosphäre wird sich die Menschheit mehr und mehr von den schädigenden Einflüssen der Umwelt befreien. So war es auch in der Vergangenheit im Verlauf der ganzen Geschichte der Menschheit, und so wird es auch in den zukünftigen „kosmischen" Stadien der Entwicklung der menschlichen Gesellschaft sein. Auf diesem Vormarsch kommt der Wissenschaft und Technik, insbesondere der Heliotechnik, eine wichtige Rolle zu.

Aber wenn dank der Naturwissenschaften und der technischen Wissenschaften „sich der Mensch die Gesetze der Natur aneignet, wird er ihr Herr, und dank der marxistisch-leninistischen Gesellschaftswissenschaft eignet er sich die Gesetze seines sozialen Seins an, wird so zum Gestalter seiner gesellschaftlichen Beziehungen und wandelt sich zum wahren Schöpfer seines Lebens und seines Schicksals" [21].

Quellennachweis

[1] *Djakow, B.:* Junge Jahre. Woronesh 1970

[2] Sammelband „Semlja wo Wselennoi". (Die Erde im Weltall), Moskau 1965; „Don" 1968, Nr. 11—12; „Prostor" (Die Weite), 1964, Nr. 5

[3] *Lhote, H.:* Auf der Suche nach den Fresken des Tassili. Moskau 1962

[4] *Presman, A. S.:* Elektromagnetfelder und die lebende Natur. Moskau 1968

[5] *Cholodow J. A.:* Der Magnetismus in der Biologie. Moskau 1970

[6] *Tschishewski, A. L.:* Epidemische Katastrophen und die periodische Tätigkeit der Sonne, Moskau 1930

[7] *Sebrant, J. W.* und *M. P. Trojanski:* Radiowellen und lebende Organismen. Moskau 1960

[8] *Motschalow, I. I.:* W. I. Wernadski, ein Mensch und Denker. Moskau 1970

[9] *Sabelin, I. M.:* Physikalische Geographie und die Wissenschaft der Zukunft, Moskau 1970

[10] *Borissow, M. P.:* Kann der Mensch das Klima verändern? Moskau 1970

[11] *Umarowa, G.:* Die Sonnenenergie dient den Menschen. „Prawda" vom 8. 8. 1970

[12] *Kolman, E.:* Die vierte Dimension. Moskau 1970

[13] *Grobstein, K.:* Strategie des Lebens. Moskau 1968

[14] *Kaplan, S. A.:* Außerirdische Zivilisationen. Moskau 1969

[15] Kosmonautik. Eine kleine Enzyklopädie. Moskau 1970, S. 249

[16] *Sigel, F. J.*, in „Junost" (Die Jugend), 1969, Nr. 8

[17] *Warwarow, N. A.*, und *E. T. Fadejew:* Philosophische Fragen der Astronautik. —, „Woprossy filosofii" (Fragen der Philosophie) 1961, Nr. 8

[18] *Tschishewski, A. L.* in „Prostor" 1969, Nr. 5

[19] Zeitschrift „Partijnaja shisn" (Das Parteileben). Moskau 1965, Nr. 6

[20] *Tschishewski, A. L.:* Die Sonne und wir. Moskau 1963

[21] Sammelband „Osnowy nautschnogo kommunisma" (Grundlagen des wissenschaftlichen Kommunismus). Moskau 1966, S. 523